Diogenes Taschenbuch 21655

de
te
be

Paul Cézanne

Briefe

Die neue, ergänzte und verbesserte Ausgabe der gesammelten Briefe von und an Paul Cézanne, aus dem Französischen übersetzt und herausgegeben von John Rewald

Mit vielen Reproduktionen von Bildern, Zeichnungen, Fotos und anderen Dokumenten

Diogenes

Titel der 1937 bei
Éditions Grasset, Paris,
erschienenen Originalausgabe: ›Correspondance‹
Die deutsche Erstausgabe erschien 1962
in der Sammlung ›Atelier‹ im Diogenes Verlag
Der Verlag dankt
Herrn Professor John Rewald für
die freundliche Genehmigung
zur Wiedergabe von Bildmaterial
aus seinem Archiv
Umschlagfoto: Cézanne
in seinem Atelier in Aix, 1904
Foto von Emile Bernard

Veröffentlicht als Diogenes Taschenbuch, 1979

www.diogenes.ch
30/02/8/3
ISBN 3 257 21655 6

Vorwort

Die Veröffentlichung der Briefe Cézannes, die 1937 zum ersten Male in Paris erfolgte, war erst nach langem Zögern unternommen worden, denn es muß von vornherein zugegeben werden, daß der Meister selbst wahrscheinlich nicht die Herausgabe seiner Korrespondenz gestattet haben würde. Er war nicht nur schüchtern und stets darauf bedacht, sein Alltagsleben vor der Einmischung der Außenwelt zu schützen, sondern suchte auch immer den schaffenden Künstler vom Privatmenschen zu trennen. In diesem Sinne schrieb er beispielsweise in fortgeschrittenen Jahren an den jungen Joachim Gasquet: ›Ich dachte, daß man gute Malerei machen könnte, ohne die Aufmerksamkeit auf sein Privatleben zu lenken. – Sicherlich wünscht ein Künstler, sich geistig so hoch wie nur möglich zu erheben, aber der Mensch soll im dunkeln bleiben.‹

Tatsächlich ist der Mensch Cézanne jedoch zu lange im dunkeln geblieben, und seit man sich der gewaltigen Rolle bewußt geworden ist, die Cézanne in der modernen Kunst spielt, hat man gleichzeitig die Trennung der beiden Wesen, um die er sich bemüht hatte, aufgehoben. Der Mensch und der Künstler sind längst in die Geschichte eingegangen und wurden seither von einem dichten Gewebe von Legenden umgeben, das oft Worte und Gedanken verfälscht und dem Charakter des Malers einen kleinlich-pittoresken Anstrich verleiht. Cézanne hat noch zu seinen Lebzeiten die ersten Wellen dieser Flut von Anekdoten wahrgenommen, die sich bald über ihn ergießen sollte, denn er bot dem Geschwätz eine ausgezeichnete Zielscheibe und war vor allem – trotz gelegentlicher Temperamentsausbrüche – seinen Verleumdern gegenüber völlig hilflos. Da er glaubte, daß es genügen würde, seine Kunst durchzusetzen, um all die dummen Märchen zum Schweigen zu bringen, hat er nichts unternommen, um sich ihnen zu widersetzen; er hat sich damit begnügt, seinen Mitmenschen aus dem Wege zu gehen und unermüdlich zu arbeiten.

Das Werk Cézannes hat nun seit vielen Jahren den Platz erobert, der ihm gebührt, und es scheint deshalb notwendig, den Künstler selbst sprechen zu lassen, um seine eigenen Gedanken, obgleich sie zuweilen etwas ungeschickt ausgedrückt sind, den üblichen Ungenauigkeiten und Entstellungen entgegenzusetzen. In dieser Absicht wurde die Veröffentlichung seiner Briefe unternommen, und gleichzeitig auch aus der Überzeugung heraus, daß seine Korrespondenz uns den Maler menschlich näherbringen und uns in der tiefen Ehrfurcht bestärken wird, die sein Werk uns bereits einflößt.

In seinem Briefwechsel spiegeln sich die vielen einander entgegengesetzten Züge der unausgeglichenen Natur Cézannes. Frivol und sorglos in seinen Jugendjahren, wird er später argwöhnisch und in sich verschlossen. Seine Äußerungen schwanken von Zärtlichkeit und sogar Demut bis zur Arroganz, sein Selbstvertrauen wird gelegentlich von Bitterkeit und Enttäuschung abgelöst, seine Nachsicht und Höflichkeit schlagen manchmal schnell in Grobheit um; nur einigen alten Kameraden und einigen jungen Freunden gegenüber zeigt er sich stets warm und gütig, wie er auch immer liebevoll und väterlich bleibt, wenn er das Wort an seinen Sohn richtet.

Der große Kummer Cézannes war wohl nicht so sehr, sich unverstanden zu fühlen, da er fest davon überzeugt war, sich langsam dem gesteckten Ziel zu nähern, sondern eher, daß die künstlerische Verwirklichung seiner Wahrnehmungen ihm so besonders schwer wurde und ihm stets unbefriedigend erschien. Zola war zweifellos während langer Zeit der einzige, der diesen Kummer erriet und das Drama des Freundes empfand, den die Vorsehung mit so wundervollen Gaben und so wenig innerem Frieden bedacht hatte. Während einer Spanne von mehr als dreißig Jahren hat Zola das volle Vertrauen Cézannes besessen und ihm eine zu vielen Opfern bereite Freundschaft bezeugt. Dies erklärt, weshalb die Briefe an Zola ungefähr ein Drittel des vorliegenden Bandes einnehmen. Sie bilden das würdigste Denkmal, das man seiner selbstlosen Beziehung zu Cézanne setzen kann. Zola wie auch viele der anderen, an die Cézanne in den seltenen Augenblicken schrieb, wenn er seine Pinsel beiseite legte, waren ›moralische Stützen‹ für den einsamen Künstler; in seinen Briefen an diese Gefährten gibt er sich, wie er wirklich ist, widerspruchsvoll, doch niemals banal, unsicher, doch immer voll Vertrauen in die Kunst, schlicht und leidenschaftlich, zuweilen aber auch verworren und gequält.

Die französische Originalausgabe der Briefe Cézannes wurde von mir im Jahre 1937 in Paris veröffentlicht; eine zweite, unveränderte Auflage erschien dort 1950 und 1978 eine dritte, völlig überarbeitete Ausgabe. Kurz vor dem Kriege konnte ich die Korrespondenz in einer deutschen Übertragung im Eugen Rentsch Verlag in Zürich erscheinen lassen, die jedoch aus politischen Gründen nicht unter meinem Namen herausgebracht wurde. Während des Krieges hat Dr. Hans Graber in Basel die Mehrzahl dieser Dokumente, zusammen mit vielen anderen, die er meiner 1936 und 1939 in Paris erschienenen Cézanne-Biographie entnahm, in einer unberechtigten Übersetzung in sein Buch *Cézanne nach eigenen und fremden Zeugnissen* aufgenommen, ohne es der Mühe wert zu halten, darauf hinzuweisen, daß sowohl Cézannes Briefe als auch zahlreiche Bekundungen seiner Freunde bereits in Buchform erschienen waren. Seine Leser erhielten dadurch den Eindruck, er selbst habe das Material zusammengetragen. Dieses seltsame Vorgehen, das er sich auch in anderen Werken zuschulden kommen ließ, ist später in einer amerikanischen Besprechung als ›Piratentum‹ gebrandmarkt worden.

Die vorliegende deutsche Ausgabe (der bei Eugen Rentsch erschienene Band ist längst vergriffen) enthält über zweihundertdreißig Briefe, wobei obendrein eine Anzahl von Auszügen durch die vollständigen Dokumente ersetzt werden konnte. Unter den in den letzten fünfundzwanzig Jahren neu entdeckten Briefen bildet die überaus wichtige, bisher als verloren angesehene Korrespondenz mit Joachim Gasquet die bedeutendste Gruppe. Eine Liste aller Publikationen, in denen Briefe von Cézanne erstmalig erschienen, ist auf den Seiten 11 und 12 zu finden. Einige in den vorliegenden Band aufgenommene Dokumente sind bisher überhaupt noch nie veröffentlicht worden.

Trotz langjähriger Bemühungen enthält diese neue Ausgabe natürlich nicht alle Briefe Cézannes, doch ist zu befürchten, daß viele für immer verloren sind. So war es zum Beispiel nicht möglich, unter dem Nachlaß von Cézannes Jugendfreund Baptistin Baille auch nur einen einzigen Brief des Malers zu finden; aus gleichen Gründen fehlen hier Briefe an andere Aixer Jugendgenossen wie Antonin Valabrègue, Gustave Boyer und Joseph Villevieille. Cézannes Korrespondenz mit Renoir und Guillaumin sowie die meisten seiner Briefe an Monet waren ebenfalls unauffindbar; nur Camille Pissarro hat die Schreiben seines Freundes sorgsam aufgehoben. In vielen Fällen, darunter in denen von Marius Roux, Paul Alexis, Justin Gabet und Antoine Guillemet, konnte nur ein einzelner Brief gefunden werden, obgleich anzunehmen ist, daß Cézanne mit ihnen einen ausgedehnteren Briefwechsel unterhalten hat. Obschon vor einigen Jahren drei Briefe an Achille Emperaire ans Licht kamen, ist zu fürchten, daß auch hier die Mehrzahl der an diesen Freund gerichteten Briefe verschwunden ist.

Die Eltern des Künstlers, seine Schwestern und seine Frau haben offenbar seine Briefe nicht aufgehoben, und sein Sohn hat erst in seines Vaters letztem Lebensjahr – tatsächlich nur während der letzten vier Monate – dessen Briefe aufbewahrt. Cézanne selbst scheint alle an ihn gerichteten Schreiben vernichtet zu haben, so daß nur ganz wenige mehr oder weniger zufällig wieder zutage gekommen sind und hier der Vollständigkeit halber eingeschaltet werden konnten. Nur die langen Jugendbriefe Zolas hat Cézanne nie fortgeworfen, so daß sie in der Ausgabe der Korrespondenz des Schriftstellers erscheinen konnten. Um die Lücke zu füllen, die durch den Verlust der an Zola zwischen 1858 und 1862 gerichteten Briefe entstand, sind hier Auszüge aus Briefen Zolas an Cézanne und an Baille zitiert worden. Aus ähnlichen Gründen findet der Leser hier Auszüge aus zwei Artikeln von Gasquet, die dieser zu Lebzeiten Cézannes veröffentlichte und ihm schickte; sie sind bisher noch in keiner Cézanne-Biographie erschienen und verdienen deshalb, in den Briefwechsel mit Gasquet aufgenommen zu werden.

In dem Wunsch, diesen Band so vollständig wie möglich zu gestalten, sind ohne Ausnahme alle Briefe und Briefentwürfe darin gesammelt

worden, die mir bekannt wurden. Bei Briefentwürfen handelt es sich meistens um solche, die auf der Rückseite von Zeichnungen oder in Skizzenbüchern gefunden worden sind.

Um diese Briefsammlung übersichtlicher zu gestalten, ist sie in drei Gruppen eingeteilt worden, die den drei verhältnismäßig getrennten Perioden im Leben des Malers entsprechen. Jeder dieser Gruppen geht ein kurzer biographischer Text voran, während weitere Erläuterungen in den Fußnoten zu finden sind.

Fast ohne Ausnahme sind die Briefe nach den Originaldokumenten kopiert und übertragen worden. Die Übersetzung war jedoch nicht immer leicht. Dies gilt ganz besonders für die Jugendbriefe, von denen eine so große Zahl erhalten ist und die häufig von mehr oder minder interessanten Gedichten begleitet sind. Da der meist lustige, zuweilen sogar übermütig-alberne Ton dieser niemals ernstgemeinten Verse sich zum Teil als fast unübertragbar erwies, wurde in vereinzelten Fällen auf die Wiedergabe dieser Reimereien verzichtet, ohne daß dadurch jedoch der Charakter dieser frühen Briefe verändert worden wäre. Kürzungen und Auslassungen (im Text durch unterbrochene Linien gekennzeichnet) trafen fast ausschließlich Gedichte, die nicht in direktem Zusammenhang mit dem eigentlichen Brieftext stehen, so daß die Briefe als solche inhaltlich unberührt blieben.

Die Briefe der späteren Jahre sind ausnahmslos vollständig wiedergegeben worden, wobei sich jedoch gewisse Schwierigkeiten ergaben, da die Ausdrucksweise Cézannes häufig ungeschickt und zuweilen sogar fast unverständlich ist. Der Übersetzer mußte sich bemühen, solche Ungeschicklichkeiten auch im deutschen Text nachklingen zu lassen, wollte er den besonderen Stil Cézannes beibehalten. Möge der Leser nicht vergessen, daß der Künstler, der aus diesen Briefen zu ihm spricht, eigentlich nur ungern zur Feder griff und sein ganzes Leben lang bemüht war, das, was er zu sagen hatte, mit seinem Pinsel zum Ausdruck zu bringen.

Ich möchte auch an dieser Stelle all jenen danken, die die Zusammenstellung dieser weit zerstreuten Korrespondenz möglich machten. Mein

Dank gilt vor allem dem verstorbenen Sohn des Malers, der nicht nur die Herausgabe der Briefe seines Vaters gestattete, sondern mir auch in jeder Weise dabei half. Die Tochter Zolas, die verstorbene Mme Denise Le Blond-Zola, und der Sohn des Schriftstellers, Dr. Jacques-Emile Zola, erlaubten mir, die an ihren Vater gerichteten Briefe abzuschreiben, und haben dadurch aufs wertvollste zum Zustandekommen dieser Veröffentlichungen beigetragen.

Die Nichte Cézannes, Mlle Paule Conil, der Maler Charles Camoin und der Schriftsteller Louis Aurenche haben mich die an sie gerichteten Briefe studieren lassen; ein gleiches taten die verstorbenen Maurice Denis, Louis Le Bail, Emile Solari und Ambroise Vollard. Die Kinder Pissarros, Mme J. Delaistre, Tochter des Malers Antoine Guillemet, und M. Claude Roger-Marx brachten die an ihre Väter gesandten Briefe zu meiner Kenntnis. Die verstorbene Gräfin Ludolf, geborene Fabbri, und die verstorbene Mme Lutzviller, geborene Gabet, gestatteten mir, die an ihre Brüder geschriebenen Briefe zu veröffentlichen; M. A. Chardeau und der verstorbene M. Raimbault übermittelten die an ihre Schwiegerväter, Gustave Caillebotte und Joseph Huot, adressierten Briefe. Herr Adrien Chappuis erlaubte mir, die Entwürfe der Briefe an Octave Mirbeau und an Marius Roux abzuschreiben; M. Pierre Loeb verdanke ich den Entwurf des Briefes an die Eltern des Künstlers und der verstorbenen Mme Zak jenen an einen Sammler in Pontoise.

Die Homehouse Trustees des Courtauld Institute of Art in London ließen mich die Briefe an Emile Bernard einsehen. Herr P. B. Barth brachte den letzten Brief Cézannes zu meiner Kenntnis; Herrn Geigi-Hagenbach verdanke ich den Brief an Paul Alexis und dem verstorbenen Maler Jules Joëts den Briefwechsel mit Victor Chocquet, während der verstorbene Marcel Provence mir die Briefe an Numa Coste sowie den Brief an Marthe Conil anvertraute und der ehemalige Hauptkonservator des Louvre, M. René Huyghe von der Académie Française, mir gestattete, Kenntnis eines Briefes an Théodore Duret und eines anderen an Ambroise Vollard zu erlangen.

Die Herren Alfred H. Barr jr., George Besson, Paul Gachet, Lucas Lichtenhan, Gerstle Mack, Léo Marchutz und Fritz Novotny als auch die verstorbenen MM. Marcel Arnaud, Edouard Aude, Gaston Bernheim-Jeune, Félix Fénéon, Maurice Le Blond, Lucien und Ludovic Rodo Pissarro waren mir ebenfalls in vieler Weise behilflich. Für zusätzliche Briefe, die seit 1937 gefunden worden sind, bin ich vor allem MM. Albert Châtelet, Jean Dauberville, Graf Doria vom Institut Bruno Durand und Victor Nicollas sowie abermals Herrn Adrien Chappuis verpflichtet.

Briefe Cézannes und einige Briefe an den Maler sind vereinzelt in den folgenden Veröffentlichungen *erstmalig* erschienen:

E. Bernard: Souvenirs sur Paul Cézanne et lettres inédites, *Mercure de France,* 1. und 15. Oktober 1907.

E. Zola: Correspondance. Lettres de Jeunesse, Paris, 1907. Neue Auflage: Correspondance (1858–1871), mit Erläuterungen und Fußnoten von M. Le Blond, Paris, 1928.

A. Vollard: Cézanne, Paris, 1914.

Duret, Werth, Jourdain, Mirbeau: Cézanne, Paris, 1914.

G. Coquiot: Paul Cézanne, Paris, 1919.

J. Gasquet: Paul Cézanne, Paris, 1921.

G. Rivière: Le Maître Paul Cézanne, Paris, 1923.

G. Geffroy: Claude Monet, sa vie, son œuvre, Paris, 1924.

M. Provence: Cézanne chrétien, *Revue des Lettres,* Dezember 1924.

L. Larguier: Le Dimanche avec Paul Cézanne, Paris, 1925.

J. Royère: Louis Leydet, *L'Amour de l'Art,* November 1925.

M. Provence: Cézanne et ses amis – Numa Coste, *Mercure de France,* 1. März 1926.

M. O. Maus: Trente années de lutte pour l'art, 1884–1914, Brüssel, 1926.

D. Le Blond-Zola: Emile Zola, raconté par sa fille, Paris, 1931.

A. Germain: In memoriam E. P. Fabbri, Florenz, 1934.

J. Joëts: Les impressionnistes et Chocquet, *L'Amour de l'Art,* April 1935.

G. Mack: Paul Cézanne, New York, 1935.

J. Rewald: Cézanne et Zola, Paris, 1936; zweite, erweiterte Auflage: Cézanne, sa vie, son œuvre, son amitié pour Zola, Paris, 1939.

Katalog der Cézanne-Ausstellung, Musée de l'Orangerie, Paris, 1936 (zweite Auflage).

L. Venturi: Cézanne – son art, son œuvre, Paris, 1936.

J. Rewald und L. Marchutz: Cézanne et la Provence, *Le Point* (Sondernummer), August 1936.

A. H. Barr jr.: Cézanne d'après les lettres de Marion à Morstatt, *Gazette des Beaux-Arts,* Januar 1937.

M. Raimbault: Une lettre de Cézanne à Joseph Huot, *Provincia,* Bulletin de la Société de Statistique et d'Archéologie de Marseille, Fasc. 2, 1937.

P. Cézanne: Correspondance, recueillie, annotée et préfacée par J. Rewald, Paris, 1937.

L. Venturi: Les Archives de l'Impressionnisme, Paris, 1939.

V. Nicollas: Achille Emperaire, Aix-en-Provence, 1953.

J. de Beucken: Un portrait de Cézanne, Paris, 1955.

P. Gachet: Lettres impressionnistes au Dr. Gachet et à Murer, Paris, 1957.

M. Denis: Journal (1884–1904), Paris, 1957.

Künstler-Autographen von 1850–1950, Katalog Nr. 89, Gutekunst und Klipstein, Bern, 14. Mai 1958.

J. Rewald: Cézanne, Geffroy et Gasquet – suivi de Souvenirs sur Cézanne de L. Aurenche et de lettres inédites, Paris, 1959.

Die wenigen Briefe, die nicht nach dem Original kopiert werden konnten, sind diesen Veröffentlichungen entnommen.

John Rewald

JUGENDBRIEFE

1858–1870

Paul Cézanne, geboren in Aix-en-Provence am 19. Januar 1839, Sohn eines wohlhabenden Bankiers, besuchte von 1852 an das Collège Bourbon in Aix, wo er sich mit dem um ein Jahr jüngeren Emile Zola befreundete. Ein inniges Verhältnis verband bald die beiden Knaben und ihren gemeinsamen Freund Baptistin Baille, bis Zola im Frühjahr 1858 seiner Mutter, der mittellosen Witwe eines italienischen Ingenieurs, nach Paris folgen mußte. Er setzte dort sein Schulstudium fort, verbrachte jedoch seine Ferien stets in Aix. Seit seinem Aufbruch nach Paris begann zwischen ihm, Cézanne und Baille, dem dritten der ›unzertrennlichen‹ Freunde, ein lebhafter Briefwechsel.

1858

1 An Emile Zola

Aix, den 9. April 1858

Mein lieber Zola!

Zur Feder greif ich wieder
Und schreib getreu Dir nieder,
Was sich hier zugetragen;
Hör, daß vom starken Regen
Und seinen Niederschlägen,
Die in den letzten Tagen
Hier auf die Stadt sich gießen,
Die Ufer überfließen,
Die froh der Arc[1] durchzieht.

[1] Der Arc ist ein kleiner Fluß, der ein breites Tal bei Aix durchfließt und an dessen Ufern die drei Freunde viele Stunden mit Plaudern und Baden verbrachten. Cézanne malte später oft dieses Tal mit seinem hellen Eisenbahnviadukt und dem Berg Ste-Victoire im Hintergrunde.

Schon grünt's auf Berg und Fluren,
Des Frühlings erste Spuren
Erheitern das Gemüt;
Schon sprießen die Platanen
Und voller Frühlingsahnen
Ist uns der Weißdorn über Nacht erblüht.

Ich sah soeben Baille, und heute abend gehe ich auf seinen Landsitz (es ist der große Baille, den ich meine), deshalb schreibe ich:

Das Wetter ist nebelig,
Dunkel und regnerisch,
Und die Sonne, die sonst brennt,
Scheint jetzt blaß und fahl,
Ohne Feuerstrahl,
Trüb am Firmament.

Seit Du Aix verlassen hast, mein Lieber, bedrückt mich ein dumpfer Kummer; bei Gott, ich lüge nicht. Ich erkenne mich selbst nicht mehr, ich bin schwerfällig, dumm und langsam. Sag mal, Baille hat mir erzählt, daß er in etwa vierzehn Tagen das Vergnügen haben wird, in die Hände Eurer Durchlaucht ein Blatt Papier gelangen zu lassen, auf dem er seinen Kummer und seinen Schmerz, von Dir fern zu sein, zum Ausdruck bringen wird. – Wahrhaftig, ich würde Dich gerne sehen, und denke, daß wir, ich und Baille (natürlich), Dich während der Ferien sehen werden, und dann werden wir all die Pläne ausführen, die wir uns ausgedacht haben; doch einstweilen stöhne ich wegen Deiner Abwesenheit.

— — — — — — — — — — — — — — — — — — — —

Erinnerst Du Dich der Pinie, die am Ufer des Arc ihr behaartes Haupt über den Abhang beugte, der sich zu ihren Füßen erstreckte? Ach, mögen die Götter diese Pinie, die mit ihrem Laub unsere Körper gegen die Glut der Sonne schützte, vor dem unheilvollen Vorhaben der Holzhacker bewahren!

Wir nehmen an, daß Du während der Ferien nach Aix kommen wirst, und dann, in Teufels Namen, lebe die Freude! Wir haben vor, Jagdpartien zu machen, die genau so ungeheuerlich und unförmig sein sollen wie unsere Angelausflüge.

Bald, mein Lieber, werden wir wieder die Jagd nach Fischen beginnen, wenn das Wetter so bleibt; es ist heute wunderbar, denn heute, am 13., setze ich meinen Brief fort.

Phöbus, der glorreich durch die Wolken bricht,
Beströmt ganz Aix mit Fluten von Licht.

— — — — — — — — — — — — — — — — — —

PAUL CÉZANNE
Salve, carissime Zola

PS. – Sag mir bitte, wenn Du mir schreibst, ob das Wetter dort oben schön ist. Auf bald! Ich werde in Zukunft nicht mehr so faul sein.

Nota I. – Bernabo, Léon mit Bambus [?] und Alexander sind, wie man mir sagte, im Collège Sainte-Barbe in Paris (ich weiß nicht, was das für eine Art Falle ist). Was die beiden andern obenerwähnten Individuen anbetrifft, so werde ich mich nach ihnen erkundigen und Dir die Adressen in einem baldigen Brief mitteilen. (Dieser ist von Sauereien durchlöchert.) Wenn Du die Bernabos siehst, grüße sie von mir.

Nota II. – Ich habe Deinen Brief erhalten, in dem sich die zärtlichen Knittelverse befanden, die wir die Ehre hatten, gemeinsam mit dem Baß Boyer[2] und dem Tenor Baille zu singen.

II AN EMILE ZOLA[3]

Aix, den 3. Mai 1858

— — — — — — — — — — — — — — — — — — —

Geht's Dir gut? Ich bin sehr beschäftigt, verflucht nochmal, sehr beschäftigt. Dadurch erklärt sich das Fehlen des Gedichts, um das Du

[2] Gustave Boyer, ein Jugendfreund von Cézanne und Zola (siehe sein PS zum folgenden Brief). Cézanne hat mehrere Bildnisse von ihm gemalt. Er wurde später Notar im benachbarten Eyguières.

[3] Der Brief beginnt mit einer Rebuszeichnung. Die Lösung ergibt den Satz: Man soll die Frauen lieben.

mich batest. Du kannst mir glauben, daß ich recht bekümmert darüber bin, nicht mit soviel Schwung, Wärme und Lebhaftigkeit antworten zu können wie Du. Die wilde Fratze des Vorgesetzten gefällt mir. (Die Deines Briefes meine ich, nur keine Verwechslung!) Sag mal, wenn Du mein großartiges Rätsel errätst, dann mache mir das Vergnügen, zu schreiben, was ich damit sagen wollte. Mach mir auch eins, *si tempus habes*.

Ich habe Baille Deinen Brief übergeben. Ich habe auch den an Marguery[4] überreicht. – Marguery ist immer noch so fade.

Mit einem Male hat sich die Atmosphäre wieder abgekühlt. Lebwohl, Schwimmerei!

Lebwohl, du schönes Baden
An lachenden Gestaden
Des Flusses ungestüm,
Der über Steine rauschte
Und den ich gern belauschte
In meinen Träumen kühn.
Die verschlammten Fluten,
Die sich jetzt gar sputen,
Reißen mit sich fort
Entwurzelte Gestrüppe
Und manches Baumgerippe,
Das völlig ausgedorrt.
Der Hagel fällt hernieder,
Doch hierauf taut er wieder
Und vermischt sich bieder
Mit dem schmutz'gen Fluß,
Wie auch mit den Bächen,
Die durch die Felder brechen
Seit diesem Regenguß.
Diese Reime haben keinen Sinn.

[4] Louis-Pascal-Antoine Marguery (1841–1881), Jugendfreund von Cézanne und Zola, hat Romane und einige Vaudevilles veröffentlicht, von denen – wie aus späteren Briefen hervorgeht – weder Zola noch Cézanne eine sehr hohe Meinung hatten. Er wurde später Anwalt am Aixer Gerichtshof.

Mein Lieber, Du weißt, oder Du weißt auch nicht,
Daß ich einer plötzlichen Liebe Flamme verspürt,
Doch wen ich verehre, das ahnest Du nicht:
Eine schöne Frau hat mich gerührt.

— —

Ich sitze augenblicklich im zweiten Stockwerk, bei mir zu Hause, Boyer gegenüber. Ich schreibe in seiner Gegenwart und befehle ihm. diesem Brief einige Worte von seiner Hand anzufügen:

[*von Boyer geschrieben:*]

Mag Deine Gesundheit nie getrübt sein,
Und an der Liebe hab' stets Genuß,
Nichts ist so schön, als wie verliebt sein,
Dies ist meiner Weisheit Schluß.

Ich bereite Dich darauf vor, daß Du, wenn Du nach Deiner Rückkehr Cézanne besuchen wirst, auf der Tapete seines Zimmers eine Sammlung von Wahlsprüchen aus Horaz, V. Hugo usw. finden wirst.

Boyer Gustave

Mein Lieber, ich arbeite für die Matur. Ach, wäre ich Matur, wärest Du Matur, wäre Baille Matur, wären wir Matur. Baille wenigstens wird bestehen, doch ich: durchgefallen, versunken, eingestampft, versteinert, zermürbt, vernichtet – das werde ich sein[5].

Mein Lieber, es ist heute der 5. Mai, und es regnet stark. Die Schleusen des Himmels haben sich aufgetan.

Der Blitz hat die Wolke durchschnellt
Und ein dumpferrr Donnerrr rrrollt über die Welt.

[5] Cézannes dunkle Vorahnungen waren nicht unberechtigt; tatsächlich bestand er das Abschlußexamen nicht diesmal, sondern erst einige Monate später, als er sich zum zweiten Male stellte. Baille dagegen bestand die Prüfung und begann auf der naturwissenschaftlichen Fakultät in Marseille zu studieren.

Zwei Fuß hoch fließt das Wasser durch die Straßen. Erzürnt über die Verbrechen der Menschen, hat Gott zweifellos beschlossen, ihre Sittenverderbnis durch diese neue Sintflut zu sühnen. Dieses fürchterliche Wetter währt schon zwei Tage: mein Thermometer steht auf fünf Grad über Null, und mein Barometer zeigt heftigen Regen, Sturm und Orkan für heute und den ganzen Rest des Quartals an. Alle Einwohner der Stadt sind von einer tiefen Niedergeschlagenheit befallen. Die Bestürzung zeigt sich in allen Mienen. Jeder hat ein langgezogenes Gesicht, einen verstörten und verwirrten Ausdruck und preßt die Arme an den Körper, als wenn er befürchte, jemand in der Menge anzustoßen. Jeder sagt, während er geht, Gebete vor sich hin; an den Ecken aller Straßen sieht man trotz des strömenden Regens Gruppen zarter Jungfrauen, die nicht einmal mehr an ihre Krinolinen denken und singend ihre Litaneien gen Himmel plärren. Die Stadt hallt wider von ihrem unbeschreiblichen Getöse. Ich bin ganz benommen davon. Ich höre nichts als lauter *ora pro nobis*, die aus allen Richtungen ertönen. Ich selbst habe den schamlosen Knittelversen und den fürchterlichen Hallelujas einige fromme *pater noster* folgen lassen, und sogar einige *mea culpa*, *mea culpa*, *ter*, *quater*, *quinter mea culpa*, in der Hoffnung, durch diesen glücklichen Wandel bei dem sehr hohen Dreibund, der droben über uns herrscht, unsere vergangenen Ruchlosigkeiten in Vergessenheit zu bringen.

Aber ich stelle gerade fest, daß ein für immer aufrichtiger Wechsel den Zorn der Götter besänftigt hat. Die Wolken zerstreuen sich. Ein leuchtender Regenbogen strahlt am Himmelszelt. Lebwohl, lebwohl!

Paul Cézanne

III

An Emile Zola

Aix, den 29.... 1858

Mein Lieber!

Dein Brief hat mich nicht nur sehr beglückt, sondern ich empfand, als ich ihn erhielt, eine gesteigerte Freude am Leben. Eine gewisse innere Traurigkeit erfüllt mich, und weiß Gott, ich träume nur noch von jener

Frau, von der ich Dir erzählte. Ich weiß nicht, wer sie ist; ich sehe sie manchmal auf der Straße vorbeigehen, wenn ich mich ins langweilige Gymnasium begebe. Ich bin so verliebt, daß ich Seufzer ausstoßen könnte, doch Seufzer, die sich nicht nach außen verraten, sondern geistige Seufzer, oder geistliche, ich weiß nicht recht.

Das Gedicht, das Du mir schickst, hat mir sehr gut gefallen; und es hat mir viel Freude gemacht, zu sehen, daß Du Dich der Pinie erinnerst, die bei Palette[6] die Ufer des Arc beschattet. Wie gerne möchte ich – verfluchtes Geschick, das uns trennt – wie gerne möchte ich Dich hier eintreffen sehen! Wenn ich mich nicht zurückhielte, würde ich einige Flüche wie ›nom de Dieu‹, ›verfluchte Hure‹ usw. gen Himmel schleudern; doch weshalb sich ärgern, es würde ja doch nichts ändern, deshalb halte ich an mich. – Ja, wie Du es in einem andern, nicht weniger poetischen Gedicht sagst (obwohl ich Dein Gedicht über das Baden vorziehe), Du bist glücklich, ja, Du bist glücklich, Du, doch ich Unglücklicher, ich vertrockne hier stillschweigend; meine Liebe (denn es ist Liebe, was ich verspüre) darf sich nicht nach außen verraten. – Eine gewisse Langeweile begleitet mich überallhin, und nur manchmal vergesse ich meinen Kummer, wenn ich nämlich einen Schluck getrunken habe. Zwar liebte ich den Wein, jetzt lieb' ich ihn noch mehr. Ich habe mich betrunken, und ich werde mich noch mehr betrinken, es sei denn, daß ich durch ein unverhofftes Glück – jawohl, daß ich ans Ziel gelangte, verflucht noch einmal! Doch nein, ich verzweifle, ich verzweifle, und deshalb werde ich mich abzustumpfen suchen.

Mein Lieber, ich führe Deinen Augen ein Bild vor, das darstellt:

Cicero
Catilina zu Boden schmetternd,
nachdem er die Verschwörung
dieses ehrlosen Bürgers entdeckte[7]

[6] Kleiner Ort in der Nähe von Aix, wohin die drei Freunde sich oft auf ihren Ausflügen begaben.

[7] Hier eine aquarellierte Zeichnung, die eine ganze Seite des Originalbriefes einnimmt.

Bewundre, mein Freund, den mächtigen Hohn,
Den Cicero schleudert auf diese Person.
Bewundere Cicero, dessen flammender Blick
Haßerfüllt schmettert alle Feinde zurück,
So gerade Statius und seine Genossen,
Die gemeinsam den feigen Anschlag beschlossen.
Betrachte, lieber Freund, schau an Catilina,
Der am Boden liegt und kläglich schreit: ›Ah! Ah!‹
Sieh dort auch den Dolch, den rünstig nach Blut
Dieser schamlose Mensch an der Seite stets trug.
Siehst Du die andern auch, wie sie erschrocken sind,
Daß sie dem Unheil um ein Haar entronnen sind?
Siehst Du das Banner auch, aus römischem Purpur da,
Das einst Karthago schlug im fernen Afrika?
Obgleich ich der Verfasser von diesem schönen Bild,
Zittre ich doch sehr ob dieser Szene wild.
Bei jedem lauten Wort verlier' ich fast den Mut,
Und wenn Cicero spricht, gerinnt all mein Blut.
Ich sehe bereits, ich weiß, daß es so ist,
Daß von diesem Bilde auch Du gerührt bist;
Wie könnt' es anders sein, denn niemals ward erdacht,
Im Römischen Reich eine größere Pracht.
Du siehst dort der Helme flatternden Busch,
Mit denen die Winde spielen Huschhusch!
Siehst Du die Lanzen auch, die aufgepflanzt hat: da
Cicero, Autor der Philippika?
Und welch neuer Anblick ist doch auch für Dich
Das Schild, das dort oben befindet sich:
›*Senatus Curia*‹ steht auf dem Feld,
Zum erstenmal von Cézanne dargestellt.
Oh, herrliches Bild, das die Augen betört,
Es erscheint voller Wunder und ganz unerhört.

Aber das genügt wohl, um Dir die Augen für die unvergleichliche Schönheit dieses wundervollen Aquarells zu öffnen.

Das Wetter bessert sich, doch weiß ich nicht, ob es so bleiben wird. Sicher aber ist, daß ich auf den Augenblick brenne, da ich

Voll Mut und ungerührt
Mich stürze in die Frische
des Arc,
Zu fassen die Fische,
Die der Zufall herbeiführt.
Amen, amen, diese Verse sind dumm,
Sie sind von keinem Geschmack beschwert,
Doch, sie sind dumm
Und überhaupt nichts wert.
Lebwohl, Zola, lebwohl!

Ich sehe, daß meine Feder nach meinem Pinsel nichts Rechtes zustande bringt, und vergebens würde ich heute versuchen,

Von einer Waldfee Dir zu singen;
Meine Stimme will heute nicht voll erklingen,
Und die Schönheit der Landschaft hier ums Haus
Pfeift meine Lieder unweigerlich aus.

Also, ich mache Schluß, denn ich häufe doch nur Dummheit und Unsinn aufeinander.

So sieht man zum Himmel viel Unsinn steigen,
Mit Dummheit im Reigen.
Laßt lieber uns schweigen!

P. Cézanne

Zola an Cézanne [*Auszug*]

[*Der im April 1858 achtzehnjährig gewordene Zola war damals in der Unterprima des Lycée Saint-Louis. Obgleich in Paris geboren, war er in Aix aufgewachsen und wurde offenbar von seinen Pariser Mitschülern ein wenig herablassend behandelt, so daß er sich in der Schule nicht sehr glücklich fühlte. Der junge Zola träumte bereits von einer schriftstellerischen Laufbahn, wähnte sich jedoch damals auch zur Dichtung berufen.*]

Paris, den 14. Juni 1858

...Paris ist groß, voll von Vergnügungsmöglichkeiten, von Denkmälern, von reizenden Weibsbildern. Aix ist klein, eintönig, engherzig, voller Frauen...

(Gott soll mich davor hüten, den Aixerinnen übel nachzureden.) Aber trotz allem ziehe ich Aix Paris bei weitem vor.

Sind es die sich sanft unter dem Wind beugenden Pinien, sind es die dürren Schluchten, die übereinander aufgetürmten Felsen oder die malerischen Landschaften der Provence, die mich dorthin ziehen? Ich weiß es nicht, doch sagen mir meine Dichterträume, daß ein schroffer Felsen einem neugetünchten Haus vorzuziehen ist, das Murmeln der Gewässer dem Lärm einer großen Stadt und eine unverdorbene Landschaft der gequälten oder zurechtgemachten Natur. Sind es nicht vor allem die Freunde, welche ich dort unten in der Umgebung des Arc gelassen habe, die mich ins Land der Bouillabaisse *und des* Aioli[8] *zurückrufen? Gewiß ist es so.*

Ich sehe so viel junge Leute hier, die sich bemühen, geistreich zu sein, und sich über alles erhaben fühlen... daß ich lebhaft wünsche, jene Freunde wiederzusehen, deren wirklichen Geist ich kenne und die sich stets fragen, ob sie selbst von Fehlern frei sind, bevor sie andern Vorwürfe machen. Wirklich, ich bin heute ganz besonders ernst gestimmt. Bitte, vergib mir diese faden Erwägungen, aber wenn man beginnt, die Welt etwas aus der Nähe zu betrachten, dann bemerkt man, daß alles recht schlecht zusammengefügt ist, und kann sich nicht erwehren, ein wenig zu philosophieren. Zum Teufel mit der Vernunft – es lebe die Freude!

Was ist aus Deiner Eroberung geworden? Hast Du mit ihr gesprochen? O Schelm, mir scheint, Du wärest dessen wohl fähig. Junger Mann, Sie sind verloren, Sie werden Dummheiten machen! Aber ich komme bald und werde es verhindern. Ich will nicht, daß man mir meinen Cézanne verdirbt.

Schwimmst Du? Amüsierst Du Dich? Malst Du? Bläst Du auf Deinem Horn? Machst Du Gedichte? Was treibst Du? Und Deine Matur? Kommst Du damit voran? Du wirst alle Meister übertreffen. Oh, potztausend, wir werden uns großartig vergnügen. Ich habe ganz ungeheure Pläne. Du wirst sehen – sie sind überwältigend...

Wenn Du Zeit hast, sende mir doch bitte ein paar schöne Gedichte. Das zerstreut mich und macht mir gleichzeitig Freude. Was mich selbst betrifft, so bin ich seit einiger Zeit ganz der Poesie entfremdet.

[8] Zwei provenzalische Nationalspeisen; *Bouillabaisse* ist die berühmte Fischsuppe und *Aioli* ein Gericht von getrocknetem Kabeljau, Kartoffeln, Mohrrüben und Artischocken, das mit einer Sauce aus Olivenöl und Knoblauch gegessen wird.

IV

An Emile Zola

[*Aix*,] den 9. Juli 1858

Carissime Zola, salve.
Accepi tuam litteram, in qua mihi dicebas
te cupera ut tibi rimas mitterem ad bout-rimas[9]
faciendas, gaude; ecce enim pulcherrimas rimas.
Lege igitur, lege, et miraberis!

révolte *Zola* *métaphore* *brun*
récolte *voilà* *phosphore* *rhum*

vert *bachique* *bœuf* *aveugle*
découvert *chique* *veuf* *beugle*
chimie *uni* *borne*
infamie *bruni* *corne*

Du hast die Freiheit, die obenstehenden Reimworte erstens in der Mehrzahl zu verwenden, wenn Deine *serenissime* Majestät dies für gut befindet; zweitens, Du kannst die Reihenfolge anordnen, wie Du willst; doch drittens bitte ich Dich um Alexandriner, und viertens will ich – nein, ich will nicht, aber ich bitte Dich, aus allem Verse zu machen, selbst aus Zola!

Hier sind einige kleine Verse von mir, die ich wundervoll finde, weil sie eben von mir sind – und das aus dem einfachen Grund, weil ich ihr Autor bin.

Kleine Verse

Ich sehe Leydet[10]
Auf einem Bidet

[9] Die *bouts-rimés* sind Gedichte mit gegebenen Endreimen, wie die nachfolgenden Reimworte, von denen die Freunde sich oft ganze Listen übersandten. In der Folge ist das Wort *bout-rimés* stets mit ›Knittelvers‹ übersetzt worden.

[10] Victor Leydet (1845–1908), Jugendfreund von Cézanne und Zola, wurde später Senator der Bouches-du-Rhône. Sein Sohn, ein Maler, verkehrte mit Cézanne während seiner letzten Lebensjahre.

Den Esel ergreifen,
Zum Baume ihn schleifen,
In aller Ruh,
Und singen dazu.
Das hungrige Tier
Reckt sich voll Gier
Zum Ast empor
Und zieht ihn vor,
So wird's ihm gelingen,
Ein Blatt zu verschlingen.
Boyer, der jagt
Und nie verzagt,
Erlegt mit List
Ein Rabenbiest,
Das jetzt voll Blut
Schmort in der Glut.
Zola voll Mut
Spaltet die Flut,
Schwimmt schnell daher,
Ohne Beschwer,
Mit sicherer Hand
Erreicht er den Strand.

Das Wetter ist heute sehr dunstig. Hör mal, ich verfaßte gerade ein Liedchen, hier ist es:

Laßt die Flasche uns
Voller Inbrunst preisen,
Ihre flüssige Gunst
Stärkt das Herz der Weisen.

Das muß gesungen werden nach der Melodie von

›*D'une mère chérie*
célébrons la douceur etc. ...‹

— —

Mein Lieber, wenn Du mir Deine Knittelverse gesandt haben wirst,

Denn im Knittelvers bist Du ganz unvergleichlich,
Und auch Deine andern Verse schätze ich reichlich,

dann werde ich mich auf die Suche nach andern Reimen machen, die noch reicher und vielfältiger sein werden; ich bereite schon einige vor, ich arbeite sie aus, ich destilliere sie in meinem Retorten-Hirn. Das werden ganz neue Reime sein – hm – Reime, wie man sie sonst kaum zu sehen bekommt, verflucht nochmal, mit einem Wort, ganz vollendete Reime.

Mein Lieber, nachdem ich diesen Brief am 9. Juli begann, wäre es nur recht und billig, daß ich ihn heute, am 14., wenigstens beende, doch leider finde ich in meinem dürren Geist nicht den winzigsten, kleinsten Gedanken, obwohl ich mich doch mit Dir über so viele Dinge unterhalten könnte: die Jagd, das Angeln, das Baden, sind das nicht etwa vielfältige Themen, und die Liebe (*Infandum*, behandeln wir lieber nicht dies verderbliche Gebiet):

Unsre Seele, rein und hehr,
Schreitet zaghaft noch daher,
Und sie kennt den Abgrund nicht,
Wo sich jene Schlünde weiten,
In die soviel Opfer gleiten
Dieser wahrlich losen Zeiten.
Noch heg' ich Unschuld in der Brust,
Noch haben meine Lippen nicht
Den Kelch der Wollust je berührt,
Da jene trinken voller Lust,
Die von der Liebe sind verführt.

Das ist aber ein mystischer Erguß, hm, sag mal, mir ist, als sähe ich Dich, während Du diese einschläfernden Verse liest, ich sehe Dich (obwohl es ein wenig weit ist) den Kopf schütteln und sagen: ›Die Muse der Dichtkunst ist ihm doch nicht gewogen …‹

Dieser Brief wurde am 15. abends beendet.

Lied zu Deinen Ehren

(Ich singe hier, als wären wir beisammen und gäben uns allen Freuden des menschlichen Daseins hin; es ist sozusagen eine Elegie von nebelhafter Poesie, wie Du gleich sehen wirst.)

Am Abend, sitzend an des Berges Hang,
Schweift mein Aug über Hügel entlang,
Und innerlich fragt eine Stimme bang:
Wann werd' ich eine Gefährtin finden,
Um nicht mehr einsam zu verzagen,
Die mir hilft, all mein Leid zu tragen,
Und deren Reize mich erlaben?
Recht rund und frisch, ein sanftes Kinn,
Die Arme üppig, die Wade nicht dünn,
Mit zierlicher Krinoline,
Mit göttlicher Miene,
Der Mund wie Rubine
Dingel – dingel – dingel – dinn
Ei, ei, das hübsche Kinn.

Ich höre endlich auf, denn ich sehe, daß ich leider wirklich nicht in Schwung bin.

Oh, Musen weint, denn Eurem Zögling
Nicht einmal mehr ein kurzes Lied gelingt.
Oh, Prüfung du, wie bist du gräßlich!
Oh, Lehrer ihr, wie seid ihr häßlich!
Wenn ich bestehe, welch' Freud' unermeßlich.

Allmächtige Götter, ich weiß nicht, was ich dann alles anstellen würde! Lebwohl, mein lieber Zola, ich schweife immer ab.

Paul Cézanne

Ich habe einen Plan für ein Drama in fünf Akten, das wir (Du und ich): ›*Heinrich VIII. von England*‹ betiteln werden. Wir werden es während der Ferien gemeinsam machen.

[*Aix*,] den 26. Juli 1858

Meine liebe [*sic*] *Freund!* [11]

Es ist Cézanne, der schreibt, doch ist es Baille, der ihm diktiert. Ihr Musen des Helion, steigt herab in unsere Adern, um meinen Examenstriumph zu feiern! (Das ist Baille, der hier spricht, denn ich bin erst nächste Woche an der Reihe.)

[*Von Baille geschrieben:*]

Diese seltsame Originalität paßte recht gut zu unsern Charakteren. – Wir wollten Dir einen Haufen von Rätseln zu lösen geben, doch das Schicksal hat es anders beschlossen. Ich kam gerade zu jenem poetischen, fantastischen, bacchantischen, erotischen, antikischen, physischen, geometrischen Freund, den wir besitzen. Er hatte bereits das Datum des 26. Juli 1858 hingesetzt und wartete auf eine Eingebung. – Ich gebe ihm ein: ich schreibe die Anrede auf deutsch; dann sollte er unter meinem Diktat schreiben und die Figuren seiner Rhetorik zusammen mit den Blüten meiner Geometrie in vollem Überfluß ausstreuen. (Gestatte mir dieses Wortspiel – Du hättest sonst denken können, daß wir Dir etwa Triangel und ähnliche Dinge senden würden.) Doch, mein Lieber, die Liebe, die bereits Troja zu Fall brachte, verursacht auch jetzt noch manchen Schaden: ich habe schwerwiegende Verdachtsgründe, um zu glauben, daß er verliebt ist. (Er will es nicht zugeben.)

Mein Lieber, es war Baille, der soeben mit verwegener Hand (o eitler Geist!) diese hinterlistigen Zeilen niederschrieb, sein Geist bringt niemals andere hervor. Du kennst ihn zur Genüge; Du weißt, wie verrückt er war, bevor er das schreckliche Examen bestand, wie sollte er es etwa jetzt nicht sein? Was für tolle und unförmige Ideen bringt doch sein listig-spöttischer Geist hervor! Weißt Du, daß Baille *bachelier ès-sciences* ist und daß er sich nochmals am kommenden 14. für das Examen der *bacheliers ès-lettres* stellt? Ich selbst komme erst am 4. August dran. Mögen die allmächtigen Götter darüber wachen, daß ich mir nicht das Genick

[11] Diese Worte sind im Originalbrief deutsch geschrieben.

in meinem, ach so baldigen Sturz brechen werde. Ich schufte, große Götter, ich zermartere mir den Kopf mit dieser fürchterlichen Arbeit.

[*Hier folgt ein langes Gedicht über das bevorstehende Examen.*]

Das ist aber eine abgeschmackte Abschweifung. Was sagst Du dazu? Ist sie nicht ganz unförmig? Ach, wenn ich Zeit hätte, würdest Du noch ganz andere herunterwürgen müssen. Übrigens werde ich Dir etwas später Deine Knittelverse schicken. Sende einige Gebete zum Allerhöchsten *(Altissimo)*, damit die Fakultät mich mit dem so ersehnten Titel auszeichnet!

[*Von Baille geschrieben:*]

Jetzt ist die Reihe an mir, fortzufahren; ich werde Dir keine Verse vorsetzen: ich habe Dir beinahe nichts mehr zu sagen, es sei denn, daß wir Dich alle erwarten: Cézanne und ich, ich und Cézanne. Unterdessen büffeln wir. Also komme bald; doch werde ich nicht mit Euch jagen gehen: das heißt, um mich verständlicher auszudrücken: ich werde nicht jagen, aber ich werde Euch begleiten. – Schließlich werden wir doch wohl noch gute Jagdpartien machen können, und ich werde sogar die Flasche tragen, obwohl sie das allerschwerste ist! Dieser Brief langweilt Dich bereits: er ist auch danach, womit ich nicht sagen will, daß wir ihn in dieser Absicht verfaßt hätten.

Grüße Deine Mutter ergebenst von uns (ich sage ›uns‹, und mit Grund: die Dreieinigkeit ist nur eine einzige Person).

Wir schütteln Dir die Hand; dieser Brief stammt von zwei Originalen.

*Ba*CEZAN*lle*

Du siehst in diesem Brief das Werk zweier Originale.

Mein Lieber, wenn Du kommen wirst, lasse ich mir Bart und Schnurrbart wachsen: ich erwarte Dich *ad hoc*. Sag mal, hast Du Bart und Schnurrbart? Lebwohl, mein Lieber, ich begreife nicht, wieso ich so dumm bin ...

[*Zola verbrachte die Sommerferien mit seinen Freunden in Aix. Nachdem er nach Paris zurückgekehrt war, bestand Cézanne endlich am 12. November 1858 sein Reife-Examen mit der Note ›recht gut‹. Ein Brief vom 14. November, in dem er Zola dieses Ereignis mitteilte, scheint verloren zu sein.*]

[*Aix*,] Mittwoch, den 17. November 1858

Arbeite, mein Lieber, *nam labor improbus omnia vincit*[12].

Verzeihe mir, Freund, verzeihe mir! Ja, ich bin schuldig. Dennoch findet jede Sünde Vergebung. Unsere Briefe müssen sich gekreuzt haben, und Du mußt mir sagen, wenn Du mir wieder schreibst – doch brauchst Du Dich deshalb nicht zu eilen – ob Du nicht einen in meinem Zimmer geschriebenen Brief erhalten hast, der mit einem Reim auf das Datum des 14. November begann?

Ich erwarte das Ende des Monats, damit Du, wenn Du dann abermals schreibst, mir den Titel eines langen Gedichtes angibst, das ich verfassen will und von dem ich Dir in meinem Brief vom 14. November berichtete, wie Du aus ihm ersehen kannst, falls Du ihn erhältst; ich könnte mir zwar sein Nichteintreffen bei Dir kaum erklären, aber da nichts unmöglich ist, beeile ich mich also, Dir zu schreiben. Ich habe das Maturitätsexamen bestanden, doch Du weißt es sicher schon durch jenen Brief vom 14., vorausgesetzt, daß Du ihn erhalten hast.

Heiliger Geist, Heiliger Geist und sechstausend Bomben!
Ich kann nicht mehr reimen. – Ich erliege, Du erliegst
Den sechstausend Splittern der sechstausend Bomben!
Das ist zuviel Geist auf einmal, jawohl.
Ich fühl's, ich fühl's, ich muß jung dran sterben,
Wie könnt ich soviel Geist in mir beherbergen?
Ich bin nicht groß genug und kann deshalb nicht reichen,
Um all den Geist zu halten – so muß ich jung verbleichen!

Ich habe an Baille geschrieben[13], um ihm mitzuteilen, ihm unwiderruflich und endgültig mitzuteilen, daß ich das Reife-Examen bestand. Hem! Hem!

[12] Beharrliche Arbeit führt zum Sieg.

[13] Baille studierte unterdessen bereits an der naturwissenschaftlichen Fakultät in Marseille.

Aufgabe der in der Rhetorik gegebenen lateinischen Verse und von uns, dem Poeten, übersetzt:

Hannibals Traum
Annibalis Somnium

Am Ende eines großen Festes,
Bei dem so mancher Wein geflossen,
Stand auf der Heros von Karthago,
Und dieser Siegesheld von Cannae
Sank unter'n Tisch und schlief dort ein.
Mit einem Faustschlag auf die Tafel
Zuvor die Reste er zerstreute:
Der Wein in großen Lachen schwamm,
Und Teller, Platten, Kannen, Schüsseln,
Die rollten traurig durch das Naß
Des Punsches, der noch etwas warm war.
Ist's möglich, daß er so vergeudet
Den guten Rum des Vaterlandes,
Geliebten Trost von Frankreichs Truppen?
Oh, Zola, konnt' er so was tun,
Ohn' daß sich Jupiter bald rächte?
Konnt' er so ganz den Kopf verlieren,
Daß er so völlig Dich vergaß,
Oh, Rum? (Wir wenden uns voll Grau'n).
Du, Punsch, verdienst ein beß'res Grab
Und einen Freipaß für den Mund,
Um grad zum Magen abzusteigen,
Statt auf der Erde so zu fließen.
Doch um die Schande zu vollenden,
Ward bald der Held hinweggetragen
Von vier Lakaien, die ihn betten
Auf einen Diwan, wo er hinsinkt,
Die Arme reckt und gähnt und einschläft.
Ein tiefer Schlaf folgt dem Geschlemme,

Doch bald ein wilder Schwarm von Träumen
Schlägt sich auf seine Kissen nieder,
Dieweil er schlummert. Und im Heere
Verkleidet sich als Hamilkar
Der Älteste von seinen Truppen:
Die Haare borstig, kühn die Nase,
Der dichte Bart ganz unentwirrbar;
Fügt eine Narbe noch hinzu,
So habt Ihr, Herren, das Porträt
Von Hamilkars verweg'nem Kopfe.
Vier weiße Pferde vor dem Wagen
Zieh'n ihn voran, und er erreicht
Bald Hannibal, den er am Ohr zieht
Und kräftig schüttelt, bis er aufwacht
Und schimpfen will – doch plötzlich stumm wird,
Beim Anblick Hamilkars, der bleich
Vor Zorn ihn anschreit: ›Loser Sohn,
So hat der guten Rebe Saft
Dich zugerichtet, o mein Sohn!
Erröte, der Du sorgenlos
Hier lustig lebst, anstatt zu fechten,
Anstatt das Vaterland zu schützen,
Anstatt die Römer fortzuscheuchen,
Anstatt zum Kampfe Dich zu rüsten –
Der Du gesiegt hast am Ticinus,
Am Trasimeno, bei Cannae –
Und jene Stadt jetzt zu vernichten,
Die stets die feindlichste uns war,
Und endlich sie zu unterwerfen;
Statt dessen lebst Du hier im Rausche,
Dein neues Wams ist voll von Flecken
Von Wein und Rum, o Schreck und Graus!
Folg doch dem Beispiel Deiner Ahnen,
Fern bleib' Dir Alkohol und Weiber,

Die ganz die Seele uns verknechten.
Oh, schwör' sie ab, die so verderblich,
Und trink nur Wasser, was viel besser!‹
Bei diesen Worten sinkt Hannibal
Zurück ins Kissen und schläft ein.
Hast beß'ren Stil Du je gesehen?
Sag nein, wenn Du vernünftig bist.

P. CÉZANNE

[*Nachdem er das Reife-Examen bestanden hatte, wurde Cézanne von seinem Vater gezwungen, die Rechtswissenschaften zu studieren und sich an der Aixer Universität zu immatrikulieren.*]

VII AN EMILE ZOLA

Aix, den 7. Dezember 1858

Mein Lieber!

Du hattest mir nicht gesagt, daß Deine Krankheit ernst war, sogar sehr ernst. – Du hättest es mich wissen lassen sollen; Monsieur Leclerc hat es mir statt Deiner mitgeteilt, doch da Du nun wieder wohlauf bist, salut!

Nachdem ich einige Zeit lang geschwankt hatte – denn ich muß Dir gestehen, daß dieses Bürschlein mir zunächst gar nicht gefiel – habe ich mich schließlich entschlossen, es so unbarmherzig wie nur möglich zu behandeln. So habe ich mich denn ans Werk gemacht, aber, weiß Gott, ich kenne meine Mythologie nicht; dennoch werde ich versuchen, die Abenteuer des Meister Herkules zu erforschen, und sie in Heldentaten umwandeln, soweit das irgend möglich ist. Ich teile Dir mit, daß das Werk – soweit dasselbe die Bezeichnung Werk verdient und nicht eher die des Machwerks – während einer langen Weile von mir ausgearbeitet, verdaut und vervollständigt werden wird, denn ich kann dem abenteuerlichen Bericht des Burschen Herkules nur wenig Zeit widmen.

Weh mir, ich schlug des Rechts gewundne Pfade ein,
›Ich schlug‹ ist nicht das Wort, man zwang mich, sie zu wählen;

Des Rechts, des grausen Rechts verknöchertes Gebein
Wird jetzt drei Jahre lang mein junges Leben quälen!

Ihr Musentöchter all, des Pindus und Parnaß,
Ist denn in meiner Not auf Euch wohl noch Verlaß?
Habt Mitleid doch mit mir, der unbarmherzig hart
Von Euerm Weihaltar hinweggerissen ward!
Des Mathematikers[14] blutleere Sucherei
Und seine Stirn, so blaß von blinder Grübelei,
Daß sie dem Leichentuch des Auferstand'nen gleicht,
Hat zum Entsetzen Euch gewiß sehr schnell gereicht.
Doch der, der gar im Recht sucht seines Lebens Glück,
Von dem zieht Apollo sogleich die Hand zurück.
Oh, seht auf mich herab nicht so voll Ungeduld,
Denn größer ist mein Gram als etwa meine Schuld.
Hört meine Stimme fleh'n und zeigt Euch hilfsbereit,
Ich will auch dankbar sein bis in die Ewigkeit.

Erscheint es Dir nicht beim Hören oder vielmehr beim Lesen dieser abgeschmackten Reime, als hätte die Muse der Poesie sich endgültig von mir zurückgezogen? Ach, das alles macht diese elende Jurisprudenz.

— — — — — — — — — — — — — — — — — — — —

Erkundige Dich nach der Zulassungsprüfung zur Akademie, denn ich verbleibe bei dem Beschluß, den wir gefaßt hatten, um jeden Preis daran teilzunehmen, vorausgesetzt natürlich, daß es nichts kostet[15].

Weißt Du schon, wo Boileaus zerbroch'nes Schulterblatt
Noch bis vor einem Jahr ruhig geschlummert hat?
In einem Graben tief, in dem man dann versteckt
Sein übriges Gebein vollständig hat entdeckt
Und nach Paris gebracht, wo es jetzt ausgestellt,
Und im Museum jüngst den Rindern zugesellt.

[14] Anspielung auf Baille.

[15] Offenbar wollte Cézanne an einer Aufnahmeprüfung der Akademie der Schönen Künste in Paris teilnehmen.

Zu Füßen des Skeletts grub man die Worte ein:
›Dies hier ist Boileaus, Parnaß-Rektors, Gebein.‹

Glaub mir, daß der Wahrheit getreu mein Bericht;
Verdiente Boileau dies Geschick etwa nicht,
Er, der so gelobt, so voll Brunst, so devot,
den vierzehnten Ludwig, unsern dümmsten Despot?
Weißt Du, daß dann hundert Franken sie gaben
Den Findern, die diesen Fund getan,
Auch eine Medaille steckten sie an:
›Wir fanden Boileau in einem Graben.‹

Eines Tages, dieweil Herkules tief
In einem frischen Waldinnern schlief
– Denn wenn er nicht diesen Waldplatz gewählt,
So hätte ihn sonst die Sonne gequält,
Alldieweil ihre Strahlen ohne Barmherzen
Verursachen leicht die schlimmsten Kopfschmerzen –
Er schlief also tief. Eine junge Dryade
Kam just vorbei ....

Doch sehe ich, daß ich beinahe irgendeine Dummheit gesagt hätte, also schweige ich lieber. Erlaube mir, diesen Brief, der ebenso dumm aufhört, wie er beginnt, nunmehr zu beenden.

Ich wünsche Dir tausend gute Dinge, Freuden, Wollüste; leb wohl, mein Lieber, grüße Monsieur Aubert, Deine Verwandten, leb wohl, ich grüße Dich, Dein Freund

P. Cézanne

PS. Ich erhielt soeben Deinen Brief, der mir sehr viel Freude macht; doch bitte ich Dich, in Zukunft etwas dünneres Papier zu verwenden, denn Du hast meiner Börse einen Aderlaß verursacht, der sie arg mitgenommen hat. Große Götter, die Untiere von der Postverwaltung haben mich acht Sous zahlen lassen! Ich hätte Dir damit zwei weitere Briefe senden können. Deshalb verwende also etwas dünneres Papier. Leb wohl, mein Lieber!

VII bis

WIDMUNG[16]

Meine reizende Marie,
Ich liebe Sie und bitte Sie,
Vernichten Sie doch nie
Die Briefe der Freunde an Sie.

Durch Ihre Lippen wie Rosen
Wird dieses Bonbon schnell gleiten,
Und dies ohne anzustoßen
Oder das Rot zu vereiteln.
Dieses Bonbon so rot
Ist ganz besonders gut,
Und nach Ihren Lippen rot
Steht ihm der Mut.

[16] Dieses undatierte Gedicht befindet sich auf der Rückseite einer Jugendzeichnung in der Öffentlichen Kunstsammlung in Basel.

1859

Zola an Baptistin Baille [*Auszug*]

Paris, den 14. Januar 1859

... Cézanne, der nicht so faul ist wie Du (vielleicht sollte ich sagen: nicht so beschäftigt), hat mir einen recht langen Brief geschrieben[17]*. Ich habe ihn nie so poetisch und nie so verliebt gesehen, so daß ich ihn – statt ihn von dieser platonischen Liebe abzuwenden – ermuntert habe, darin zu beharren. Er hat mir gesagt, Du habest zur Weihnachtszeit versucht, ihn von seinen Träumen loszulösen und ihn zum Realismus in der Liebe zu bekehren. Früher war auch ich dieser Meinung, doch jetzt scheint mir, daß dies ein Vorhaben ist, welches weder unserer Jugend noch der Freundschaft, die wir für Cézanne empfinden, würdig ist. Ich habe ihm ausführlich geantwortet*[18]*, ihm geraten, weiter zu lieben, und versucht, ihn davon mit Belegen zu überzeugen, die ich Dir hier nicht erklären kann. Falls Du Dich etwa zum Apostel des Realismus aufgeworfen haben solltest, falls die Ratschläge, die Du Cézanne gegeben hast, nicht auf Deiner Freundschaft für ihn beruhen, falls auch Du an der Liebe verzweifelst, lege ich Dir sehr nahe, sobald als möglich meine Antwort an Cézanne zu lesen, und hoffe sehr, daß sich dabei Dein in Algebra und Mechanik versunkenes Herz wieder verjüngen wird. Ich will Dir hier sogar einige der Zeilen abschreiben, die ich demnächst an Cézanne zu senden beabsichtige*[19]*. Ich wende mich darin an ihn, doch geht dies Dich genauso an. Hier ist, was ich sage:*

»Einer Deiner letzten Briefe enthielt den folgenden Satz: ›Die Liebe, wie sie Michelet beschreibt[20]*, die reine, edle Liebe mag wohl existieren, aber Du wirst zugeben müssen, daß sie sehr selten ist*[21]*.‹ Nicht so selten, wie Du glauben magst, und dies ist ein Punkt, welchen ich in meinen letzten Briefen an Dich zu erörtern vergaß. Es gab eine Zeit, da auch ich so sprach und mich lustig machte, wenn man*

[17] Dieser Brief scheint verloren zu sein.

[18] Auch dieser Brief ist offenbar verloren.

[19] Dieser Brief ist anscheinend ebenfalls verloren.

[20] Es handelt sich um Michelets Buch *L'Amour*, das 1858 erschienen war.

[21] Der Brief Cézannes, dem dieses Zitat entnommen ist, scheint wie die vorhergehenden nicht mehr zu existieren.

von Reinheit und Treue redete. Diese Zeit liegt nicht einmal sehr weit zurück. Doch habe ich nachgedacht, und ich glaube entdeckt zu haben, daß unser Jahrhundert nicht so materialistisch ist, wie es sich ausgibt. Wir benehmen uns wie junge Lümmel, die untereinander streiten, um festzustellen, wer die schlimmsten Untaten begangen hat. Wir prahlen von unseren Eroberungen mit soviel Selbstgefälligkeit wie nur möglich und schwärzen uns selbst in einer Art Wettbewerb an, in dem jeder dem andern zuvorkommen will. Wir tun, als ob wir alles, was erhaben ist, verachten. Doch wenn wir derart mit heiligen Dingen spielen und uns bemühen, jedermann zu zeigen, daß wir nichts wert sind, so dünkt mich, daß wir dies eher aus Eigenliebe denn aus angeborener Verdorbenheit tun. Die Jungen vor allem sind von dieser Eigenliebe besessen, und da die Liebe, wenn man so sagen darf, eine der schönsten Eigenschaften der Jugend ist, beeilen sie sich, zu beteuern, daß sie nicht lieben, sondern im Schmutz des Lasters wühlen. Dir selbst ist es so gegangen, und Du mußt es deshalb wissen. Der, welcher in der Schule zugeben würde, daß er eine platonische Liebe – d.h. ein heiliges und poetisches Gefühl – empfindet, setzt sich damit der Gefahr aus, als wahnsinnig betrachtet zu werden... Genauso wie ein junger Mann in Glaubensfragen niemals zugibt, daß er betet, wird er im Fall der Liebe niemals eingestehen, daß er verliebt ist. Aber die Natur kommt dennoch stets zu ihrem Recht. Zur Zeit des Rittertums war es Mode, seine Liebe zu bekennen, und jeder bekannte sie; jetzt hat die Mode sich geändert, aber der Mensch ist Mensch wie zuvor und kann der Liebe nicht entraten.

Ich möchte wetten, daß man die Liebe tief in einem Winkel des Herzens sogar jener finden kann, die sich für die schlimmsten Bösewichte ausgeben. Jedem schlägt seine Stunde – niemand kann ihr entrinnen. Doch ist es wahr, daß es mehr oder minder poetische, mehr oder minder exaltierte Liebende gibt. Jeder liebt auf seine Art, und es wäre unsinnig, wenn Du, der Du Blumen und Licht verehrst, behaupten würdest, man könne nicht lieben, ohne Verse zu machen und im Mondschein zu lustwandeln. Der ungeschlachte Hirt kann seine Hirtin lieben. Die Liebe ist etwas sehr Erhabenes, Hohes, das in jede Seele Eingang findet, sogar in die einfachste... Mit andern Worten, es ist Stolz, ein recht dummer Stolz, der meines Erachtens an diesem Mißverständnis schuld ist, wie auch die Gesellschaft, die Gemeinschaft der Menschen, nicht aber der einzelne Mensch. Der Mensch kann nicht ohne Liebe leben, sei es auch nur die Liebe für eine Blume, für ein Tier. Warum wollt ihr dann aber nicht, daß er eine Frau liebt? Ich weiß wohl, daß die

Ansicht, die ich hier vertrete, eine recht bedenkliche ist: wir sind die Kinder unseres Jahrhunderts, und man hat sich bemüht, uns festgesetzte Anschauungen auf diesem Gebiet einzuflößen. Man hat so viel alberne Scherze über die Frau und die Liebe gemacht, daß wir an all dies nicht mehr glauben wollen. Doch wenn Du ernsthaft nachdenkst, wenn Du Dein Herz befragst, dann wirst Du gezwungen sein, zuzugeben – um so mehr, als Du Dich nicht von den andern unterscheidest – daß es falsch ist, zu behaupten, die Liebe sei tot und unser Zeitalter sei lediglich materialistisch. Den Mann zur Frau zurückzuführen ist eine große und schöne Aufgabe, die Michelet bereits unternommen hat und die auch ich manchmal zu übernehmen wagen möchte. Vielleicht kann man den Männern schließlich die Augen öffnen. Das Leben ist kurz – die Liebe wäre ein gutes Mittel, es zu verschönen; die Welt ist auf der Bahn des Fortschritts – die Liebe wäre ein Weg, ihn zu beschleunigen. Und glaub nicht etwa, daß ich hier als Dichter spreche. Was tut es schon, wenn man übertreibt! Michelet hat aus der Frau eine Göttin gemacht, deren demütiger Verehrer der Mann ist. Für große Übel bedarf es großer Gegenmittel; wenn nur die Hälfte dessen sich verwirklichen ließe, was er vorschreibt, wäre es meines Erachtens mit der Welt aufs beste bestellt[22]. «

VIII An Emile Zola

Aix, den 17. Januar 1859

[*Dieser Brief beginnt mit einer Zeichnung: ›Der Tod herrscht an diesem Ort.‹ Der nachfolgende Dialog bezieht sich auf die Zeichnung.*]

Dante: Sag, mein Freund, woran knabbern jene dort?
Virgil: An einem Schädel, potztausend!
Dante: Mein Gott, das ist schrecklich. Aber warum verspeisen sie dies fürchterliche Gehirn?

[22] Der Brief an Cézanne, der diese lange Abhandlung enthalten sollte, scheint wie alle andern verloren zu sein.

Im Winter desselben Jahres ließ Marguery, ein Jugendgefährte der drei Freunde, in der Zeitung *La Provence* eine Novelle unter dem Titel *Roman et Réalité* erscheinen, in der er, wie Zola an Baille schrieb, ›für die Wahrheit eintritt, die Liebe lächerlich macht und die Koketterie triumphieren läßt‹. Cézanne hat sich über dieses Werk, das unter dem Pseudonym *Ludovico* veröffentlicht wurde, in seinem Brief an Zola vom 30. November 1859 (Nr. XII) lustig gemacht.

Virgil: Hör zu, und Du wirst wissen weshalb.

Vater: Freßt munter diesen unmenschlichen Sterblichen, der uns so lange darben ließ.
Der älteste Sohn: Laßt uns essen!
Der zweite Sohn: Ich bin sehr hungrig – gib mir das Ohr!
Der dritte Sohn: Mir die Nase!
Der Enkel: Mir dies Auge!
Der älteste Sohn: Mir die Zähne!
Vater: He he, wenn Ihr Euch derart darauf stürzt, was bleibt uns dann für morgen, meine Kinder!

Ich beschloß, mein Lieber, Dein Herz zu erschüttern
Und darin eine große, grausame Furcht zu erwecken
Durch den scheußlichen Anblick dieser gräßlichen Szene,
Dazu angetan, die härtesten Seelen zu erweichen.
Mir schien, daß Dein Herz vor Mitgefühl
Ausrufen würde: ›Welch herrliches Bild dies ist!‹
Daß ein Schreckensschrei Deiner Brust entrinnen würde
Beim Anblick dessen, was nur die Hölle sich ausdenken kann,
In der der Sünder, der ungestraft gestorben,
Bis in die Ewigkeit entsetzlich leidet.

Mein Freund, seit fünfzehn Tagen schon
Erhielt ich keinen Brief von Dir.
Bist Du von Langweil' benommen,
Hast Du erkältet Dir das Hirn
Und liegst im Bett? – Der Husten gar,
Plagt er Dich sehr? – Wie arg wär' das,
Und dennoch besser dieses Leiden,
Als manches andre, das ich kenne.
Vielleicht ist's Liebe, die Dich quält?
Ja? Nein? Weiß Gott, ich weiß es nicht!
Doch wenn es Lieb' ist – sag ich: gut,
Denn Liebe niemals hat getötet,

Wenngleich sie manchmal immerhin
Viel Kummer und Besorgnis bringt,
Die heute kommen, morgen gehn.
Doch wenn das Unglück es gewollt,
Daß Dich ein ernstes Leiden peinigt,
Was ich jedoch nicht glauben kann,
Zum Beispiel fürchterliches Zahnweh
Und sonsten irgendeine Pein,
Wie etwa Schmerzen, die vom Kopf
Bis zu den Füßen sich erstrecken
Und dich gen Himmel fluchen lassen;
Das wär' zu dumm, denn Kranksein ist
Weiß Gott ein überflüssig Ding.

— —

Also, vor einigen Tagen schrieb ich Dir die obenstehenden Zeilen und sagte mir so: ich weiß nicht recht, was ich ihm Schönes sagen könnte, deshalb wäre es besser, etwas zu warten, bevor ich ihm den Brief sende. Aber schließlich bin ich doch unruhig, da ich keinerlei Nachricht von Dir erhalte. Weiß Gott, verflucht nochmal, was habe ich nicht, dieses Stillschweigen betreffend, für Vermutungen gehabt, und noch dazu die allerdümmsten! Vielleicht, dachte ich, arbeitet er an einem *immensissime* Werk, vielleicht heckt er nächtlich ein gewaltiges Poem aus, vielleicht bereitet er für mich irgendein unlösbares Rätsel vor, vielleicht sogar ist er Redakteur irgendeines Käseblattes geworden; doch alle diese Mutmaßungen ließen mich noch nicht die Wirklichkeit erfahren, *quod agis*, *quod bibis*, *quod cantas*, *quomodo te ipsum portas* usw.; ich könnte Dich noch länger langweilen, und Du könntest in Deinem Verdruß wie Cicero ausrufen: *Quosque tandem*, *Cezasine*, *abuteris patientia nostra?* Worauf ich antworten würde, daß, wenn ich Dich nicht länger langweilen soll, Du mir schnellstens schreiben mußt, falls Du nicht ernstlich verhindert bist. *Salut omnibus parentibus tuis, salut tibi quoque*, *salve*, *salve!*

Paulus Cezasinus

[*Aix*,] den 20. Juni [*1859*]

Mein Lieber!

Jawohl, mein Lieber, es ist schon wahr, was ich Dir in meinem letzten Brief sagte. Ich versuchte, mich selbst darüber hinwegzutäuschen, aber, beim Zehnten des Papstes und seiner Kardinäle, ich war sehr verliebt in eine gewisse Justine, die wirklich *very fine* ist; doch da ich nicht die Ehre habe, *of a great beautiful* [*sic*] zu sein, hat sie immer den Kopf abgewandt. Wenn ich meine Blicke auf sie richtete, schlug sie die Wimpern nieder und errötete. Wenn wir uns in derselben Straße befanden, so schien es mir, als machte sie sozusagen einen großen Bogen und entwiche, ohne sich umzudrehen. *Quanto a della donna* bin ich nicht glücklich, obwohl ich riskiere, ihr drei- bis viermal im Laufe des Tages zu begegnen. Aber es kommt noch besser, mein Lieber: Eines schönen Tages redet mich ein junger Mann an, der wie ich Student im ersten Semester ist, kurz, es war Seymard, den Du kennst. »Mein Freund«, sagte er, indem er meine Hand drückte, und dann, während er sich an meinen Arm hängte und wir in der Richtung der Rue d'Italie gingen, fuhr er fort: »Ich werde Dir eine niedliche Kleine zeigen, die ich liebe und die mich liebt.« Ich gestehe Dir, daß es mir sogleich war, als ob eine Wolke sich vor meine Augen legte; mir dämmerte sozusagen, daß ich kein Glück haben würde, und ich irrte nicht, denn kaum hatte es Mittag geschlagen und Justine also ihr Schneideratelier verlassen, da machte mir Seymard weiß Gott auch schon ein Zeichen, sowie ich sie nur von weitem erblickte. »Das ist sie«, sagte er. Da sah ich denn gar nichts mehr, es schwindelte mir, aber Seymard zog mich mit sich fort, und ich streifte den Rock der Kleinen ....

Seither sah ich sie fast jeden Tag, und oft war Seymard auf ihren Spuren ... Ach! was habe ich nicht für Träume geträumt, und die allerunsinnigsten noch dazu, aber, siehst Du, das ist nun einmal so: ich sagte mir im Innern, wenn sie mich nicht verabscheute, könnten wir zusammen nach Paris gehen, dort würde ich ein Maler werden, und wir wären beieinander. Ich sagte mir, daß wir dann glücklich sein würden, ich träumte von Bildern, von einem Atelier im vierten Stock, Du wärest dabei, und wie hätten wir dann nicht gelacht! Ich verlangte gar nicht danach, reich zu sein! Du weißt ja, wie ich bin; ich glaube, daß wir mit einigen hundert Franken hätten glücklich leben können – aber, weiß Gott, das war wirklich ein großer Traum, und ich, der ich so faul bin, ich bin jetzt nur zufrieden, wenn ich getrunken habe. Ich kann fast nicht mehr, ich bin ein lebloser Körper, zu nichts gut.

Wahrhaftiger Gott, mein Alter, Deine Zigarren sind ausgezeichnet; ich rauche gerade eine, während ich Dir schreibe; sie haben einen Geschmack von Rahmbonbons und Gerstenzucker. Ach! sieh nur, sieh, das ist sie, ja sie ist's, wie sie gleitet, wie sie flattert, ja, es ist meine Kleine, wie sie mich auslacht, sie wiegt sich in den Wirbeln des Zigarrenrauches, sieh, sieh, sie schwebt empor, sie sinkt hernieder, sie schäkert, wendet sich, aber lacht mich aus. O Justine, sag mir doch wenigstens, daß Du mich nicht haßt; sie lacht. Grausame, Du freust Dich an meiner Qual. Justine, hör mich an, aber sie entweicht, sie schwebt, schwebt, schwebt immer höher, und jetzt vergeht sie. Die Zigarre fällt mir aus dem Munde, und ich schlafe darüber ein. Einen Augenblick glaubte ich, verrückt zu werden, aber Deine Zigarre hat meinen Geist jetzt wieder etwas gestrafft. Noch zehn Tage, und ich werde nicht mehr an sie denken, oder ich werde sie höchstens noch am Horizont der Vergangenheit sehen, wie einen Schatten, von dem ich geträumt hätte.

Ach ja, mit welch unsagbarer Freude würde ich Dir die Hand drükken! Siehst Du, Deine Mutter hat mir gesagt, Du würdest gegen Ende Juli nach Aix kommen. Weißt Du, wenn ich ein guter Springer wäre, wäre ich sicher an die Decke gestoßen, so bin ich umhergesprungen. Denn ich habe tatsächlich einen Augenblick lang gedacht, daß ich verrückt werden würde; es war abends, schon dunkel, und ich dachte, ich würde verrückt werden, aber es war weiter nichts, wie Du siehst. Ich hatte einfach zu viel getrunken und sah Geister vor meinen Augen, die um meine Nasenspitze herumflatterten, und die tanzten, und die lachten, und die sprangen, daß es nur so krachte.

Auf Wiedersehn, mein Lieber, auf Wiedersehn!

P. CÉZANNE

 [*Auf der Rückseite der letzten Seite befindet sich eine Zeichnung mit Badenden.*]

x

An Emile Zola

Ohne Datum
[*Aix*,] *Anfang Juli 1859*

Mein lieber Zola!

Du fragst mich gewiß: ach, lieber Freund,
Von welchem Weibsbild Dein Hirn überschäumt?
Du, der stets grad der Nase gingst nach,
Der nichts Gutes tat und nichts Schlechtes sprach?
In welch Labyrinth, von Träumen verwirrt,
Hast Du, armer Freund, Dich plötzlich verirrt?
Sahst Du vielleicht zufällig die Polka,
Getanzt von einer Nymphe aus der Opera?
Oder bist Du gar unter'n Tisch gesunken,
Ganz wie ein päpstlicher Diener betrunken?
Oder von einer Rokoko-Liebe betroffen,
Hat Wermut Dich auf den Schädel getroffen?

Weder Wein noch Liebe hat mich verführt,
Und stets hab' ich folgende Losung geführt:
Daß Wasser allein sicher niemals gut ist,
Was Dir beweist, daß mein Geist auf der Hut ist.

Hast jemals Du in verträumten Stunden
Graziöse Formen im Nebel gefunden,
Undeutliche Wesen, wunderbar schön,
Die, zur Nacht geträumt, am Tage verweh'n?
Wie am Morgen man zarte Nebel erblickt,
Die, wenn die Sonn' ihre Strahlen schickt
Und Hügel und Felder im Lichte ertrinken,
Von tausend Reflexen verführerisch blinken,
Bis dann ein leichter Wind sich erhebt,
Vor dem dieser Nebel zitternd vergeht,
So manchmal vor meinen Augen verschwimmen
Die schönsten Wesen mit himmlischen Stimmen
Während der Nacht – bis das Morgenlicht

Mit tausend Farben sich in ihnen bricht;
Sie scheinen zu lächeln, die Hand mir zu reichen,
Doch wenn ich mich nähere, schnell sie entweichen,
Sie steigen zum Himmel, vom Zephir getragen,
Und blicken mich an und scheinen zu sagen:
Leb wohl, und während sie mich noch streifen,
Versuch ich wieder, nach ihnen zu greifen.
Doch schon sind fort sie, und in der Luft
Schwebt statt ihrer Körper nur noch der Duft.

Mein Traum verfliegt, und die Wirklichkeit
Erscheint in trostloser Traurigkeit,
Denn vor mir erhebt sich ein neues Gespenst,
Schrecklich und grausam, das *Recht*, wie man's nennt.

Ich glaube, daß ich nicht nur geträumt habe, ich bin eingeschlafen und habe Dich sicher mit meinen Plattheiten zum Gefrieren gebracht, doch ich hatte geträumt, daß ich meine Loretta, meine Näherin, meine Süße, meine Schelmin in den Armen hielte, daß ich ihr sanft auf die Schenkel klopfte und noch manches andere auch …

O dämliche Schüler[23], Ihr Sünder, hart gesotten,
Die stets auf alten Wegen trotten,
Die alle verachten, deren Geist
Unser Herz mit neuem Erleben speist;
Welch krankhafte Sucht zu Richtern Euch macht
Über den, der ob Eurer Einfalt lacht?
Ihr kleinen Banausen, gezwung'ne Verehrer,
Die unter der Leitung verblödeter Lehrer
Die platten Verse Virgils Ihr verehrt
Und wie eine Schweinherde Euch gebärd't;
Ihr bewundert, ohne zu wissen warum,
Was man Euch befahl zu bewundern dumm,
Doch wenn unter Euch sich ein Dichter erhebt,

[23] Diese Verse richten sich an die Schulkameraden von Zola in Paris.

Der die Ketten sprengt und nach Freiheit strebt,
Dann hört man, wie um den Adler schrei'n
Und kreischen die tausend Vöglein klein –
So mißgünstig Euch, die ihn begeifern
Und sich in neidischer Ohnmacht ereifern;
Ich hör' es bis hierher, das Fröscheschrei'n,
Und Euer Gequak klingt noch falsch obendrein.
Nein, nie noch sah in der Welt der Kröten
Man solche wie Euch, die ohne Erröten
Die Luft anfüllen mit blödem Gekicher,
Und doch ist der Sieg meines Freundes sicher,
Weil Euer Gekeif seinen Reim nicht berührt,
Dieweil sein Genie ihm die Feder führt.

Baille hat mir gesagt, daß die Schüler, Deine Arbeitsgefährten, sich den weiß Gott recht lächerlichen Anschein geben, als wollten sie Dein Stück an die *Impératrice* kritisieren. Das hat mir die Galle erregt, und wenngleich ein wenig spät, sende ich ihnen doch jenen Verweis, dessen Ausdrucksart sogar noch zu schwach ist, um diese literarischen Pinguine, diese verkümmerten Dreikäsehochs, diese asthmatischen Verhöhner Deiner aufrichtigen Verse zu brandmarken. Wenn es Dir angebracht scheinen sollte, kannst Du ihnen meine Komplimente ausrichten und hinzufügen, daß, wenn sie etwas sagen wollten, ich sie hier alle erwarte, so viele sie auch sein mögen, bereit, den ersten niederzuboxen, der mir unter die Fäuste kommt.

Heute früh, den 9. Juli, 8 Uhr morgens

Ich habe Monsieur Leclerc gesehen, der mir gesagt hat, daß die jüngste der Töchter M. und ehemals die schönste von Kopf bis Fuß mit Geschwüren bedeckt ist und im Begriff sei, auf einem Spitalbett den letzten Atemzug von sich zu geben. Ihre Mutter, die ebenfalls zuviel mit dem Steiß geschielt hat, stöhnt ob ihrer letzten Fehltritte, und was die ältere der beiden Töchter betrifft, d. h. jene, die früher die häßlichere war und die es zurzeit auch weiter ist, so trägt sie einen Verband, weil sie zu arg gebuhlt hat.

Dein Freund, der Vermouth auf Deine Gesundheit trinkt, Paul Cézanne. Grüße Deine Verwandten und auch Houchard!

XI An Emile Zola

Ohne Datum

[*Aix, gegen Ende September 1859*]

Baille schreibt Dir nicht, er fürchtet sehr,
Daß sein Geist Dir einen Krampf bescher';
Aus Angst, Du könntest ihn nicht begreifen,
Läßt er mich statt seiner zur Feder greifen.
Ich bin bei ihm, und an seinem Tisch
Braue ich dieses Reimgemisch,
Das sicher niemand für sich begehrt,
Dieweil es von Plattheit voll unerhört.
Doch nachfolgend dann send' ich Dir
Die Reime, die verbrochen wir
Zu Deiner Ehr'. ›Der Talg‹ heißt das Gedicht,
Das jeder Reimkunst schlägt ins Gesicht.

Ode

Oh, Talg, dessen Wohltaten jeder preist,
Du verdienst, daß man Dir viel Ehre erweist,
Der Du in der Nacht das Licht beschert,
    Sei geehrt!
Denn schöner ist nichts als eine schöne Kerze,
Und nichts erhellt besser die nächtliche Schwärze,
So loben wir Dich bei Deinem Scheinen
    In Reimen!
Und deshalb begann ich auf meinen Leiern
Jetzt die unsterbliche Kerze zu feiern;
Kein Wort, um Dich feierlich zu begeh'n,
    Ist zu schön!

Dein Ruhm ist glanzvoll, und glanzvoll bist Du,
Die Du leuchtest allen Menschen zur Ruh,
Dein Ruhm ist's, der diese Verse gebar,
Die wunderbar!

[*Hier folgen einige Skizzen. Die nächsten Zeilen sind von Baille geschrieben:*]

Komme! Komme! mein Lieber,

Cézanne hat die Frechheit, nach ... [*unleserliches Wort*] *zu fahren. Er will dort acht Tage verbringen. Er hat diesen Brief auf meinem Schreibtisch gelassen, und ich sende ihn Dir. – Komme, komme! Die Ausflüge sind großartig, Du ahnst es nicht einmal.*

Leb wohl, auf bald! – Schreibe uns, ob Du bestanden hast[24]*, Deine Abfahrt, Deine Ankunft!*

BAILLE

XII

AN EMILE ZOLA

Aix, den 30. November 1859

I

Mein Lieber,
... Wenn ich gezögert etwas lang,
Zu senden einen Reim auf *ang*
Über meinen Prüfungs-Ausgang[25]
Den ich erwartete so bang
Und vor Sorgen beinah krank,

so deshalb (ich bin nicht in Schwung), weil mein Examen von Freitag auf Montag, den 28., verschoben wurde; immerhin habe ich es bestanden.

— — — — — — — — — — — — — — — — — — —

[24] Zweifellos eine Anspielung auf das Reife-Examen, dem sich Zola 1859 in Paris unterworfen hatte und bei dem er die schriftliche Prüfung bestand. In der mündlichen jedoch wurde er wegen mangelnder Kenntnisse in Deutsch, Geschichte und Literatur abgewiesen. Während der Ferien in Aix bereitete Zola sich dann erneut auf die Prüfung vor, fiel aber in Marseille bereits beim schriftlichen Examen durch.

[25] Es handelt sich um ein juristisches Examen nach Abschluß des ersten Studienjahres.

II

Bald wird die Zeitung *Provence* publizieren
Des schnöden Marguery abgeschmackten Roman.
Schon fühlt die Provence ihre Adern gefrieren
Bei diesem Unheil, das zieht heran.

III

[*Hier folgt ein langer gereimter Dialog zwischen J. B. Gaut, dem Redakteur der Aixer Wochenschrift ›Le Mémorial d'Aix‹ und den ihn inspirierenden Geistern. Dieser Dialog betrifft eben jenen Feuilletonroman von Marguery, einem gemeinsamen Freund von Cézanne und Zola, der in der Konkurrenzzeitung ›La Provence‹ veröffentlicht werden soll. Es ist dabei viel von dem schlechten Geschmack jener Literatur die Rede, während gleichzeitig Gaut als sehr selbstgefällig und anmaßend charakterisiert und mehr oder minder geistreich verspottet wird. Cézanne legt Gaut zahlreiche Ausdrücke in den Mund, die aus lateinischen, griechischen und französischen Wörtern zusammengesetzt sind (wodurch dieser Abschnitt unübersetzbar wird) und die er selbst am Ende in einem erklärenden ›Lexikon der Gautischen Sprache‹ überträgt und erklärt.*]

Mein Lieber, jetzt habe ich Dich genug gelangweilt, gestatte mir, nunmehr meinen blöden Brief zu beenden. Leb wohl, *carissime Zola, salve!* Grüße Deine Verwandten und alle andern von Deinem Freund

P. Cézanne

Wenn irgend etwas Neues sich ereignen sollte, werde ich es Dir schreiben. Bisher umgibt die übliche und altgewohnte Ruhe noch immer mit ihren griesgrämigen Flügeln unsere langweilige Stadt.

Ludovico [*Marguery*] ist immer noch ein Schriftsteller voll Feuer, Lebhaftigkeit und Imagination.

Leb wohl, mein Lieber, leb wohl!

XIII AN EMILE ZOLA

Ohne Datum
[Aix, den 29. Dezember 1859]

Lieber Freund,

lieber Freund, will man Verse verfassen,
Muß man sich mit reimenden Wörtern befassen.
In diesem Brief wohl, mit leichter Hand
Hab' ich falsch angebrachte Wörter verwandt,
Doch erreg' Dich nicht über manch sinnlosen Reim,
Der mir unterschlüpft, nur um nützlich zu sein.
Du bist gewarnt jetzt, und nun beginn ich:
Am 29. Dezember Deiner mich entsinn ich.

Mein Lieber, heut bewundere ich mich still,
Denn leicht sag' ich, was ich nur sagen will,
Doch freu' Dich noch nicht, ich mag nicht verhehlen,
Daß trotzdem die Reime könnten mir fehlen.
Unser Freund Baille kam gerade zu mir,
Und um Dir's zu sagen, schreibe ich Dir.

Doch scheint mir mein Ton zu tief angeschlagen,
Auf die Höh'n des Olymp will die Schritte ich tragen,
Denn ich fühle des Himmels Gunst mich leiten
Und will meine Dichterflügel entbreiten
Und steigen in stolzem Fluge auf
Grad zu des Himmels Wölbung hinauf.
Um Dich vor dem Schall meiner Stimme zu schützen,
Steck' ich in den Mund mir ein Stück Lakritzen,
Das dämpft der Stimmbänder Mächte ein
Und bewahrt Dich vor meinen barbarischen Schreien.

EINE SCHRECKLICHE GESCHICHTE

Nacht war es – und Ihr wißt, daß die Nächte
Dunkel stets sind, wenn die Sterne nicht leuchten,
Und dunkel war es, so schwarz wie die Nacht,

Als meine Geschichte sich zugetragen,
Ein schrecklich Erlebnis, wie niemals es noch
Ist sterblichen Wesen je zugestoßen.
Natürlich hat Satan die Hände im Spiele,
Unglaublich erscheint dies, und doch geb' mein Wort ich,
Dem stets geglaubt ward, daß dem so gewesen,
Und daß ich die Wahrheit Euch hier erzähle.
Hört zu denn: Mitternacht hatte geschlagen,
Und in ihren Betten schliefen die Paare
In inn'ger Umarmung. Heiß war es, denn
Es war Sommerszeit, und weit am Himmel
Erstreckte gar drohend sich ein Gewölke
Von weißer Farb' und gewittergeladen.
Zuweilen durchstieß ein Mondstrahl die Wolken
Und leuchtet den Weg mir, der ich, verloren,
Nächtlich umherirr'. Schon fallen die Tropfen,
Befeuchten die Erde und künden des Regens
Unendliche Flut an. Ein heftiger Wind
Von Süden gen Norden gewaltig erhebt sich;
Der Samum, der Afrika schrecklich beherrscht
Und ganze Dörfer im Sand dort erstickt,
Drückt nieder der Bäume stolzeste Kronen,
Die frei zum Himmel sich vorher gestreckt.
Das Heulen des Windes, im Wald widerhallend,
Erfüllte mit Angst mich. Der Blitz und der Donner
Zerrissen mit Tosen den nächtlichen Schleier,
Und heftig beleuchtet vom Scheine der Blitze
Sah Zwerg' ich und Gnomen, daß Gott mich bewahre,
Die lachend die schlotternden Bäume durchflogen.
Satan kommandiert sie. – Ich sah ihn, und gleich
Sind all meine Sinne erstarrt, denn sein Blick
Erstrahlte rotglühend, und manchmal ein Funken
Entsprang seinem Auge mit furchtbarer Glut;
 Und um ihn tanzte die Runde der Zwerge ....

Hin fiel ich. Mein Körper, ohnmächtig und leblos,
Erzittert, wie wenn eine Hand ihn berührte.
Ein kalter Schweiß brach mir aus den Poren,
Mich zu erheben versucht ich vergeblich.
Schon sah ich des Teufels verfluchte Gemeinde
Sich meiner nähern in schrecklichem Tanze.
Die gräßlichen Zwerge, abscheuliche Gnomen
Verdrängten einander, um näher zu kommen
Und warfen gar drohende Blicke gen Himmel,
Dieweil die gemeinsten Fratzen sie schnitten.
›Nimm auf mich, oh, Erde, oh, Fels, schlag mich nieder!‹
So wollte ich schreien: ›Oh, Stätte der Toten,
Deck' lebend mich zu!‹ Doch die teuflische Bande
Zog enger und enger die grausige Runde;
Schon höre ich schmatzend die Zähne sie fletschen,
Ihr Fest vorbereitend. – Und äußerst zufrieden
Hüll'n sie mit lüsternen Blicken mich ein.
Ich gab mich verloren. – Doch welch' Überraschung,
Als plötzlich von ferne Galopp ich vernommen
Und wiehernder Pferde eilfertigen Trab.
Erst hört' ich ihn leise, doch dann immer lauter
Entgegen mir kommen, der hurtige Kutscher
Hieb auf sein Gespann ein, und voller Kräfte
Schossen vier Pferde daher durch den Wald.
Bei diesem Lärme zerstoben die Zwerge,
So wie die Wolken dem Zephyr enteilen;
Mehr tot als lebendig rief ich den Kutscher,
Der allsogleich die Kaross' vor mir anhielt,
Aus der eine sanfte Stimme ertönte.
›Steigt ein‹ – so rief sie – ›steigt ein‹, und ich sprang
Hinein, dieweil die Türe gleich zufiel
Und ich einer Frau gegenüber mich finde.
Ich schwör', nie sah ein schöneres Weib ich,
Mit blondem Gelocke und funkelnden Augen,

Die gleich unbändig mein Herze betören.
Zu ihren Füßen werf' ich mich nieder,
Und so auf den Knien mit schuldigem Mund
Küß ich ihr verwegen die pochende Brust;
Doch tödliche Kälte sogleich mich erfasset
Und mir in den Armen das rosige Weibsbild
Verschwindet und plötzlich sich völlig verwandelt
Zu blassem Kadaver mit eckigen Formen,
Mit klappernden Knochen und Augen, die leer sind,
Und der mich umklammert – oh, Schrecken! Ein Stoß
Erweckt mich, ich sehe den Wagen verschwinden ...
... Er rollt in der Ferne. Mein Gott, wo bin ich?
Ich werde gewiß das Genick mir zerbrechen!

[*Hier folgt eine gereimte, unübersetzbare Scharade.*]

Dein Freund, der Dir *bonam valetudinem* wünscht,

PAUL CÉZANNE

Mein Lieber, ich konnte Dein Rätsel, das wirklich eins ist, nicht lösen, und Baille ebensowenig. In Deinem nächsten Brief mußt Du mir die Lösung sagen.

Was jedoch meine Scharade anbetrifft, so glaube ich nicht, daß das nötig sein wird.

Grüße alle die Deinen!

P. CÉZANNE

ZOLA AN BAILLE [*Auszug*]

[*Paris,*] *den 29. Dezember 1859*

...Du hast mir fest versprochen, nächstes Jahr nach Paris zu kommen, und ich zähle auf Dich. Ich würde Dich mindestens zweimal wöchentlich sehen, und das wird mich etwas zerstreuen. Wenn dieser teuflische Cézanne auch kommen könnte, würden wir zu zweit ein kleines Zimmer nehmen und ein Bohème-Leben führen. So hätten wir wenigstens unsere Jugend richtig verbracht, während wir jetzt, der eine wie der andere, versauern...

ZOLA AN CÉZANNE [*Auszug*]

Paris, den 30. Dezember 1859

Mein lieber Freund!

Ich möchte Deinen Brief beantworten, habe aber nichts Besonderes zu sagen... Was treibt Ihr beiden? Während ich mich hier langweile, scheint es mir manchmal, als ob Ihr Euch dort unten amüsiert. Doch wenn ich ernstlich darüber nachdenke, glaube ich, daß es überall dasselbe ist und daß die Freude heutzutage recht selten geworden ist. Und dann tut Ihr mir leid, wie ich mir auch selbst leid tue, und ich bitte den Himmel um eine sanfte Taube, d.h. um eine Geliebte. Du ahnst nicht, was für Gedanken ich seit einiger Zeit im Hirn herumwälze. Da Du mich nicht auslachen wirst, will ich sie Dir anvertrauen. Du weißt gewiß, daß Michelets Buch über die Liebe erst beginnt, nachdem die Ehe geschlossen ist, so daß er nur von dem verheirateten Paar, nicht aber von den unvermählten Geliebten spricht. Nun wohl, ich Vermessener beabsichtige, die aufkeimende Liebe zu schildern und sie bis zur Hochzeit zu behandeln. Du kannst Dir die Schwierigkeiten eines solchen Unternehmens gar nicht vorstellen: dreihundert Seiten fast ohne Handlung oder Verwicklungen zu füllen – eine Art Gedicht, für welches ich alles erfinden muß und in dem alles auf ein einziges Ziel zugeschnitten ist: lieben! Und obendrein ist Dir bekannt, daß ich niemals geliebt habe, es sei denn im Traum, und niemals geliebt worden bin, nicht einmal im Traum! Da ich mich nichtsdestoweniger einer großen Liebe fähig halte, werde ich mein Herz befragen, mir ein schönes Ideal schaffen und dann vielleicht *mein Vorhaben ausführen. Sollte ich dieses Buch schreiben, werde ich mich auf alle Fälle erst daran machen, wenn das Wetter wieder freundlicher ist. Falls es mir der Veröffentlichung würdig erscheint, werde ich es Dir mitteilen, denn Du könntest es vermutlich besser verfassen als ich, weil Dein Herz jünger und zärtlicher ist als meines...*

Verzeih mir, wenn meine Gedanken etwas verwirrt sind. – Wir erörtern niemals politische Fragen; Du liest die Zeitungen nicht, wie ich es mir gestatte, und würdest also nicht verstehen, wovon ich rede. Ich erwähne deshalb nur, daß der Papst zurzeit recht beunruhigt ist, und lege Dir nahe, manchmal Le Siècle *zu lesen, denn wir leben in sehr merkwürdigen Zeiten. Was kann ich hinzufügen, um diesen Brief fröhlich zu beenden? Soll ich Dir Mut einflößen, damit Du das Boll-*

werk[26] *erstürmen kannst? Oder soll ich von Malerei und Zeichnung sprechen? Verwünschtes Bollwerk, verwünschte Malerei! Eins widersteht den Kanonen, das andere unterliegt dem väterlichen Veto. Wenn Du auf die Mauer losstürzt, ruft Dir Deine Schüchternheit zu: ›Du wirst nicht sehr weit kommen!‹ Wenn Du zu Deinen Pinseln greifst, sagt Dein Vater: »Mein Sohn, mein Sohn, denk an die Zukunft. Man stirbt mit Genie, und man ißt mit Geld!« Ah! leider, leider, mein armer Cézanne, das Leben ist eine Kugel, die nicht immer dorthin rollt, wo sie die Hand hinstoßen möchte...*

Warum sendest Du mir nicht das zweite Hirtengedicht von Virgil, das Du übersetzt hast? Ich bin Gott sei Dank kein junges Mädchen und werde keinen Anstoß daran nehmen.

[26] Vermutlich eine Anspielung auf eine juristische Prüfung, die Cézanne bevorstand.

1860

[Die Briefe, die Cézanne seit Ende des Jahres 1859 bis 1862 an Zola richtete, scheinen verloren gegangen zu sein, doch gestatten die Briefe Zolas an Cézanne und an Baille, diese Lücke einigermaßen zu füllen.]

Auszüge aus Briefen von Emile Zola

Zola an Cézanne

Paris, den 5. Januar 1860

Mein lieber Cézanne!

Ich habe Deinen Brief erhalten ... Du bittest mich, Dir von meinen Maîtressen zu berichten: meine Liebschaften existieren nur im Traum. Meine Ausschweifungen bestehen darin, morgens meinen Ofen anzuzünden, meine Pfeife zu rauchen und darüber nachzudenken, was ich bisher vollbracht habe und nun zu tun gedenke. Du siehst also, daß dies keine sehr kostspieligen Vergnügungen sind und ich meine Gesundheit dabei nicht einbüßen werde. Ich habe Villevieille[27] *noch nicht gesehen; bei der ersten Gelegenheit werde ich ihm den Passepartout-Auftrag übermitteln ...*

Du hast, wie Du sagst, meine Novelle gelesen. Ich fürchte sehr, daß sie nicht mehr verstanden worden ist als die andere, Mon follet ...

Du weißt gewiß, daß ich alles andere als ein Günstling der Göttin Fortuna bin, und seit einiger Zeit bekümmert es mich sehr, daß ich, ein großer Bursche von zwanzig Jahren, noch meiner Familie zur Last bin. Deshalb habe ich beschlossen, etwas zu unternehmen, um mein Brot zu verdienen. Ich beabsichtige, in vierzehn Tagen in die Hafen-Verwaltung einzutreten[28]*. Da Du mich kennst und weißt, wie sehr ich meine Freiheit liebe, kannst Du Dir wohl vorstellen, daß ich mir Gewalt antun muß, um mich dazu zu entschließen. Doch käme ich mir recht erbärmlich vor, falls ich anders handelte. Ich werde dennoch über viel freie*

[27] Joseph-François Villevieille (1829–1915), ein Aixer Maler und Schüler von Granet, hat gelegentlich den um zehn Jahre jüngeren Cézanne beraten und in seinem Atelier arbeiten lassen.

[28] Zola gab diese Anstellung jedoch bereits im Mai wieder auf, da er die Büroarbeit nicht ertragen konnte.

Zeit verfügen und mich den Beschäftigungen widmen können, die mir am Herzen liegen. Immerhin bin ich weit davon entfernt, die Schriftstellerei aufzugeben – man kann kaum von seinen Träumen Abschied nehmen... Ich werde jedenfalls stets der abschweifende Dichter, der Zola, der Dein Freund ist, bleiben...

Zola an Cézanne

Paris, den 9. Februar 1860

Mein lieber Freund!

Seit einigen Tagen bin ich traurig, sehr traurig, und schreibe Dir, um mich zu zerstreuen.

Ich bin sehr niedergeschlagen... Ich denke an die Zukunft, die so düster, so düster ist, daß ich voll Entsetzen davor zurückweiche. Kein Vermögen, kein erlernter Beruf, nichts als Mutlosigkeit. Niemand, auf den ich mich stützen kann, keine Weibsperson, kein Freund hier an meiner Seite. Überall nur Gleichgültigkeit und Verachtung. Das also bietet sich meinem Blick, wenn ich um mich herumschaue, und deshalb bin ich so niedergedrückt... Und trotzdem bin ich manchmal guter Laune, wenn ich nämlich an Dich und Baille denke. Ich schätze mich glücklich, zwei Herzen unter der Menge gefunden zu haben, die das meine verstehen. Was auch immer unsere Stellung im Leben sein wird, sage ich mir doch, daß unsere Gefühle füreinander dieselben bleiben werden, und das tröstet mich. Ich sehe mich von solch unbedeutenden und prosaischen Wesen umgeben, daß es mich freut, Dich zu kennen, der nicht unserm Jahrhundert angehört, der die Liebe erfinden würde, wenn sie nicht eine so alte Erfindung wäre... Ich rechne es mir zu einem gewissen Ruhm an, Dich verstanden zu haben und Dich Deinem Wert entsprechend zu schätzen. Lassen wir deshalb die Boshaften und die Neider. Da die Mehrzahl der Menschen dumm ist, werden die Spötter nicht auf unserer Seite sein. Aber was macht das, solange Du ebensogern meine Hand drückst wie ich Deine...

Zola an Baille

Paris, den 20. Februar 1860

...Als wir drei einander zu Beginn des Lebens begegnet sind und – von einer unbekannten Kraft getrieben – einander bei der Hand ergriffen haben und schwuren, uns niemals zu trennen, da hat keiner von uns sich nach dem Reichtum und Besitz seiner neuen Freunde erkundigt. Was wir suchten, war der Reichtum des Herzens und des Geistes, vor allem aber jene Zukunft, welche unsere Jugend uns so verlockend vorspiegelte...

Ich erwarte Cézanne und hoffe, sowie er hier eintrifft, ein wenig von meiner einstigen Fröhlichkeit wiederzufinden[29].

Zola an Cézanne

Paris, den 3. März 1860

Mein lieber Paul!

Ich weiß nicht weshalb, aber ich habe schlimme Vorahnungen bezüglich Deiner Reise, zumindest was das Datum Deiner mehr oder minder baldigen Ankunft betrifft. Dich bei mir zu haben, mit Dir wie früher zu plaudern – eine Pfeife zwischen den Zähnen und ein Glas Wein in der Hand – scheint mir so wundervoll und gleichzeitig so unwahrscheinlich zu sein, daß es Augenblicke gibt, wo ich mich frage, ob ich mich nicht täusche und ob dieser schöne Traum sich tatsächlich verwirklichen soll... Ich weiß nicht, von welcher Seite der Sturm hereinbrechen wird, aber mir ahnt jedenfalls, daß ein Gewitter über meinem Kopfe schwebt.

Du hast zwei Jahre lang gekämpft, um an den Punkt zu gelangen, an dem Du heute bist. Mir scheint, es könne nach so vielen Bemühungen der Sieg nicht ohne weitere Kämpfe davongetragen werden. Da ist z.B. der Kerl Gibert[30]*, der sich*

[29] Cézanne beabsichtigte damals, sein Rechtsstudium aufzugeben und nach Paris zu gehen, um dort Maler zu werden. Cézannes Vater setzte diesem Plan jedoch großen Widerstand entgegen, was den jungen Künstler aber nicht gehindert hatte, Zola seine Ankunft in Paris für Anfang April 1860 in Aussicht zu stellen.

[30] Gibert war Lehrer an der Ecole Municipale de Dessin in Aix, deren Abendkurse Cézanne besuchte und wo er Zeichnungen nach Gipsabgüssen und lebenden – allerdings nur männlichen – Modellen machte. Wie Zola befürchtet hatte, riet Gibert dem Vater Cézannes davon ab, seinen Sohn nach Paris zu schicken, so daß zunächst beschlossen wurde, ihn sein Rechtsstudium verfolgen und ihn erst während der akademischen Sommerferien nach Paris fahren zu lassen.

bemüht, Deine Absichten ausfindig zu machen, und Dir rät, in Aix zu bleiben; als Lehrer sieht er sich offensichtlich nur ungern einen Schüler entgehen. Andererseits spricht Dein Vater davon, Erkundigungen einzuziehen und ausgerechnet den erwähnten Gibert zu befragen. Das Resultat ihrer verdächtigen Unterredung würde unvermeidlich die Verschiebung Deiner Reise bis zum August sein. Ich zittere vor all dem und fürchte, einen Brief von Dir zu erhalten, in dem Du mir mit mannigfaltigen Wehklagen die Änderung des Reisedatums mitteilst. Ich habe mich derart daran gewöhnt, die letzte Märzwoche als den Endtermin meiner Langeweile anzusehen, daß es mir äußerst schmerzlich wäre, mich zu jenem Zeitpunkt noch allein zu finden, denn ich habe mich nur bis dahin mit einem Vorrat von Geduld eingedeckt...

Du stellst mir eine seltsame Frage. Selbstverständlich kann man hier, wie überall, arbeiten, wenn man ernstlich dazu gewillt ist. Obendrein bietet Dir Paris einen Vorteil, den Du nirgendwo sonst finden würdest: die Museen, in denen Du von 11 Uhr morgens bis 4 am Nachmittag die alten Meister studieren kannst. Du könntest Deine Zeit auf folgende Weise einteilen: Von 6 in der Frühe bis 11 Uhr könntest Du in einer Atelier-Schule nach dem lebenden Modell malen, dann würdest Du Dein Mittagsmahl einnehmen, und von 12 bis 4 am Nachmittag könntest Du entweder im Louvre oder im Luxembourg-Museum[31] *ein Dich besonders anziehendes Meisterwerk kopieren. Das wären also neun Arbeitsstunden; ich glaube, daß dies genügt und daß Du bei einem solchen Programm nicht umhin kannst, voranzukommen. Du siehst, der ganze Abend würde für uns frei bleiben, und wir könnten ihn nach Gutdünken verwenden, ohne damit unsern Studien zu schaden. Und sonntags könnten wir Ausflüge unternehmen und irgendwohin in die Umgebung von Paris gehen; es gibt reizende Orte, und wenn Dir der Sinn danach steht, kannst Du die Bäume, unter denen wir gefrühstückt haben werden, auf einem Stück Leinwand skizzieren. Ich träume täglich von den schönsten Dingen, die ich unternehmen will, wenn Du hier bist... Wir sind ja keine Kinder mehr und müssen an die Zukunft denken. Laß uns arbeiten, arbeiten: das ist das einzige Mittel, um ans Ziel zu gelangen.*

[31] Im Luxembourg-Museum, das nicht mehr existiert, befanden sich damals die Werke zeitgenössischer Künstler, bevor sie etwa zehn Jahre nach dem Tod ihrer Autoren entweder in den Louvre übergeführt oder in Provinzmuseen gesandt wurden.

Was die Geldfrage anbetrifft, so ist es schon wahr, daß Dir 125 Franken im Monat keinen großen Luxus gestatten werden. Ich will Dir einen Überschlag von dem machen, was Du auszugeben haben wirst: ein Zimmer für 20 Franken im Monat, das Mittagessen 18 Sous[32] *und das Abendmahl 22 Sous, was 2 Franken im Tag beträgt oder 60 Franken im Monat; mit den 20 Franken fürs Zimmer macht das 80 Franken monatlich. Dann mußt Du noch für die Atelierschule zahlen. Die von Suisse*[33]*, eine der billigsten, kostet, glaube ich, 10 Franken. Daneben rechne ich mit 10 Franken für Leinwand, Pinsel und Farben; das macht zusammen 100 Franken. Dir bleiben also noch 25 Franken für Wäsche waschen, Licht, die tausend kleinen Ausgaben, die sich ergeben, Tabak und ähnliche, mindere Vergnügungen. Wie Du siehst, wirst Du gerade auskommen können, und ich kann Dir versichern, daß ich nichts übertreibe, sondern eher alles zu niedrig angesetzt habe. Aber das wird für Dich eine gute Schulung sein, denn Du wirst den Wert des Geldes schätzen lernen und gleichzeitig ausfindig machen, daß ein gewitzter Mensch sich immer aus der Lage ziehen kann. Um dich nicht etwa zu entmutigen, wiederhole ich, daß Du damit auskommen kannst. – Ich rate Dir, Deinem Vater diese Aufstellung zu unterbreiten; vielleicht wird ihn die traurige Nüchternheit dieser Zahlen dazu veranlassen, seinen Geldbeutel etwas weiter zu öffnen. – Andererseits kannst Du Dir hier ein kleines Nebeneinkommen verschaffen: die Studien, die man in den Atelierschulen malt, und ganz besonders die im Louvre gemachten Kopien*[34] *sind sehr wohl verkäuflich. Selbst wenn Du monatlich nur eine malst, würde das den Betrag für mindere*

[32] Der *Sou*, eine Kupfermünze im Wert von 5 Centimes, stellt einen zwanzigsten Teil des Frankens dar.

[33] Die sogenannte ›Académie Suisse‹ war ein freies, von einem ehemaligen Modell namens Suisse am Quai des Orfèvres nahe Notre-Dame eröffnetes Institut, wo Künstler für einen niedrigen Preis Aktstudien machen konnten und wo ihre Arbeit weder überwacht noch korrigiert wurde, was ihnen gestattete, sich frei zu entwickeln. Übrigens gingen nicht nur Anfänger dorthin; auch ältere Maler, darunter Manet, kamen gelegentlich zu Suisse, um nach den Modellen zu zeichnen.

[34] Aus den Archiven des Louvre geht hervor, daß Cézanne sich erst zu Beginn des Jahres 1868 um eine Studentenkarte beworben hat, die ihm gestattete, das Museum frei zu besuchen. Es ist möglich, daß er sich nicht eher um eine solche Karte bemüht hat, weil er unter keinem anerkannten Lehrer arbeitete. Cézanne gab sich in seinem Gesuch als Schüler eines gewissen Chesneau aus. Am 13. Februar 1868 erhielt er die erbetene Karte, die die Nummer 278 trug.

Vergnügen sehr angenehm erhöhen. Es kommt lediglich darauf an, einen Händler dafür zu finden, was nur eine Frage des Suchens ist. – Komm nur unbesorgt her! Sobald Essen und Trinken gesichert sind, kann man sich ohne Gefahr den Künsten widmen...

Ich rechne auf alle Fälle damit, daß Du mir am Tage vor Deiner Abfahrt das Datum und die Stunde Deiner Ankunft mitteilen wirst. Ich werde Dich dann am Bahnhof erwarten und Dich sofort in meiner gelehrten Gesellschaft zum Mittagessen führen. – Bis dahin schreibe ich Dir jedenfalls noch. – Baille hat mir geschrieben. Solltest Du ihn vor Deiner Abreise sehen, so laß Dir bitte von ihm versprechen, daß er sich im September zu uns gesellen wird.

Zola an Baille

Paris, den 17. März 1860

...Wenn ich, meiner Einsamkeit überdrüssig, die Muse der Dichtkunst, jene sanfte Trösterin, herbeirufe, antwortet sie mir nicht mehr... Sie hat mich für einige Zeit verlassen, doch sowie ich ohne ihren Beistand Reime verfasse, zerreiße ich sie später voll Widerwillen... Wenn auch die letzten Monate mit ihrer Verwirrung und ihren Enttäuschungen mir schädlich waren, konnten sie doch nicht alle Poesie in mir ersticken. Ich fühle, daß sie noch in mir bebt und daß es nur eines glücklichen Ereignisses bedarf, damit sie sich von neuem entfaltet. Ich erwarte viel von der Ankunft Cézannes...

Ich erhielt letzthin einen Brief von Cézanne, in dem er mir mitteilt, seine kleine Schwester sei krank und er rechne kaum damit, vor den ersten Tagen des nächsten Monats in Paris einzutreffen. Du wirst ihn also noch während der Osterferien sehen. Trinkt dann noch ein letztes Mal zusammen, raucht Eure Pfeifen, und schwöre ihm, daß Du Dich im kommenden September zu uns gesellen wirst. Dann werden wir eine Plejade von allerdings wenigen und blassen Sternen bilden, die dennoch dank unserer engen Verbundenheit leuchten wird. Wie unser Alter[35] *sagt: »Es wird keine Träume geben und keine Philosophie, die mit den unsrigen vergleichbar sind!«...*

[35] Der ›Alte‹ war Paul Cézanne.

ZOLA AN CÉZANNE

Paris, den 25. März 1860

Mein lieber Freund!

Wir sprechen in unsern Briefen oft von Poesie, doch die Wörter Skulptur und Malerei kommen darin nur selten, um nicht zu sagen niemals vor. Das ist eine schwere Unterlassung, fast ein Verbrechen; ich will versuchen, dem heute abzuhelfen. [*Hier folgen ausgedehnte Betrachtungen über einen Pariser Brunnen von Jean Goujon und über ein Gemälde des sentimentalen Malers Ary Scheffer, von dem Zola in seiner jugendlichen Begeisterung so hingerissen war, daß er sich aus diesem Anlaß gegen den Realismus auflehnt, ohne jedoch dessen damals vielumstrittenen Vertreter, Courbet, beim Namen zu nennen.*]

...Was versteht ihr denn unter diesem Wort Realismus? Ihr brüstet euch, nur Dinge zu malen, die jeglicher Poesie entbehren! Doch hat alles seine eigene Poesie, der Dunghaufen sowohl als die Blume. Behauptet ihr etwa, die Natur sklavisch zu imitieren? Aber da ihr gleichzeitig die Poesie verneint, würde dies bedeuten, daß die Natur prosaisch ist. Und ihr habt also gelogen. – Diese Worte wenden sich an Dich, mein Herr Freund, den zukünftigen großen Maler. Ich will Dir damit andeuten, daß die Kunst ein Ganzes bildet, daß Spiritualität und Realismus nur Wörter sind, daß die Poesie etwas Großartiges ist und daß es außerhalb der Poesie keine Rettung gibt.

Ich hatte neulich einen Traum: ich hatte ein schönes, ein herrliches Buch geschrieben, das Du mit schönen, mit herrlichen Illustrationen versehen hattest. Unsere beiden Namen strahlten vereint in goldenen Buchstaben auf dem Titelblatt und gingen in dieser Genie-Brüderschaft unzertrennlich auf die Nachwelt über. Aber das ist leider bisher nur ein Traum.

Die Moral und Schlußfolgerung dieser Seiten ist, daß Du Deinen Vater zufriedenstellen mußt, indem Du Dein Rechtsstudium so eifrig wie möglich betreibst. Doch mußt Du auch fest und entschlossen an Deinen Zeichnungen arbeiten – unguibus et rostro[36] *– um ein Jean Goujon, ein Ary Scheffer zu werden, nicht etwa ein Realist, und um ein gewisses Buch illustrieren zu können, das mir im Kopf herumtrabt*[37].

[36] Mit Schnabel und Klauen.

[37] Cézanne hat weder ein Buch von Zola noch überhaupt irgendeinen Text illustriert.

Was Deine Entschuldigungen anbetrifft, sei es für die mir gesandten Gravüren, sei es für die angebliche Langeweile, welche Deine Briefe mir bereiten, so kann ich wohl behaupten, daß das äußerst geschmacklos von Dir ist. Du glaubst selbst nicht, was Du da vorbringst, und das tröstet mich. Ich beklage mich nur über eines, daß nämlich Deine Briefe nicht länger und ausführlicher sind. Ich erwarte sie immer mit Ungeduld; sie erfüllen mich für einen ganzen Tag mit Freude. Das weißt Du auch – also bitte keine Entschuldigungen mehr. Ich würde lieber aufs Rauchen und Trinken verzichten, als den Briefwechsel mit Dir aufzugeben.

Du schreibst mir ferner, daß Du sehr traurig bist; ich möchte Dir erwidern, daß auch ich sehr, sehr traurig bin. Das ist der Wind des Jahrhunderts, der über unsere Köpfe hinwegbraust; wir können niemand dafür verantwortlich machen, nicht einmal uns selbst. Schuld daran sind die Zeiten, in denen wir leben. Dann fügst Du hinzu, daß – wenn ich Dich auch verstanden hätte – Du Dich doch nicht selbst verstehst. Ich weiß nicht, was Du mit dem Wort verstehen *meinst. Was mich anbetrifft, sehe ich die Dinge folgendermaßen: Ich habe in Dir eine große Herzensgüte und eine große Vorstellungskraft entdeckt, die beiden Kardinaltugenden, welche ich am höchsten einschätze. Und das genügt mir. Von dem Moment an hatte ich Dich begriffen, stand mein Urteil über Dich fest. Was auch immer Deine Schwächen und Irrtümer sein mögen, Du wirst doch stets derselbe für mich bleiben … Was machen mir schon Deine scheinbaren Widersprüche aus! Ich kenne Deine Güte und weiß, daß Du ein Poet bist; ich werde also immer wiederholen: »Ich habe Dich verstanden.«*

Doch fort mit der Traurigkeit! Laß uns mit einem herzlichen Lachen schließen. Im August[38] *werden wir trinken, werden wir rauchen, werden wir singen.*

[38] Obgleich Zola an keiner Stelle dieses Briefes die Verschiebung der Reise Cézannes erwähnt, geht aus diesem Hinweis auf August deutlich hervor, daß die Abfahrt seines Freundes, den er Anfang April in Paris erwartet hatte, endgültig vertagt worden war. Doch da der Maler offenbar darüber sehr niedergeschlagen war, zog Zola es vor, diesen wunden Punkt überhaupt nicht zu berühren, um so mehr, als die Vereinigung im August keineswegs in Paris geplant war, sondern Zola beabsichtigte, seine Sommerferien wie zuvor in Aix zu verbringen. Die letzten Sätze seines Briefes bemühen sich daher, Cézanne nach Kräften aufzuheitern.

Zola an Cézanne

Paris, den 16. April 1860

... Mein neues Dasein ist recht eintönig. Ich gehe um 9 Uhr ins Büro und trage bis 4 Uhr Zoll-Erklärungen ein, schreibe Briefe ab, usw. usw. Oder besser noch: ich lese meine Zeitung, gähne, gehe im Zimmer auf und ab, usw. usw. Tatsächlich ist das ziemlich deprimierend. Aber sowie ich fertig bin, schüttle ich mich wie ein nasser Hund, zünde meine Pfeife an, atme auf und lebe wieder. Ich wälze lange Gedichte, Dramen, Romane in meinem Hirn und erwarte den Sommer, um meinem Schwung freie Bahn zu lassen. Potztausend! ich will einen Gedichtband veröffentlichen, der Dir gewidmet sein soll[39].

Ich habe Deinen Brief erhalten. – Du hast recht, Dich nicht zu sehr über das Schicksal zu beklagen, denn trotz allem, wie Du selbst sagst: mit zwei Leidenschaften im Herzen, der Liebe zum Weibe und der Liebe zum Schönen, hätte man gewiß unrecht, zu verzweifeln...

Du sendest mir einige Verse, die von düsterer Traurigkeit durchtränkt sind. Der schnelle Verlauf des Lebens, die kurze Dauer der Jugend und der Tod irgendwo am Horizont sind Dinge, vor denen man zittern müßte, wenn man sich auch nur einen Augenblick mit solchen Gedanken abgäbe. Aber ergibt sich nicht ein noch viel düstereres Bild, wenn in der hastigen Abwicklung eines Daseins die Jugend, dieser Frühling des Lebens, vollständig fehlt und man mit zwanzig Jahren noch keine Glückseligkeit empfunden hat, wenn man das Alter mit großen Schritten nähern sieht, ohne die rauhen Wintertage mit Erinnerungen an eine schöne Sommerszeit erheitern zu können? – Dies ist das Geschick, welches meiner harrt.

Du sagst mir noch, daß Du bisweilen nicht den Mut hast, mir zu schreiben. Sei kein Egoist: Deine Freuden wie Deine Schmerzen gehören mir. Wenn Du guter Laune bist, muntere mich auf, und wenn Du betrübt bist, fürchte nicht, mir

[39] Zola hat keinen Gedichtband veröffentlicht, doch sein erster Roman, *La confession de Claude*, eine romantisch-realistische Darstellung einer jungen Liebe, der 1865 erschien, ist in der ersten Person und in Form eines Berichtes an seine beiden Gefährten abgefaßt und trägt die Widmung: ›An meine Freunde P. Cézanne und J.-B. Baille‹. Ein Jahr nach dem Erscheinen dieses mehr oder minder autobiographischen Romans hat Zola dann seine ersten Aufsätze über Kunstfragen – die übrigens mit dem Pseudonym *Claude* gezeichnet waren – Paul Cézanne mit einem langen Brief gewidmet. (Siehe Seite 107.)

den Himmel zu verdunkeln; eine Träne ist manchmal wohltuender als ein Lächeln. Notiere doch einfach Deine Gedanken von einem Tag zum andern für mich; sowie ein neues Gefühl in Deiner Seele erwacht, schreib es nieder. Und wenn dann vier Seiten gefüllt sind, sende sie mir.

Ein anderer Satz Deines Briefes hat mich ebenfalls schmerzlich berührt, nämlich folgender: ›Die Malerei, die ich liebe, obwohl mir nichts gelingt, *usw. usw.*‹ *Du! Dir nichts gelingen! Ich glaube, daß Du Dich selbst täuschst. Dabei habe ich Dir bereits gesagt, daß es im Künstler zwei Wesen gibt, den Dichter und den Handwerker. Als Dichter wird man geboren, das Handwerk erwirbt sich. Und Du, der Du den göttlichen Funken besitzest, der Du das hast, was sich nicht erwerben läßt, Du beklagst Dich, wo Du doch nur Deine Finger zu üben brauchst, nur das Handwerk zu erlernen hast, um erfolgreich zu sein!*

*Ich will diese Frage nicht verlassen, ohne noch einige Worte hinzuzufügen. Ich habe Dich letzthin vor dem Realismus gewarnt; heute möchte ich Dich auf eine andere Gefahr aufmerksam machen: kommerzielle Kunst. Die Realisten schaffen, wenn auch auf ihre Art, immerhin Kunst, denn sie arbeiten gewissenhaft. Aber die Künstler, die morgens für ihr Abendbrot malen, kriechen jämmerlich durchs Leben. Ich sage dies nicht ohne Grund: Du arbeitest mit X***, kopierst seine Bilder, bewunderst ihn vielleicht sogar*[40]. *Ich fürchte mich sehr vor dem Weg, den Du da einschlägst, um so mehr, als der, den Du vielleicht zu imitieren suchst, über große Qualitäten verfügt, von denen er jedoch einen erbärmlichen Gebrauch macht, was nicht hindert, daß seine Bilder besser erscheinen, als sie wirklich sind. Sie sind hübsch, frisch, gut gemalt; aber das ist lediglich eine Frage des Handwerks, und Du würdest Dich zu Unrecht damit begnügen. Die wirkliche Kunst ist viel erhabener, sie stellt sich nicht mit den Falten eines Stoffes, mit der rosigen Haut einer Jungfrau zufrieden. Denk an Rembrandt; durch einen einzigen Lichtstrahl werden sogar die häßlichsten seiner Dargestellten poetisch. Deshalb wiederhole ich: X*** ist ein guter Lehrer, wenn es darum geht, das Handwerk zu erlernen, doch zweifle ich daran, daß Du etwas anderes von seinen Bildern lernen kannst. Da Du wohlhabend bist, hast Du gewiß die Absicht, wahre und nicht*

[40] Es ist nicht bekannt, wer dieser Maler war; aber Cézanne hatte offenbar von seinem Vater erreicht, gelegentlich im Atelier eines konventionellen Künstlers arbeiten zu dürfen. Es ist manchmal behauptet worden, daß der junge Cézanne zeitweilig den damals recht bekannten Marinemaler Olive aus Marseille imitiert habe.

kommerzielle Kunst zu schaffen... Hüte Dich deshalb vor übertriebener Bewunderung für Deinen Landsmann; halte Deine Träume, diese schönen, goldenen Träume, auf Deiner Leinwand fest und bemühe Dich, die ideale Liebe nachzugestalten, die Du im Herzen trägst[41]. *Vermeide vor allem, ein Bild zu bewundern, weil es schnell gemalt ist. Mit einem Wort, bewundere und imitiere nicht einen kommerziellen Künstler. – Ich werde später noch auf diese Frage zurückkommen. – Vielleicht mißfällt Dir, was ich hier schreibe. Sag es mir ganz offen, statt mir böse zu sein...*

Zola an Cézanne

[*Paris,*] *den 26. April 1860, 7 Uhr morgens*

... Wenn ich, der ich nur eben Schwarz von Weiß unterscheiden kann, ein Bild betrachte, kann ich mir natürlich nicht erlauben, die Pinselführung zu beurteilen. Ich begnüge mich damit, festzustellen, ob der Vorwurf mir gefällt, ob das Ganze Träume von schönen und großen Dingen in mir hervorruft, ob die Liebe des Schönen in der Komposition nachklingt. Mit einem Wort, ich spreche von der Kunst, von dem Gedanken, der sich in dem Werk ausdrückt, ohne mich ums Handwerkliche zu kümmern. Und mich dünkt, daß ich gut daran tue, denn nichts scheint mir verächtlicher zu sein als die Ausrufe sogenannter Kenner, welche, nachdem sie in den Ateliers einige technische Ausdrücke aufgeschnappt haben, diese mit Selbstsicherheit und wie Papageien von sich geben. Du dagegen hast begriffen, wie schwer es ist, der Eingebung folgend, Farben auf eine Leinwand zu setzen, und ich verstehe wohl, daß Du Dich vor einem Bild besonders mit dem Handwerklichen beschäftigst, daß Du Dich für diesen oder jenen Pinselstrich, für eine Farbe usw. usw. begeisterst. Das ist durchaus natürlich. Da Du bereits die Idee und den göttlichen Funken besitzest, suchst Du die Ausdrucksform, die Dir noch fehlt, und bewunderst sie aufrichtig überall dort, wo Du sie findest. Hüte Dich jedoch: diese Form genügt nicht! Was auch immer Deine Entschul-

[41] Cézannes Frühwerke, soweit sie erhalten und bekannt sind, stellen meistens romantische Szenen und Landschaften dar. Es befinden sich darunter auch eine Anzahl von Kopien nach sentimentalen Bildern aus dem Aixer Museum oder von Stichen nach Werken von Lancret, Prud'hon usw. Cézannes Interesse für die Natur erwachte erst einige Jahre später und spiegelt sich dann auch in seinen Briefen.

digung sein mag, Du mußt die Idee über die Ausdrucksform stellen. Mit andern Worten: ein Bild soll für Dich nicht nur aus Farben bestehen, die auf eine Leinwand aufgetragen sind, und Du darfst Dich nicht ständig darum kümmern, mit welchen technischen Mitteln ein Effekt erzielt worden ist oder welche Farbe benutzt wurde. Statt dessen mußt Du das Ganze beurteilen, Dich fragen, ob das Werk wirklich so ist, wie es sein soll, und ob der Künstler ein wirklicher Künstler ist. In den Augen der Uneingeweihten besteht nur ein ganz geringer Unterschied zwischen einer Sudelei und einem Meisterwerk. In beiden Fällen handelt es sich um Weiß, Rot, usw., Pinselstriche, eine Leinwand, einen Rahmen. Der Unterschied liegt in jenem namenlosen Etwas, das sich nur durch die Idee und den Geschmack bezeugt…

Übrigens spreche ich hier nicht speziell von Dir. Wenn Du, wie ich fest überzeugt bin, es in Dir hast, dann brauchst Du Dich nicht um diese Unterscheidungen zu sorgen, die ich hier ein wenig kindisch erörtert habe. Jedes Genie wird mit seiner Gedankenwelt und seiner originellen Form geboren. Dies sind Dinge, die sich nicht trennen lassen, ohne eine vollkommene Bedeutungslosigkeit herbeizuführen… Wo die Ausdrucksform allein vorhanden ist, ist der Künstler, welcher sie besitzt, ohne über die Idee zu verfügen, manchmal erfolgreich, und sein Beispiel wird dann äußerst gefährlich. Damit komme ich auf die kommerzielle Malerei zurück, von der ich Dir nochmals zu sprechen versprach. Alles Vorhergehende war nichts als eine Einleitung für das, was ich Dir diesbezüglich sagen möchte. Der kommerzielle Künstler arbeitet ohne Idee, er malt zu schnell, um etwas Gutes auf dem Gebiet der Kunst hervorzubringen… Doch verfügt dieser verflixte Kerl, selbst wenn er keine Idee hat, in den meisten Fällen über die Ausdrucksform, so daß seine Bilder eine wahre Falle sind… Man muß zugeben, daß sie hübsch sind, und wenn man sich damit begnügt, dann bewundert man ein unwürdiges Werk und ahmt es vielleicht sogar nach. Ich weiß wohl, daß nur Dummköpfe sich davon einnehmen lassen, dennoch darfst Du es mir nicht übelnehmen, daß ich wohl zu Unrecht Befürchtungen hatte und Dir als Freund gesagt habe: »Sieh Dich vor! Denk an die Kunst, die erhabene Kunst; kümmere Dich nicht lediglich um die Ausdrucksform, denn diese allein führt zur kommerziellen Kunst. Denk an die Idee, gib Dich schönen Träumen hin; die Ausdrucksform erreicht sich durch die Arbeit, und alles, was Du dann schaffst, wird schön und groß sein.« Das war es, was ich Dir sagte und was ich Dir immer wiederholen werde…

*PS. Soeben erhalte ich Deinen Brief. Er erweckt in mir eine überaus süße Hoffnung. Dein Vater wird menschlicher; sei fest, ohne respektlos zu sein. Vergiß nicht, daß es Deine Zukunft ist, die sich entscheidet, und daß Dein Glück davon abhängt. – Was Du mir über die Malerei sagst, wird in dem Moment überflüssig, wo Du selbst die Fehler von X*** erkennst.*

Zola an Baille

Paris, den 2. Mai 1860

...Cézanne spricht [*in seinem Brief*] *von Dir. Er gibt sein Unrecht zu*[42] *und versichert, daß er seinen Charakter ändern werde. Nachdem er selbst dieses Kapitel angeschnitten hat, beabsichtige ich, ihm meine Meinung über seine Handlungsweise zu sagen. Ich hätte nicht damit angefangen, doch jetzt scheint es mir unnötig, den August abzuwarten*[43], *um eine neue Annäherung zwischen Euch anzubahnen.*

Zola an Cézanne

Paris, den 5. Mai 1860

...Du sprichst in Deinen beiden Briefen von Baille. Seit langem schon wünsche ich selbst, mich mit Dir über diesen braven Jungen zu unterhalten. – Ich gebe zu, daß er nicht so ist wie wir, daß sein Schädel nicht aus demselben Guß ist; er hat manche Qualitäten, die wir nicht besitzen, und auch seine Portion von Fehlern. Ich will hier nicht versuchen, Dir seinen Charakter zu beschreiben, Dir zu sagen,

[42] Baille, der weiter in Marseille studierte, hatte sich beschwert, von Cézanne äußerst kühl empfangen worden zu sein, als er ihn im ›Jas de Bouffan‹ besuchte, einer Besitzung in der Umgebung von Aix, die der Vater des Malers im Jahre 1859 erworben hatte. Aus späteren Briefen Zolas geht jedoch auch hervor, daß Baille damals begann, abfällige Äußerungen über Künstler zu machen, die dem Ruhm nachjagen, ohne sich um die praktischen Fragen des Lebens zu kümmern. Tatsächlich sollten sich die Beziehungen zwischen Baille und seinen beiden Freunden viel früher lösen als die enge Verbindung zwischen Cézanne und Zola.

[43] Wenn Zola nach Aix zu kommen vorhatte.

woran es ihm mangelt und worin er uns überflügelt. Ich würde ihn weder einen Weisen noch einen Narren nennen, denn das ist relativ und hängt von dem Gesichtspunkt ab, unter dem man das Leben betrachtet. Was kann das uns, seinen Freunden, schon ausmachen? Genügt es nicht, daß wir in ihm einen guten Burschen entdeckt haben, der die Menge überragt oder zumindest fähiger ist als die andern, unsere Herzen und Gedanken zu verstehen?...

Ich glaubte zu bemerken, daß sich das Band, welches Dich mit Baille verband, gelockert hat, daß ein Glied unserer Kette brechen wollte. Und zitternd bitte ich Dich, an unsere fröhlichen Ausflüge zu denken, an den Schwur, den wir mit einem Glas in der Hand geleistet haben, durchs ganze Leben Arm in Arm und auf derselben Bahn zu schreiten, daran zu denken, daß Baille mein Freund ist, daß er der Deine ist und daß er, wenn sein Charakter auch nicht völlig dem unsrigen entspricht, uns deswegen nicht weniger ergeben ist, daß er uns liebt, kurz, daß er mich versteht, Dich versteht, daß er unseres Vertrauens und Deiner Freundschaft würdig ist. – Wenn Du ihm etwas vorzuwerfen hast, sag es mir, und ich werde ihn zu verteidigen suchen, oder besser noch, sag ihm selbst, was Dir an ihm mißfällt. Nichts ist so zu fürchten wie uneingestandene Dinge unter Freunden.

Erinnerst Du Dich, wie wir zusammen schwimmen gegangen sind, wie die Sonne strahlend unterging? Entsinnst Du Dich der Landschaft, die wir damals vielleicht nicht bewunderten, die uns jedoch in der Erinnerung so still und so lächelnd erscheint? Ich glaube, es war Dante, der gesagt hat, daß nichts peinlicher ist als eine freudige Erinnerung, die in Tagen des Unglücks heraufbeschworen wird. Peinlich gewiß, aber doch auch voll herber Wollust; man lacht und weint zu gleicher Zeit. Unglückselige, die wir sind! Im Alter von zwanzig Jahren bedauern wir bereits die Vergangenheit... Wir verderben uns mutwillig das Leben, indem wir immer versuchen, Vergangenes zurückzurufen, oder mit großem Geschrei die Zukunft anflehen, dagegen aber niemals die Gegenwart zu genießen wissen. – Wie ich Dir in meinem letzten Brief sagte, manchmal erleuchtet eine Erinnerung blitzartig meine Gedanken, etwas, das Du einmal gesagt hast, einer unserer Ausflüge, ein Berg, ein Weg, ein Strauch – und ich sehne mich danach und verzweifle...

In Deinen beiden Briefen gibst Du mir so etwas wie eine ferne Hoffnung auf Vereinigung. ›Wenn ich mein Rechtsstudium abgeschlossen haben werde‹, *sagst Du mir,* ›werde ich vielleicht tun dürfen, was mir beliebt; vielleicht kann ich Dir dann nach Paris folgen.‹ *Gebe Gott, daß dies nicht nur eine Augenblicksfreude ist, daß Deinem Vater die Augen über Deine wirklichen Interessen aufgehen! Vielleicht hält er mich für einen leichtsinnigen, irren und sogar schlechten Freund, weil ich Dich in Deinem Traum und Deiner Liebe zum Idealen unterstütze. Läse er meine Briefe, so würde er mich wohl sehr streng beurteilen. Doch selbst wenn ich seine Achtung einbüßen sollte, würde ich ihm dennoch offen sagen, was ich auch Dir sage: ›Ich habe lange über die Zukunft und das Heil Ihres Sohnes nachgedacht, und aus tausend Gründen, die Ihnen auseinanderzusetzen zu weit führen würde, glaube ich, daß Sie ihn den Weg einschlagen lassen sollten, der seinen Neigungen entspricht.‹*

Mein Alter, es handelt sich also um eine kleine Anstrengung, um etwas Beharrlichkeit. Zum Teufel, haben wir denn keinen Mut? Auf die Nacht folgt die Morgenröte; versuchen wir deshalb, diese Nacht so gut wie möglich zu überstehen, damit Du, wenn der Tag anbricht, sagen kannst: ›Vater, ich habe genug geschlafen, ich fühle mich stark und unternehmungslustig. Habe Mitleid und schließ mich nicht in ein Büro ein. Laß mich hinaus, sonst ersticke ich – sei gütig, Vater!‹

...Ich beabsichtige, Dich wie im letzten Jahr [in Aix] zu besuchen. Allerdings würde ich vorziehen, Du kämest zu mir, und das aus vielen Gründen; doch da ich noch am guten Willen Deines Vaters zweifle, mach' ich mich daran, meine Koffer zu packen.

Zola an Baille

[Paris,] den 14. Mai [1860]
Hafenverwaltung – 3 Uhr nachmittags

...Wie ich es Dir sagte, habe ich also Cézanne bezüglich der Kälte, mit der er Dich empfangen hatte, geschrieben. Ich kann nichts Besseres tun, als Dir wörtlich abzuschreiben, was er mir darauf geantwortet hat:

›Nach Deinem letzten Brief zu urteilen, scheinst Du zu fürchten, unsere Freundschaft mit Baille lasse nach. O nein, denn er ist, bei Gott, ein guter Kerl! Aber du weißt ja selbst, daß ich mit einem Charakter wie dem meinigen nicht immer weiß, was ich tue, und falls ich ihm gegenüber irgendwie unrecht gehabt habe, nun gut, dann soll er es mir verzeihen; denn sonst, das weißt Du ja, stehen wir sehr gut miteinander. Doch stimme ich dem bei, was Du mir sagst, denn Du hast recht. Also, wir bleiben weiter gute Freunde.‹

Du siehst, mein lieber Baille, daß ich recht hatte, als ich das Ganze für eine vorübergehende Wolke hielt, die vom ersten Windstoß vertrieben werden würde. Ich hatte Dir ja gesagt, daß unser armer Alter nicht immer weiß, was er tut, wie er es übrigens recht drollig zugibt, und daß wir, wenn er uns Kummer bereitet, nicht sein Herz, sondern nur den bösen Dämon, der seine Gedanken umnebelt, dafür verantwortlich machen sollten. Ich wiederhole, er hat eine Seele aus reinem Gold, ist ein Freund, der uns versteht, so verrückt und so verträumt wie wir...

Ich werde Dir im August die Menge der Briefe Cézannes zeigen und Dich beim Vergleich mit den Deinen erröten machen.

Zola an Baille

Paris, den 2. Juni 1860

...Dir, meinem besten Freund, Dir und Cézanne werde ich mich eines Tages ganz anvertrauen, doch glaubt bitte beide, daß ich nicht so leichtsinnig bin, wie ihr annehmt; daß ich einen Entschluß nur fasse, nachdem ich ihn lange erwogen habe, daß ich die Realität nie aus dem Auge lasse und daß ich lediglich träume, um mich ein wenig zu entspannen. Ich will Dir jedoch nicht verheimlichen, daß ich nur deshalb eine Anstellung suchte, um die Möglichkeit zu haben, mich nach Belieben meinen Träumereien hingeben zu können. Früher oder später werde ich zur Dichtung zurückkehren; worauf es mir ankommt, ist, mich ihr widmen zu können, ohne jemand zur Last zu fallen...

Du sprichst vom falschen Ruhm der Dichter, Du nennst sie Narren und erklärst, daß Du nicht so dumm sein wirst wie sie und um des Beifalls willen nicht bereit bist, in einer Dachkammer zu sterben. Ich habe Dir bereits in einem meiner Briefe etwas gesagt, was Dich eigentlich hätte hindern sollen, nochmals eine derartige Lästerung zu äußern. Glaubst Du denn wirklich, daß der Dichter nur für Ruhm schafft?... O nein! Wenn er in seiner Einsamkeit zur Leier greift, dann vergißt er alles um sich herum und weilt nur noch in der Welt seiner Gedanken. Darin besteht sein ganzes Dasein. Weshalb ihn deshalb verspotten, ihn der Tor-

heit beschuldigen? Er wird Dir antworten, daß Du ihn nicht verstehst, da Du kein Dichter bist, und er hat darin recht. ›Ich will glücklich leben‹, wiederholst Du unaufhörlich. Zum Teufel – alle Welt will glücklich leben! Du hast Deine Art des Glückes, und der Dichter hat die seine. Ein jeder geht dorthin, wohin das Schicksal ihn ruft; erbärmlich ist nur derjenige, der sich über die Dornen beklagt und sich weigert, vorwärts zu schreiten.

Natürlich sollen unsere verschiedenen Anschauungen nicht unsere Freundschaft beeinträchtigen.[44] *Du kennst mich und mußt wissen, daß ich alles andere als eingebildet bin. Doch weiß ich immerhin, was ich will…*

Unser alter Cézanne trägt mir in jedem seiner Briefe Grüße an Dich auf. Er bittet mich um Deine Adresse, um Dir häufig zu schreiben. Ich bin erstaunt, daß er sie nicht hat, was nicht nur beweist, daß er Dir nicht geschrieben hat, sondern auch, daß Du das gleiche Schweigen gewahrt hast. Doch da diese Bitte auf alle Fälle seine guten Absichten bekundet, werde ich sie befriedigen. Damit gehört also ein kleiner Zwist der Vergangenheit an.

…Unterdessen: laß Dich gut leben, *wie Cézanne sagt…*

Zola an Cézanne

Paris, den 13. Juni 1860

Mein lieber Paul!

Neulich habe ich mich an einem schönen Vormittag in der Umgebung von Paris ein wenig verlaufen… Nachdem ich etwa zwei Stunden lang herumgewandert war, wurde ich sehr hungrig… Überall nur Bäume, Getreidefelder, Hecken, usw. Ich befand mich in einer mir völlig unbekannten Gegend. Endlich erblickte ich einen Kirchturm. Ein Kirchturm weist auf ein Dorf hin und ein Dorf auf einen Gasthof. Ich marschierte also auf die Kirche zu und saß bald in einer belang-

[44] Trotz dieser Freundschaftsbezeugungen warf Zola bald Baille vor, daß er zu ›vernünftig‹ sei, daß der Ausdruck ›Stellung im Leben‹ zu häufig in seinen Briefen vorkäme, daß seine Briefe wie die ›eines reichgewordenen Krämers‹ klängen und ihm ›auf die Nerven‹ gingen. Schließlich rief Zola in seiner Verzweiflung über die Spießbürgerlichkeit von Baille aus: »Folge Deiner Bahn; ich selbst weiß nicht, was Gott mir vorbehält, doch werde ich zufrieden sterben, wenn ich als freier Mensch sterbe.« Um offenbar persönliche Auseinandersetzungen zu vermeiden, hat Zola in späteren Briefen fast nur noch literarische Fragen mit Baille erörtert.

losen Kneipe vor einem einfachen Mahl. In jener Kneipe – und das ist es, worauf ich hinaus will – hatte ich bereits beim Eintreten eine Reihe von Bildern wahrgenommen, die mich sehr beeindruckten. Es waren große Wandmalereien, wie Du sie bei Dir zu malen beabsichtigst[45]. *Sie waren so geschickt gemalt, mit einem so sicheren Pinselstrich und mit solchem Verständnis für die bei einer gewissen Entfernung hervorgerufene Wirkung, daß ich völlig verdutzt war ... Man sagte mir, daß ein dreiundzwanzigjähriger Maler für diese kleinen Meisterwerke verantwortlich sei. Wirklich, wenn Du nach Paris kommst, werden wir gemeinsam nach Vitry gehen, und ich bin sicher, daß Du dieselbe Bewunderung empfinden wirst wie ich ...*

Ich sehe Chaillan recht oft. Gestern haben wir den Abend zusammen verbracht; heute nachmittag werde ich mich im Louvre zu ihm gesellen. Er sagte mir, daß er Dir vorgestern, glaube ich, geschrieben hätte, so daß ich Dir hier nicht von seinen Arbeiten zu berichten brauche. Combes ist gleichfalls hier, was er Dir ebenfalls gesagt haben wird. Die andern Künstler, die ich sehe, sind der junge Truphème, Villevieille und Chautard; Emperaire habe ich dagegen noch nicht getroffen.[46] *... Um das großartige Bild zu beginnen, von dem ich Dir bereits sprach*[47], *warten wir nur noch darauf, daß ich* [*am 8. Juli*] *das Zimmer bezogen haben werde, welches ich soeben gemietet habe ... Baille, der vermutlich im Sep-*

[45] Seit Cézannes Vater die Besitzung des ›Jas de Bouffan‹ erworben hatte, beabsichtigte der Maler, einen großen und zunächst nicht benutzten Salon mit Wandmalereien zu schmücken. Er malte dort zunächst eine romantische Flußlandschaft bei Sonnenuntergang mit einem kleinen Angler im Vordergrund; dann eine Kopie nach Lancret und vier hohe, schmale Darstellungen der Jahreszeiten, die er ironisch mit dem Namen ›Ingres‹ signierte. Später setzte er an den Ehrenplatz ein Bildnis seines Vaters, in eine Zeitung vertieft.

[46] Chaillan, Combes, Truphème, Villevieille, Chautard und Emperaire waren Gefährten aus Aix, die fast ausnahmslos mit Cézanne die abendlichen Aktzeichenkurse der Aixer Kunstschule besucht hatten, welche von dem bereits erwähnten Gibert geleitet wurden. Cézanne hat an diesen Kursen von 1858 bis 1862 teilgenommen. Er sowohl als Zola hatten von der künstlerischen Begabung dieser Freunde – mit Ausnahme von Emperaire – eine recht mäßige Meinung. Jean-Baptiste-Mathieu Chaillan war während dieser Jahre besonders eng mit Cézanne und Zola verbunden. Joseph Chautard, ein intimer Freund von Villevieille, hat später Cézannes Arbeiten in Paris korrigiert (siehe Brief Nr. XV).

[47] Chaillan beabsichtigte, ein großes Bildnis von Zola zu malen, in dem er ihn als Amphyon, in eine Toga gehüllt, mit einer Leier in der Hand und die Augen zum Himmel gekehrt, darstellen wollte.

tember nach Paris kommen wird, kann sich dann gewiß meiner Gastfreundschaft erfreuen; wenn ich doch nur dasselbe von Dir sagen könnte! Chaillan hat es übernommen, Dir von all den Annehmlichkeiten zu berichten, deren junge Farbkleckser sich hier erfreuen...

Du sprichst nicht mehr von der Jurisprudenz. Wie steht es damit? Bist Du immer noch mit ihr entzweit? Diese arme Jurisprudenz, die nichts dafür kann – wie Du wohl über sie herziehst! – Mir scheint, daß wir immer einen Kummer oder eine Liebe brauchen, da ohne sie das Leben unvollständig wäre. Übrigens zieht der Begriff der Liebe bis zu einem gewissen Grad den Begriff des Hasses nach sich, und vice versa. Du liebst schöne Frauen, demnach haßt Du die häßlichen; Du haßt die Stadt, also liebst Du die freie Natur. Selbstverständlich sollte man diese Betrachtungen nicht zu weit treiben... Ein wirklicher Weiser wäre der, welcher nur die Liebe kennt und in dessen Herz es keinen Platz für den Haß gibt. Aber wir sind eben nicht vollkommen – Gott sei Dank, denn das wäre wirklich zu langweilig – und da Du allen andern gleichst, gilt Deine Liebe der Malerei und Dein Haß der Jurisprudenz...

Du sagst, daß Du manchmal meine alten Briefe wieder durchliest. Das ist ein Vergnügen, welches ich mir oft leiste. Ich habe die Deinen sämtlich aufgehoben; es sind das meine Jugenderinnerungen...

Noch eine letzte Frage: Wie trägst Du Deinen Bart?

Zola an Cézanne

Paris, den 25. Juni 1860

Mein lieber Alter!

Du kommst mir in Deinem letzten Brief entmutigt vor. Du sprichst von nichts Geringerem, als Deine Pinsel fortzuwerfen. Du stöhnst über die Einsamkeit, die Dich umgibt; Du langweilst Dich. – Ist denn diese schreckliche Langeweile nicht unser aller Krankheit, ist sie nicht das Übel unseres Jahrhunderts? Und ist die Mutlosigkeit nicht eine der Folgen dieses Spleens, der unsere Brust bedrückt? – Wie Du sagst, wenn ich bei Dir wäre, würde ich versuchen, Dich zu trösten, Dich aufzumuntern. Ich würde Dir sagen, daß wir keine Kinder mehr sind, daß die Zukunft auf uns wartet und daß es feig ist, vor der Aufgabe, die man sich gestellt hat, zurückzuweichen, daß die größte Weisheit darin besteht, das

Leben hinzunehmen, wie es ist, es durch Träume zu verschönern, sich aber immer bewußt zu bleiben, daß es sich dabei um Träume handelt. Gott möge mich davor behüten, etwa Dein böser Geist zu sein und Dich ins Unglück zu stürzen, indem ich Dir von Kunst und Träumen vorschwärme. Doch kann ich das nicht glauben; hinter unserer Freundschaft kann sich kein Teufel verbergen, der uns beide ins Verderben zieht. Sei zuversichtlich, greif wieder zu Deinem Pinsel und laß Deiner Phantasie die Zügel schießen. Ich habe vollkommenes Vertrauen in Dich, und sollte ich Dich etwa zum Übel verleiten, so möge dieses Übel auf mich selbst zurückfallen. Hab vor allem Mut und denke gründlich über die Schwierigkeiten nach, denen Du begegnen kannst, falls Du diesen Weg einschlägst. Sei ein Mann, laß für einen Augenblick die Träumereien beiseite und handle …

Laß mich nun ein wenig von mir sprechen … Wenn ich auch dem Pöbel Stolz und Verachtung zeige, so habe ich doch Euch, meinen Freunden, gegenüber keinerlei Stolz. Ich kenne meine Schwächen und beanspruche für mich nur die eine Qualität, Euch zu lieben. Wie der Schiffbrüchige sich an die Planke klammert, die auf dem Wasser schwimmt, habe ich mich an Dich geklammert, mein alter Paul. Du verstandest mich, Dein Charakter sprach mir zu. Ich hatte einen Freund gefunden und dankte dem Himmel dafür. Wiederholt fürchtete ich, Dich zu verlieren; jetzt scheint mir das jedoch unmöglich. Wir kennen uns zu genau, um uns jemals voneinander lösen zu können …

Ich verbrachte den gestrigen Tag mit Chaillan. Er ist, wie Du es mir bereits sagtest, ein Bursche mit einer gewissen poetischen Veranlagung, doch hat ihm die Leitung gefehlt … Was er bisher gemalt hat, ähnelt sehr den fürchterlichen Votivbildern, die in der Aixer Madeleine-Kirche hängen … Er arbeitet unguibus et rostro *und wünscht von ganzem Herzen, Dich zum Gefährten zu haben.*

Ich beabsichtige immer noch, Dich bald zu besuchen. Es tut mir not, Dich zu sprechen. Briefe sind ja ganz schön, aber man sagt doch nicht alles darin, was man sagen möchte. Paris habe ich satt; ich gehe selten aus und würde mich, wenn dies möglich wäre, in Deiner Nähe niederlassen. Meine Zukunft ist immer noch dieselbe: sehr dunkel und so von Wolken verhängt, daß mein Auge sie vergebens befragt. Ich weiß wirklich nicht, wohin ich gehe. Möge Gott mich leiten! – Schreib mir oft, denn das tröstet mich. Ich weiß, wie sehr Du die Menge haßt; sprich mir deshalb nur von Dir, und vor allem fürchte nicht, mich zu langweilen. Mut! und auf bald!

Zola an Cézanne

[Paris,] Juli 1860

Mein lieber Paul!

Erlaube mir, meine Ansichten ein letztes Mal offen und deutlich darzulegen. Mit unseren Angelegenheiten scheint alles so schlecht zu stehen, daß ich mir darüber unglaubliche Sorgen mache. – Ist die Malerei für Dich nur eine Laune, die Dich eines Tages, als Du Dich langweiltest, bei den Haaren gepackt hat? Ist sie nur ein Zeitvertreib, ein Gesprächsthema oder ein Vorwand, Dich nicht dem Rechtsstudium zu widmen? Wenn dem tatsächlich so ist, dann verstehe ich Dein Verhalten: Du hast recht, die Dinge nicht zu weit zu treiben und nicht neue Auseinandersetzungen mit Deiner Familie hervorzurufen. Wenn aber die Malerei Deine Berufung ist – als was ich sie stets angesehen habe – wenn Du Dich für fähig hältst, nach eifriger Arbeit etwas darin zu leisten, dann wirst Du für mich ein Rätsel, eine Sphinx, etwas ganz unbeschreiblich Unmögliches und Verschwommenes. Eines von beiden: entweder willst Du nicht, und dann erreichst Du Dein Ziel großartig, oder Du willst, und dann verstehe ich überhaupt nichts mehr.

Deine Briefe geben mir bald sehr viel Hoffnung, bald nehmen sie mir noch mehr, wie zum Beispiel der letzte, in dem Du fast Deinen Träumen, die Du doch so gut in Wirklichkeit umsetzen könntest, Lebewohl zu sagen scheinst. Dieser Brief enthält einen Satz, den ich vergebens zu verstehen suchte: › Ich werde reden, um nichts zu sagen, denn mein Verhalten widerspricht meinen Worten. ‹ *Ich habe allerhand Hypothesen über den Sinn dieser Worte aufgestellt, doch will mich keine befriedigen. Was ist denn Dein Verhalten? Zweifellos das eines Faulpelzes. Aber was ist daran erstaunlich? Man zwingt Dich zu einer Sache, die Dir widerstrebt. Du willst Deinen Vater bitten, Dich nach Paris gehen zu lassen, um Maler zu werden. Ich sehe keinen Widerspruch zwischen dieser Bitte und Deinem Benehmen. Du vernachlässigst Dein Rechtsstudium, gehst ins Museum, die Malerei ist die einzige Arbeit, die Du gelten läßt – dies scheint mir in vollkommenem Einklang mit Deinen Wünschen und Deinen Handlungen zu sein. Soll ich es Dir sagen, aber ärgere Dich nicht darüber: es fehlt Dir an Charakter! Du verabscheust Anstrengungen jeglicher Art, sei es des Denkens oder der Tat. Dein Hauptgrundsatz ist, den Dingen ihren Lauf zu lassen und Dich der Zeit und dem Zufall anzuvertrauen. Ich sage nicht etwa, daß Du völlig unrecht hast; jeder sieht die Dinge auf seine Weise oder glaubt dies zumindest. Aber Du hast diese Lebens-*

auffassung bereits auf dem Gebiet der Liebe verfolgt: Du wartetest, sagtest Du, auf den Augenblick und die Gelegenheit. Du weißt jedoch besser als ich, daß weder der eine noch die andere sich eingestellt haben...

Mir schien, hier ein letztes Mal wiederholen zu sollen, was ich Dir bereits so oft gesagt habe. Als Dein Freund darf ich mir erlauben, ganz offen zu sein. In vieler Hinsicht gleichen sich unsere Charaktere, aber – potztausend! – wenn ich an Deiner Stelle wäre, hätte ich es bereits darauf ankommen lassen und alles aufs Spiel gesetzt, statt ungewiß zwischen zwei so verschiedenen Laufbahnen wie dem Atelier und der Advokatur hin und her zu schwanken. Du tust mir leid, denn Du leidest sicher unter dieser Ungewißheit, doch wäre dies für mich ein weiterer Grund, den Stier bei den Hörnern zu ergreifen...

Nimm es mir nicht übel, aber Du bist etwas nachlässig und läßt wahrscheinlich meine Briefe herumliegen, so daß Deine Eltern sie lesen können. Ich denke nicht, daß ich Dir schlechte Ratschläge gegeben habe; ich glaube, wie ein Freund und mit viel Vernunft gesprochen zu haben. Doch betrachtet alle Welt die Dinge vielleicht nicht wie ich, und ich bin – falls, was ich oben annehme, zutrifft – vermutlich bei Deiner Familie nicht zu gut angeschrieben. Man sieht zweifellos in mir die gefährliche Verbindung, den Stein auf Deinem Weg, über den Du straucheln mußt. All das betrübt mich ungeheuer. Aber wie ich Dir schon sagte, sah ich mich so oft falsch beurteilt, daß mich ein falsches Urteil mehr nicht überraschen kann. Bleib mein Freund, das ist alles, worauf es mir ankommt.

Eine andere Stelle Deines Briefes hat mich bekümmert. Du sagst, daß Du manchmal Deine Pinsel fortschleuderst, wenn Deine Ausdrucksform nicht Deiner Idee entspricht. Warum diese Entmutigung, diese Ungeduld? Nach jahrelangen Studien und unendlichen, nutzlosen Bemühungen würde ich sie verstehen. Wenn Du dann Deine Nichtigkeit und die Unmöglichkeit, etwas Gutes zu schaffen, einsehen würdest, tätest Du wohl daran, Palette, Leinwand und Pinsel zu vernichten. Da Du aber bisher nichts als den Wunsch zur Arbeit gehabt hast, da Du Dich Deiner Aufgabe noch nicht ernstlich und regelmäßig gewidmet hast, hast Du kein Recht, Dich für unfähig zu halten. Also Mut! Was Du bis jetzt gemacht hast, bedeutet nichts. Mut, und vergiß nicht, daß es, um Dein Ziel zu erreichen, vieler Jahre des Studiums und der Ausdauer bedarf. – Bin ich denn nicht in derselben Lage wie Du? Ist die Form nicht auch unter meinen Fingern widerspenstig? Doch haben wir die Eingebung. Laß uns also frisch und tapfer unseren Weg verfolgen. Möge

Gott uns leiten! – Übrigens gefällt mir dieser Mangel an Selbstvertrauen. Sieh Chaillan an. Er findet alles, was er macht, großartig, weil ihm nämlich nichts Besseres, kein Ideal, welches er zu erreichen sucht, vorschwebt. Deshalb wird er es auch nie zu etwas Höherem bringen, da er sich bereits auf der Höhe dünkt und mit sich zufrieden ist.

Du bittest mich um Einzelheiten meines täglichen Lebens. Ich habe die Hafenverwaltung verlassen. Habe ich gut oder schlecht daran getan? Das ist eine relative Frage... Ich kann nur sagen, daß ich es dort nicht mehr aushielt und fortgegangen bin. Was ich nun zu tun gedenke, will ich Dir erst später sagen, wenn ich mit der Ausführung meiner Pläne begonnen haben werde. Einstweilen verläuft mein Dasein folgendermaßen: wir haben in meinem kleinen Zimmer im siebten Stock, einem Paradies mit einem großen Balkon, von dem man ganz Paris überblickt, mit dem Bildnis von Amphyon begonnen... Chaillan kommt täglich gegen ein Uhr... Morgens schreibe ich immer ein wenig; abends, nach der Sitzung, lese ich Verse von Lamartine oder Musset oder Hugo... Ich arbeite nicht genug und bin deshalb mit mir unzufrieden. Falls Du nach Paris kommst, werden wir versuchen, unsere Tage so einzuteilen, daß wir so viel wie möglich schuften, ohne jedoch die Pfeife, das Glas Wein oder fröhliche Lieder zu vernachlässigen.

Unter dem Pinsel von Chaillan beginnt Amphyon wie ein schlechtgelaunter Affe auszusehen. Je mehr ich darüber nachdenke, um so mehr zweifle ich an der künstlerischen Begabung dieses Burschen...

Soeben erhalte ich einen Brief von Baille. Jetzt werde ich aus der Sache überhaupt nicht mehr klug, denn in dieser Epistel heißt es: ›Es ist fast sicher, daß Cézanne nach Paris kommen wird: welche Freude!‹ *Hat er das von Dir? Hast Du wirklich jüngst in ihm diese Hoffnung erweckt, als er in Aix war? Oder hat er geträumt und hat einfach Deinen Wunsch für die Wirklichkeit gehalten? Wie gesagt, ich verstehe nichts mehr. Ich bitte Dich, mir in Deinem nächsten Brief die Dinge offen darzulegen. Seit drei Monaten sage ich mir abwechselnd, je nach den Briefen, die ich erhalte: Er kommt, er kommt nicht. – Laß uns doch um Himmels willen versuchen, nicht wie Wetterfahnen zu sein...*

Meine Reise ist noch immer für den 15. September geplant.[48]

Wann ist Deine Prüfung? Hast Du sie bestanden? Wirst Du sie bestehen?...

[48] Zolas Reise nach Aix war von August auf Mitte September verschoben, fand jedoch schließlich, wohl aus Geldmangel, überhaupt nicht statt.

Zola an Baille

Paris, den 25. Juli 1860

... Was die Zukunft anbetrifft, weiß ich noch nicht, was ich tun werde. Sollte ich endgültig eine literarische Laufbahn einschlagen, so will ich darin meinem Motto folgen: Alles oder nichts!

... Ein reizender Ausdruck, den ich in einem Brief Cézannes fand: Ich bin ein Säugling der Illusionen.

Zola an Cézanne

Paris, den 1. August 1860

Mein lieber Paul!

Als ich Deine Briefe des vergangenen Jahres wieder durchlas, stieß ich auf ein kleines Gedicht: ›Herkules am Scheideweg‹[49]. Armes, verlorenes Produkt, das Du sicher vergessen hast und das auch meinem Gedächtnis entschlüpft war. Ich weiß nicht warum, doch habe ich beim Lesen dieses Gedichtes eine große Freude empfunden. Einige Stellen, einige vereinzelte Strophen haben mir unendlich gut gefallen. Ich bin überzeugt, daß Du selbst, falls Du es nochmals durchgingst, überrascht sein und Dich fragen würdest, ob Du es wirklich warst, der das geschrieben hat... Diese vergessenen Verse erschienen mir besser, als ich sie seinerzeit gefunden hatte, und haben mich zum Nachdenken veranlaßt. Was fehlt dem wackern Cézanne, fragte ich mich, um ein großer Dichter zu sein? Die Reinheit! Er hat Ideen, seine Form ist nervös und originell, was sie jedoch verdirbt, was alles verdirbt, sind die provenzalischen Ausdrücke, die Sprachverstöße usw. Jawohl, mein Alter, Du bist dichterischer veranlagt als ich. Meine Verse sind wahrscheinlich reiner als die Deinen, doch sind die Deinen bestimmt poetischer und wahrer. Du schreibst mit dem Herzen, ich mit dem Verstand. Du glaubst fest an das, was Du vorbringst, während es sich bei mir oft um Verspieltheit, um glänzende Lügen handelt. Und denk nicht etwa, daß ich hier spaße; glaub vor allem nicht, daß ich Dich rühme oder mich selbst lobe. Ich habe darüber gegrübelt und teile Dir einfach das Resultat mit – weiter nichts. Der Dichter hat

[49] Dieses Gedicht, das offenbar etwas ernster gestimmt war als die meisten der erhaltenen Reimereien Cézannes, scheint verloren zu sein.

viele Mittel, um sich auszudrücken: Feder, Pinsel, Meißel, Instrumente. Du hast den Pinsel gewählt und hast gut daran getan, denn ein jeder muß seinem Ruf folgen. Ich will Dir deshalb jetzt nicht anraten, die Farbe aufzugeben, die Feder zu ergreifen und an Deinem Stil zu feilen. Um etwas Gutes zu schaffen, kann man sich nur einer einzigen Sache widmen. Gestatte mir dennoch, den Schriftsteller zu betrauern, der in Dir abstirbt. Ich wiederhole: der Boden ist gut und fruchtbar, mit ein wenig Bestellung hätte die Ernte vorzüglich werden können. Übrigens kennst Du sehr wohl die Reinheit, von der ich spreche; Du weißt vielleicht sogar mehr davon als ich. Aber von Deinem Charakter hingerissen, singst Du der Freude am Singen wegen, ohne Dich um irgend etwas anderes zu kümmern, und benutzt deshalb die grillenhaftesten Ausdrücke, die komischsten provenzalischen Redewendungen. Ich bin weit davon entfernt, Dir das – besonders in unseren Briefen – zum Vorwurf zu machen; im Gegenteil, es macht mir Spaß. Du schreibst für mich, und ich bin Dir dankbar dafür. Aber die Menge, mein guter Alter, ist sehr viel anspruchsvoller[50]*. Es genügt nicht, etwas zu sagen, sondern es muß auch gut gesagt sein. Wenn es ein Dummkopf oder ein Sudler wäre, der mir derart schriebe, dann würde es mir nichts ausmachen, daß seine Ausdrucksform genau so abgetragen ist wie seine Gedanken. Doch bei Dir, mein Träumer, mein Dichter, seufze ich, wenn ich Deine Gedanken, diese schönen Prinzessinnen, so ärmlich gekleidet sehe. Diese schönen Damen sind seltsam wie junge Zigeunerinnen mit glühenden Augen, schmutzigen Füßen und Blumen im Haar. Oh! gib mir statt des großen Dichters, der davongeht, wenigstens einen großen Maler, sonst würde ich es Dir sehr übelnehmen. Der Du meine zaghaften Schritte auf dem Parnaß geleitet und mich dann plötzlich verlassen hast, laß mich durch einen zukünftigen Raffael den angehenden Lamartine vergessen! – Ich weiß nicht recht, worauf ich hinaus will. Ich wollte Dich mit zwei Zeilen an Dein altes Gedicht erinnern und Dich um ein neues, ein reineres und gepflegteres bitten. Ich wollte Dir sagen, daß ich mich nicht mit den wenigen Versen zufriedengebe, die Du mir mit*

[50] Diese ganze, etwas befremdliche Abhandlung Zolas war anscheinend von dem Wunsch diktiert, Cézanne zu beweisen, daß er auf alle Fälle ein geborener Künstler sei. Dennoch ist es offensichtlich, daß der Maler sich durchaus nicht um die ›Ansprüche der Menge‹ scherte und seine poetischen Auslassungen selbst keineswegs ernst nahm. Andererseits war es dem jungen Zola gewiß leichter, das literarische Talent seines Freundes zu analysieren, als sich etwa zu seinen künstlerischen Versuchen zu äußern.

jedem Brief sendest, und Dir raten, die Feder nicht ganz wegzulegen, sondern mir, wenn Dir der Kopf danach steht, von irgendeiner lieblichen Sylphide zu berichten...

Ich erhielt heute morgen Deinen Brief. Erlaub mir, Dir meine Ansicht bezüglich der Frage zu sagen, die Du mit Baille diskutiert hast. Ich bin derselben Auffassung wie Du, daß der Künstler sein Werk nicht zu einem späteren Zeitpunkt umarbeiten soll... Ich stimme also ganz mit Dir überein: man soll gewissenhaft vorgehen, das Beste leisten, dessen man fähig ist, ein wenig feilen, um die einzelnen Teile einander anzupassen, so daß sie ein annehmbares Ganzes bilden, doch dann das Werk seinem guten oder bösen Stern überlassen, nachdem man sorgfältig das Entstehungsdatum darauf gesetzt hat. Es ist immer besser, das, was schlecht ist, schlecht sein zu lassen und sich zu bemühen, mit einem neuen Thema etwas Besseres zu schaffen. Ich spreche hier wie Du für den Künstler im allgemeinen: Dichter, Maler, Bildhauer, Musiker...

Was die bewußte, große Frage betrifft, so kann ich mich nur wiederholen und Dir Ratschläge geben, die ich Dir bereits zuteil werden ließ. Solange beide Seiten nicht ihre Sache vertreten haben, kommt man nicht von der Stelle; nur eine Auseinandersetzung kann Klarheit bringen. Wenn Du jedoch beharrlich schweigst, wie willst Du dann vorwärts kommen und eine Entscheidung herbeiführen? Das ist ganz einfach unmöglich. Und vergiß nicht, daß nicht etwa der, welcher am lautesten schreit, im Recht ist. Sprich deshalb mit Sanftheit und Vernunft, aber im Namen der Hörner, des Schwanzes, des Nabels und der Hufe des Teufels, sprich, sprich doch endlich!!!...

Zola an Cézanne und Baille

Paris, den 2. Oktober 1860

... Ich erinnere mich an einen tiefsinnigen Ausspruch von Cézanne. Wenn er über etwas Geld verfügte, beeilte er sich im allgemeinen, es auszugeben, bevor er zu Bett ging. Als ich ihn wegen dieser Verschwenderei zur Rede stellte, erwiderte er: ›Potztausend! Willst Du etwa, daß meine Eltern mich beerben, falls ich heute nacht sterben sollte?‹ ...

 Du versicherst, daß Cézanne im März [1861] *hierher nach Paris kommen*

Bildnis des Vaters des Künstlers, die Zeitung ›L'Evénement‹ lesend. 1866.

Cicero, Catilina zu Boden schmetternd.
Aquarellierte Zeichnung aus Cézannes Brief an Zola vom 29. . . . 1858.

wird. – Ich richte mich hier an Baille und nicht an Paul, da ich mir versprochen habe, mit ihm diese Frage nicht mehr zu erörtern. – Ich hoffe nur, daß dem wirklich so sein wird.

Zola an Cézanne und Baille

Paris, den 24. Oktober 1860

... Cézanne hat mir gerade geschrieben, und dieser Abschnitt richtet sich deshalb an ihn. Die Schilderung Deines weiblichen Modells hat mich sehr belustigt. Chaillan behauptet, die Modelle hier seien recht leidlich, wenn auch nicht von erster Frische. Man zeichnet sie am Tag und liebkost sie in der Nacht (liebkosen ist ein etwas schwacher Ausdruck). Sowohl für das Modellstehen am Tag wie auch für das nächtliche sollen sie angeblich sehr fügsam sein, doch ganz besonders während der Nacht. Was das Feigenblatt anlangt, ist es hier in den Ateliers unbekannt. Komm her, und Du wirst ja selbst sehen ...

1861

Zola an Cézanne

Paris, den 5. Februar 1861

...Ach nein, ich treibe mich nicht mehr auf dem Land umher und werde mich nicht mehr in den Felsen des Tholonet[51] *verirren; vor allem eile ich nicht mehr mit einer Flasche im Rucksack zum Landsitz von Baille, jenem unvergeßlichen Häuschen, dessen Andenken mit so viel Wein durchtränkt ist. Andere Zeiten, andere Sitten, sagt die Weisheit der Nationen. Ich habe mich derart in meine vier Wände eingeschlossen, daß der geringste Spaziergang mich ermüdet...*

Du also gehst mitten im Winter im Freien malen und sitzest auf dem gefrorenen Boden, ohne Dich um die Kälte zu kümmern[52]. *Diese Nachricht hat mich entzückt, nicht etwa weil es mir Spaß macht, Dich einem heftigen Schnupfen und mehr oder minder großen Frostbeulen ausgesetzt zu sehen, sondern weil ich von dieser Beharrlichkeit Rückschlüsse auf Deine Liebe zur Kunst und auf Deinen hartnäckigen Arbeitseifer ziehe. Oh! mein lieber Freund, wie weit entfernt ich doch davon bin, Deinem Beispiel zu folgen...*

Ich habe gerade eine harte Schule durchgemacht, die der wirklichen Liebe, und mein Geist ist derart niedergeschlagen, daß es mir nicht möglich ist, von etwas anderem zu sprechen. Ich werde Dir viel zu berichten haben, wenn Du hier eintriffst. Solche Dinge lassen sich nicht in Briefen erzählen, um so mehr, als das Ereignis an sich unbedeutend ist und nur die Umstände, die es umgeben, wichtig sind. Ich bezweifle sogar, ob ich Dir mündlich all die schmerzlichen oder süßen Empfindungen werde schildern können, welche ich verspürt habe. Das Resultat ist, daß ich jetzt die Erfahrung für mich habe und, da ich nun den Weg kenne,

[51] Das kleine Dorf Le Tholonet, das einige Kilometer im Osten von Aix und nahe am Fuß des Sainte-Victoire- Berges liegt, war ein häufiges Ziel der Ausflüge von Zola, Cézanne und Baille gewesen. Dicht bei diesem Dorf befinden sich die Felsenhügel, in denen der Vater des Schriftstellers, François Zola, einen berühmten Damm errichtet und einen Stausee geschaffen hatte, durch den die Stadt Aix mit Wasser versehen wurde. In Zolas Roman *La Faute de l'Abbé Mouret* ist dieses Dorf unter dem Namen ›Artaud‹ beschrieben. In späteren Jahren ist Cézanne oft dorthin zurückgekehrt und hat dort besonders um die Jahrhundertwende häufig gemalt.

[52] Anscheinend sind keine dieser frühen Winterlandschaften Cézannes erhalten. Übrigens sind die Winter in der Provence im allgemeinen nicht übermäßig kalt.

meine Freunde mit Sicherheit werde leiten können. Ein weiteres Ergebnis ist, daß ich neue Ansichten über die Liebe gewonnen habe, die mir für das Buch, das ich schreiben will, sehr behilflich sein werden.

Ich sehe nur eines deutlich: Du mußt bald herkommen. Meine Unannehmlichkeiten werden sich dadurch vermindern...

Zola an Baille

Paris, den 22. April 1861

Mein lieber Freund!

Ich danke Dir für Deinen Brief, der wirklich zum Verzweifeln ist, wenn auch nützlich und sogar notwendig. Der traurige Eindruck, den er mir machte, wurde in gewissem Maß dadurch abgeschwächt, daß ich schon eine undeutliche Ahnung von dem Verdacht hatte, unter dem ich stehe. Ich fühlte, daß Pauls Familie mich als einen Gegner, fast einen Feind betrachtete. Unsere verschiedenen Lebensanschauungen hatten mich im stillen auf die geringe Sympathie, die der alte Cézanne für mich empfindet, vorbereitet. Was soll ich Dir sagen? Ich wußte bereits alles, was Du mir mitteilst, wagte es mir jedoch nicht einzugestehen. Vor allem glaubte ich nicht, man könne mich in diesem Grad der Schändlichkeit bezichtigen und in meiner brüderlichen Freundschaft nichts als häßliche Berechnungen sehen. Ich muß dennoch offen zugeben, daß Anschuldigungen, die von einer solchen Quelle kommen, mich eher überraschen als betrüben...

Als Pauls Freund möchte ich, wenn auch nicht von seiner Familie geliebt, so doch zumindest von ihr geachtet werden. Falls ein mir gleichgültiger Mensch, den ich flüchtig getroffen habe und nie wiedersehen werde, andächtig zuhört, wenn ich verleumdet werde, und sogar den Verleumdern Glauben schenkt, würde ich ihn gewähren lassen, ohne auch nur einen Versuch zu machen, ihn eines Besseren zu belehren. Doch hier liegt der Fall ganz anders. Da ich trotz allem Pauls Bruder bleiben möchte, bin ich gezwungen, häufig in Berührung mit seinem Vater zu kommen, und muß sogar gelegentlich vor diesem Mann erscheinen, der mich verachtet, ohne daß ich seine Verachtung mit gleicher Münze vergelten kann. Andererseits möchte ich um keinen Preis Ursache von Familienstreitigkeiten werden. Solange Monsieur Cézanne mich für einen elenden Intriganten hält und so-

lange sein Sohn meinen Umgang pflegt, wird er gegen den Sohn aufgebracht sein. Das will ich aber vermeiden, was nicht möglich ist, wenn ich einfach stumm bleibe. Falls Paul nicht selbst bereit ist, seinem Vater die Augen zu öffnen, dann muß ich mich mit dem Gedanken abgeben, dies meinerseits zu tun...

Ich glaube noch einen andern Umstand zu erraten, den Du mir zweifellos aus Freundschaft verheimlichst. Du vereinst uns beide in der Mißbilligung der Familie Cézanne. Ich weiß nicht weshalb, aber irgend etwas sagt mir, daß ich ihr verdächtiger bin als Du und daß ich vielleicht sogar allein beschuldigt werde. Wenn dem so ist – und ich glaube nicht, daß ich mich täusche – danke ich Dir, die Hälfte dieser schweren Last übernommen und versucht zu haben, dadurch den traurigen Eindruck Deines Briefes zu vermindern. Tausend Einzelheiten, tausend Schlußfolgerungen haben mich in dieser Annahme bestärkt: zunächst weil ich unbemittelt bin, dann wegen meines fast offen zugegebenen schriftstellerischen Berufes, meines Aufenthaltes in Paris, usw....

Das Problem scheint mir folgendes zu sein: Monsieur Cézanne hat seine Pläne durch seinen Sohn vereitelt gesehen. Der künftige Bankier hat sich als Maler entpuppt, der sich von Flügeln beschwingt fühlt und das Nest verlassen will. Völlig von dieser Umwandlung und diesem Freiheitsdrang überrascht, weigert sich Monsieur Cézanne, zu glauben, daß man die Malerei der Bank und Himmelsluft einem verstaubten Büro vorziehen kann. Er hat es sich deshalb in den Kopf gesetzt, diesem Rätsel auf den Grund zu gehen. Er hütet sich wohl, zuzugeben, daß dem so ist, weil Gott es so will, weil Gott, der ihn selbst einen Bankier werden ließ, seinen Sohn für die Kunst bestimmt hat. Nachdem er also darüber gegrübelt hat, ist er zu dem Schluß gekommen, daß alles meine Schuld sei, daß ich es sei, der Paul zu dem gemacht hat, was er heute ist, daß ich derjenige sei, welcher seinen Sohn, den Mittelpunkt seiner innigsten Träume, der Bank entfremdet hat. Zweifellos wurden Andeutungen auf ›schlechten Umgang‹ gemacht, und so bin denn ich, Emile Zola, Schriftsteller, ein Intrigant, ein falscher Freund und was weiß ich sonst noch geworden. – Das ist um so trauriger, als es lächerlich ist...

Glücklicherweise hat Paul gewiß meine Briefe aufbewahrt; man könnte aus ihnen leicht ersehen, was meine Ratschläge gewesen sind und ob ich ihn jemals veranlaßt habe, vom rechten Weg abzuweichen. Im Gegenteil, ich habe ihn mehrmals auf alle Nachteile seiner Reise aufmerksam gemacht und ihm stets nahegelegt, Rücksicht auf seinen Vater zu nehmen. Übrigens ist es kaum notwendig, daß ich mich hier rechtfertige ... Ich wünschte wohl, Paul bei mir zu haben, doch obgleich ich diesem Wunsch Ausdruck gab, habe ich ihm niemals geraten, sich gegen seinen Vater aufzulehnen ...

Ohne es zu wollen, habe ich seine Liebe zu den Künsten angefacht, doch habe ich dabei zweifellos weiter nichts getan, als die Entwicklung bereits vorhandener Keime zu fördern; jeglicher andere Anstoß würde dieselben Folgen gezeitigt haben. Wenn ich mein Gewissen befrage, antwortet es, daß mich keinerlei Schuld trifft. Mein Verhalten ist immer aufrichtig und einwandfrei gewesen. Ich habe Paul wie einen Bruder geliebt und habe stets ohne Egoismus, ohne persönliche Interessen von seinem Glück geträumt. Wenn mir schien, daß er schwach wurde, habe ich ihm Mut eingeflößt, indem ich ihm ständig vom Schönen, vom Richtigen und vom Guten sprach und immer bemüht war, seine seelische Verfassung zu heben und vor allem einen Mann aus ihm zu machen ...

Es ist wahr, daß ich in meinen Briefen keineswegs von Geld sprach, ihn nicht auf dieses oder jenes Handelsgewerbe aufmerksam gemacht habe, in welchem sich ungeheure Summen verdienen lassen. Es stimmt also, daß meine Briefe ihn ganz einfach mit meiner Freundschaft, mit meinen Träumen und mit allerhand schönen Gefühlen unterhielten, die in keinem Geschäftsbetrieb der Welt als bare Münze Wert haben ...

Ich scherze, obschon mir eigentlich nicht der Sinn danach steht. Wie dem auch sei, habe ich jetzt folgendes vor: nachdem ich deswegen mit Paul übereingekommen sein werde, beabsichtige ich, Monsieur Cézanne beiseite zu nehmen und eine offene Aussprache mit ihm zu haben. Mach Dir bezüglich meiner Gemessenheit und der Dinge, die ich vorzubringen gedenke, keine Sorgen ... Ich werde dem Vater unseres Freundes gegenüber so auftreten, wie es sich gebührt ...

Ich sage Dir dies, ohne jedoch recht zu wissen, was ich tun werde. Ich erwarte Cézanne und wünsche, mit ihm zu sprechen, bevor ich irgendeinen Entschluß fasse. Früher oder später muß es mir gelingen, die Achtung seines Vaters zurückzugewinnen ...

Ich unterbreche mich ... um auszurufen: ›Ich habe Paul gesehen!!!‹ Ich habe Paul gesehen, verstehst Du das! Verstehst Du die Melodie dieser vier Worte! – Er ist heute, am Sonntagmorgen, gekommen und hat wiederholt im Treppenhaus nach mir gerufen. Noch im Halbschlaf habe ich meine Tür freudezitternd ge-

öffnet, und wir haben uns wild umarmt. Dann hat er mich bezüglich der Antipathie seines Vaters beruhigt. Er hat behauptet, daß Du zweifellos aus Übereifer ein wenig übertrieben hättest. Jedenfalls hat er mir mitgeteilt, sein Vater wünsche mich zu sehen; ich werde ihm heute oder morgen begegnen. Darauf gingen wir gemeinsam essen, haben zahllose Pfeifen in zahllosen öffentlichen Anlagen geraucht, und ich habe ihn schließlich verlassen. Solange sein Vater hier bleibt, werden wir uns nur selten sehen können, rechnen aber durchaus damit, in einem Monat zusammen zu wohnen.

Zola an Baille

Paris, den 1. Mai 1861

...Am vergangenen Sonntag bin ich mit Paul zur Kunstausstellung gegangen[53]*... Ich sehe Paul recht häufig. Er arbeitet viel, was uns manchmal voneinander entfernt hält, doch darf ich mich darüber nicht beklagen... Paul beabsichtigt, mein Porträt zu malen.*

XIV An Joseph Huot[54]

Paris, den 4. Juni 1861

Lieber Huot!

Ah! Guter Joseph, ich vergesse Dich also, verflucht nochmal, und die Freunde, und das Landhäuschen, und Deinen Bruder, und den guten Wein der Provence; Du weißt, daß der hiesige ganz scheußlich ist! Ich möchte kein Klagelied in diesen wenigen Zeilen anstimmen, muß aber dennoch *gestehen*, daß mein Herz nicht sehr heiter gestimmt ist. Ich ver-

[53] Es handelt sich um den damals alle zwei Jahre stattfindenden ›Salon‹, über den Cézanne selbst im nachfolgenden Brief an Huot, Nr. XIV, berichtet.

[54] Huot (1840–1898), Jugendgefährte von Cézanne, mit dem er die Abendkurse an der Aixer Kunstschule besucht hatte. Im Jahr 1864 ging er auf die Akademie der Schönen Künste in Paris. Er wurde Chefarchitekt der Stadt Marseille. Cézanne erwähnt ihn in seinem Brief an Zola vom 14. September 1878 (Nr. LVI).

zettle mein dürftiges Dasein nach rechts und links. Suisse nimmt mich von sechs Uhr bis elf Uhr morgens in Anspruch[55]. Ich esse irgendwo für 15 Sous die Mahlzeit; das ist nicht üppig, doch was willst Du? Ich verhungere immerhin nicht.

Ich dachte, als ich Aix verließ, daß ich die Langeweile, die mich verfolgt, weit hinter mir lassen würde. Doch habe ich nur den Ort gewechselt, und die Langeweile ist mir gefolgt. Ich habe meine Eltern, meine Freunde, einige meiner Gewohnheiten zurückgelassen, und das ist alles. Und dennoch muß ich Dir sagen, daß ich sozusagen den ganzen Tag herumstreiche. Ich sah, es ist naiv, dies zu sagen, den Louvre und den Luxembourg und Versailles. Du kennst sie, jene Schinken, die in diesen *großartigen Bauwerken* zu sehen sind, es ist ganz *außerordentlich, verblüffend, niederschmetternd.* Denke nicht, daß ich etwa Pariser werde...

Ich habe auch den Salon gesehen. Ich glaube, für ein junges Herz, für ein Kind, das der Kunst geboren wird, das sagt, was es denkt, ist dort noch der allerbeste Platz, weil dort alle Geschmacksrichtungen, alle verschiedenen Gattungen sich treffen und aufeinanderstoßen. Ich könnte Dir hier schöne Beschreibungen geben und Dich einschläfern. Sei mir dankbar, daß ich Dich verschone.

Ich sah von Yvon die prächtige Schlacht
Und Pils, dessen Bleistift lebendig macht,
Einer ganz rührenden Szene Wonne,
Und die Bildnisse jener, die uns verwalten,
Groß, klein, gut, schlecht, in allen Gestalten;
Hier rinnt ein Bächlein; dort scheint die Sonne;
Hier steigt Phöbus auf; dort ist Mondenschein;
Hier sonnige Tage; dort ziehn Nebel ein;
Hier Rußlands Kälte; dort Asiens Winde fächeln;
Und dort des wilden Türken Gesicht;

55 Cézanne folgte also dem Rat Zolas und besuchte diese Atelierschule, wo er Akt zeichnete. Bei Suisse befreundete er sich bald mit Pissarro, Guillaumin, Oller und einigen andern Malern.

Nach den Briefen der beiden Freunde zu urteilen, scheint es nicht, daß Cézanne nach der Abreise seines Vaters zu Zola gezogen ist.

Hier jedoch eines Kindes Lächeln;
Und zeigt dort auf ihren Kissen nicht
Ein holdes Mädchen seine Brust;
Zarte Engel flieh'n ungezügelt,
Während sich hier ein Frätzchen spiegelt,
Gérôme und Hamon, Glaize, Cabanel,
Müller, Courbet, Gubin erstreben
Die Ehre des Sieges ....

(Hier bin ich am Ende meiner Reime, deshalb täte ich besser daran, zu schweigen, denn es wäre ein verwegenes Unterfangen von mir, Dir auch nur die geringste Idee von der Großartigkeit dieser Ausstellung geben zu wollen.) Es gibt dort auch wundervolle Bilder von Meissonier. Ich habe beinahe alles gesehen und beabsichtige, noch dorthin zurückzukehren. Was das anbetrifft, so genieße ich in vollen Zügen.

Da mein Bedauern nutzlos wäre, sage ich Dir nicht, wie sehr ich bedaure, Dich nicht hier bei mir zu haben, damit wir das alles gemeinsam ansehen können, aber, zum Teufel, das ist nun einmal so.

Monsieur Villevieille, bei dem ich jeden Tag arbeite, läßt Dich herzlich grüßen, wie auch unser Freund Bourck, den ich von Zeit zu Zeit sehe. Chaillan grüßt Dich freundschaftlichst. Grüße an Solari[56], an Félicien, an Rambert, an Lelé, an Fortis! Ich würde gar nicht aufhören können, wenn ich sie alle aufzählen wollte. Teile mir, wenn Du es kannst, bitte das Resultat der Auslosung zum Heeresdienst mit, soweit es unsere Kameraden betrifft. Meine besten Empfehlungen an Deine Eltern; und für Dich Mut, guten Vermouth, nicht zuviel Verdruß und auf Wiedersehn!

Leb wohl, lieber Huot, Dein Freund P. Cézanne

PS. Combes, mit dem ich gerade zu Abend aß, läßt Dich grüßen. Villevieille hat soeben eine Skizze für ein gewaltiges Bild von 14 Fuß Höhe gemalt, mit Figuren, die zwei Meter und noch größer sind.

[56] Der Aixer Bildhauer Philippe Solari (1840–1906) war ein Jugendfreund von Cézanne und Zola. Er hat eine bedeutende Büste des jungen Zola und später auch zwei Büsten des alten Cézanne geschaffen.

Der große G. Doré hat im Salon ein wundervolles Bild. Leb nochmals wohl, mein Lieber, mit dem Wunsche, bald mit Dir eine große Flasche leeren zu können!

P. Cézanne
Rue d'Enfer 39

Zola an Baille

Paris, den 10. Juni 1861

...Ich sehe Paul selten. Ach, leider ist es nicht mehr wie in Aix, als wir achtzehn Jahre alt und frei waren und uns nicht um die Zukunft scherten. Die Ansprüche des Lebens sowohl als die getrennte Arbeit entfernen uns jetzt voneinander. Morgens geht Paul zu Suisse; ich bleibe auf meinem Zimmer und schreibe. Um 11 Uhr essen wir, jeder für sich. Manchmal gehe ich mittags zu ihm, und dann arbeiten wir an meinem Porträt. Hinterher begibt er sich für den Rest des Tages zum Zeichnen zu Villevieille, ißt sein Abendbrot und geht früh zu Bett; ich sehe ihn also nicht mehr. War es dies, was ich erhofft hatte?

Paul ist immer noch der vortreffliche und seltsame Bursche, wie ich ihn in der Schule gekannt habe. Zum Beweis, daß er nichts von seiner Originalität eingebüßt hat, brauche ich Dir wohl nur zu sagen, daß er, kaum hier angekommen, davon sprach, nach Aix zurückzukehren. Drei Jahre lang um die Reise gekämpft zu haben und sich dann einen Pfannenstiel daraus zu machen! Angesichts eines solchen Charakters und eines derart unvorhergesehenen und unvernünftigen Verhaltens bleibe ich offengestanden sprachlos und packe meine Logik ein. Cézanne etwas beweisen zu wollen, wäre gleichbedeutend mit dem Versuch, die Türme von Notre-Dame dazu zu bewegen, eine Quadrille zu tanzen. Er würde vielleicht sogar ›ja‹ sagen, ohne jedoch um Haaresbreite nachzugeben. Und sein Eigensinn hat sich mit dem Alter noch verstärkt...

Er ist ganz aus einem Stück, starr und schwer zu behandeln. Nichts kann ihn geschmeidig machen, nichts vermag ihn zu Zugeständnissen zu bewegen. Er will nicht einmal über seine Ansichten diskutieren. Er verabscheut die Diskussion, zunächst, weil Sprechen ermüdet, und dann, weil er seine Meinung ändern müßte, falls sein Gegner recht haben sollte. Und so steht er denn plötzlich im Leben, mit gewissen Ideen gewappnet, die er nur auf Grund eigener Erkenntnisse zu ändern bereit ist. Doch ist er nichtsdestoweniger der beste Junge der Welt, der aus Ab-

scheu vor Auseinandersetzungen immer beistimmt... Wenn er zufällig etwas äußert, das auf Widerspruch stößt, ereifert er sich, ohne die Frage gründlich prüfen zu wollen, brüllt, daß der andere nichts davon versteht, und wechselt schnell das Gesprächsthema. Wie soll man da diskutieren, was sage ich, wie soll man sich auch nur mit einem derartigen Burschen unterhalten? Man gewinnt keine Handbreit Boden und hat lediglich die Genugtuung, einen recht sonderbaren Charakter beobachtet zu haben. Ich hatte gehofft, daß die Jahre bei ihm einige Veränderungen mit sich bringen würden, fand ihn aber genauso wieder, wie ich ihn verlassen hatte. Mein Verhalten ihm gegenüber folgt deshalb sehr einfachen Richtlinien: niemals seiner Laune im Wege zu stehen; ihm – falls überhaupt – nur indirekte Ratschläge zu geben; mich, was die Fortsetzung unserer Freundschaft betrifft, ganz seinen guten Anlagen anzuvertrauen; ihn niemals zu zwingen, meine Hand zu schütteln; mit einem Wort, mich vollständig in allem zurückzuhalten, ihn stets fröhlich zu begrüßen, seine Gesellschaft zu suchen, ohne ihn zu belästigen, und das mehr oder minder innige Verhältnis, das er zwischen uns wünscht, völlig seinem Belieben zu überlassen.

Was ich hier sage, wird Dich vielleicht wundern, doch ist es durchaus logisch. Paul bleibt weiter für mich ein vortreffliches Herz, ein Freund, der mich zu verstehen und zu schätzen weiß. Da aber jeder seine eigene Natur hat, muß ich mich aus reiner Vernunft seinen Stimmungen anpassen, falls ich unsere Freundschaft nicht verjagen will. Um die Deine zu bewahren, würde ich mich vermutlich an die Urteilskraft wenden; ihm gegenüber aber würde dies bedeuten, alles aufs Spiel zu setzen. Denk jedoch nicht, daß irgendein Mißverständnis zwischen uns beiden besteht. Wir sind wie immer eng verbunden, und was ich Dir hier sagte, bezieht sich durchaus nicht auf die unvorhergesehenen Umstände, die Paul und mich zur Zeit häufiger voneinander fernhalten, als mir lieb ist. [57]

[57] Zola erwähnt auch zwei Briefe an Baille, denen Cézanne einige Zeilen angefügt hatte und die verlorengegangen zu sein scheinen.

Zola an Baille

Paris, den 18. Juli 1861

...Seit einiger Zeit sehe ich Paul ziemlich selten. Er arbeitet bei Villevieille, geht nach Marcoussis[58]*, usw. Dennoch sind wir durchaus nicht miteinander entzweit. – Ich trage mich immer noch mit dem Gedanken, bald eine [neue] Stellung anzunehmen. Sicher ist, daß ich angestellt sein werde, wenn Du [im Herbst] herkommen wirst... Ich rechne sehr auf Dich. Mir scheint, daß Deine Ankunft hier mein größeres körperliches und geistiges Wohlergehen mit sich bringen wird...*

Zola an Baille

Ohne Datum
[Vermutlich Paris, August 1861]

...In einem meiner letzten Briefe habe ich Dir von Cézanne gesprochen. Ich hatte versucht, ihn zu beurteilen, doch trotz meiner aufrichtigen Bemühungen reute es mich hinterher, zu Schlußfolgerungen gelangt zu sein, die im Grunde nicht zutreffend sind.

Kaum aus Marcoussis zurückgekehrt, ist Paul herzlicher denn je zu mir gekommen, und seither verbringen wir täglich sechs Stunden zusammen. Wir treffen uns in seinem kleinen Zimmer, wo er mein Porträt malt, während ich lese oder wir miteinander plaudern, und wenn wir von der Arbeit genug haben, gehen wir meist im Luxembourg-Garten eine Pfeife rauchen. Unsere Gespräche beschäftigen sich mit vielen Dingen, besonders mit Malerei, doch nehmen unsere Erinnerungen auch einen großen Platz darin ein. Die Zukunft wird nur gelegentlich und mit wenigen Worten berührt, sei es, um unsere Vereinigung zu dritt herbeizuwünschen, sei es, um uns die furchtbare Frage des Erfolges zu stellen. Manchmal hält mir Cézanne einen Vortrag über Sparsamkeit und zwingt mich zum Abschluß, irgendwo eine Flasche Bier mit ihm zu trinken. Bei anderen Gelegenheiten singt er mir stundenlang ein Liedchen vor, dessen Verse genau so albern sind wie die Melodie, bis ich offen gestehe, einen Vortrag über Sparsamkeit vorzuziehen.

Wir werden nur selten gestört. Ab und zu kommt ein Eindringling uns unterbrechen. Paul malt dann mit verdoppeltem Eifer, ich sitze unbeweglich wie eine

58 Kleine Ortschaft im Süden von Paris, nahe Montlhéry.

ägyptische Sphinx, und der unerwünschte Gast, von unserer Arbeitswut aus der Fassung gebracht, setzt sich einen Augenblick, wagt nicht, sich zu rühren, und verschwindet bald, indem er einen Gruß murmelt und die Tür ganz leise schließt.

Ich möchte Dir noch viele Einzelheiten berichten. Cézanne hat häufig Anfälle von Entmutigung. Trotz seiner etwas affektierten Verachtung für den Ruhm sehe ich, daß er es zu Erfolg bringen möchte. Wenn es schlecht mit seiner Arbeit geht, spricht er von nichts Geringerem, als nach Aix zurückzukehren und ein Handelsgehilfe zu werden. Dann bedarf es langer Reden meinerseits, um ihm das Törichte einer solchen Rückkehr zu beweisen. Er gibt dies auch ohne Schwierigkeiten zu und macht sich wieder an die Arbeit. Trotzdem nagt dieser Gedanke an ihm. Zweimal war er bereits drauf und dran, abzureisen. Ich fürchte, daß er mir über kurz oder lang entschlüpft. Solltest Du ihm schreiben, versuche bitte, ihm unsere baldige Vereinigung zu dritt in den verführerischsten Farben zu schildern. Das ist das einzige Mittel, ihn hier zurückzuhalten.

Aus Geldmangel haben wir noch keinen Ausflug unternehmen können; er ist nicht reich, und ich bin es noch weniger. Trotzdem hoffen wir, eines Tages loszuziehen und irgendwohin träumen zu gehen. – Um alles zusammenzufassen, kann ich Dir sagen, daß das Leben, welches wir führen, trotz seiner Monotonie nicht gerade langweilig ist. Die Arbeit hindert uns am Gähnen, und die Erinnerungen, die wir austauschen, vergolden das Ganze mit einem Sonnenstrahl. – Komm, und wir werden uns noch weniger langweilen.

Ich nehme diesen Brief nochmals vor, um mit etwas, was sich am gestrigen Sonntag zugetragen hat, das zu belegen, was ich weiter oben sagte. Als ich [vor einiger Zeit] zu Paul ging, sagte er mir mit größter Kaltblütigkeit, er sei im Begriff, seine Koffer zu packen, um am nächsten Tag abzufahren. Daraufhin haben wir uns in ein Café begeben. Ich habe ihm durchaus keine Predigt gehalten. Ich war derart bestürzt und gleichzeitig überzeugt, meine logischen Argumente würden wirkungslos bleiben, daß ich nicht den geringsten Einwand vorgebracht habe. Statt dessen suchte ich eine List, um ihn zurückzuhalten. Endlich glaubte ich, sie gefunden zu haben, und bat ihn, mein Bildnis zu malen. Er nahm diesen Vorschlag mit Freude auf, und für diesmal war von seiner Abreise nicht mehr die Rede.

Dieses verwünschte Porträt, das ihn meinem Plan entsprechend in Paris zurückhalten sollte, hat nun beinah seine Abreise veranlaßt. Nachdem er es zweimal von vorn begonnen hatte und noch immer nicht damit zufrieden war, bat Paul mich um eine letzte Sitzung für gestern vormittag. Ich ging also gestern zu ihm. Wie ich eintrete, sehe ich einen offenen Koffer, halbleere Schubladen und Paul, der mit düsterer Miene seine Sachen durcheinander und ohne Ordnung in den Koffer stopft. Mit großer Gelassenheit sagte er mir: »Ich reise morgen.« – »Und mein Porträt?« fragte ich. »Dein Porträt«, erwiderte er, »habe ich soeben zerschlissen. Ich wollte es heute morgen überarbeiten, und da es immer schlechter wurde, habe ich es vernichtet und fahre jetzt ab.«

Ich habe mich jeder Bemerkung enthalten. Wir sind zusammen essen gegangen, und ich habe ihn erst am Abend verlassen. Im Laufe des Tages hat er sich eines Besseren besonnen, und als ich schließlich Abschied von ihm nahm, versprach er mir, zu bleiben. Aber das ist nur elendes Flickwerk. Falls er nicht diese Woche abreist, fährt er nächste Woche. Du kannst auf alle Fälle damit rechnen, ihn jeden Augenblick aufbrechen zu sehen. – Und ich glaube sogar, daß er gut daran tun wird. Paul mag das Genie eines großen Malers haben, wird aber nie das Genie besitzen, tatsächlich einer zu werden. Das kleinste Hindernis bringt ihn zur Verzweiflung. Ich wiederhole deshalb, er soll abreisen, wenn er sich viel Kummer ersparen will.

Meine armen Freunde, ihr flößt mir wirklich wenig Mut ein. Der eine bleibt gleich zu Anfang am Wegrand liegen, der andere verflucht den Beruf, den man ihn zu ergreifen zwingt[59]*. Ihr könnt Euch gar nicht vorstellen, wie sehr ich an Eurer Ohnmacht im Kampf des Lebens leide. Ich denke an unsere Jugend, an die Bande, die uns vereinen und in denen wir uns so gefielen. Ich sage mir, daß Euer Erfolg den meinen hätte nach sich ziehen sollen, und wenn ich sehe, wie Ihr an Eurer Intelligenz zweifelt und uns alle für unfähig haltet, frage ich mich, ob ich nicht vermessen bin, noch meiner eigenen Intelligenz zu vertrauen und das unternehmen zu wollen, was Ihr zu tun aufgegeben habt... Ich sage dies besonders für Dich. Trotz seines ausgezeichneten Wesens und seiner natürlichen Gaben kann Paul nicht den geringsten Vorwurf ertragen, so sanft dieser auch sein mag. Ich überlasse ihn daher seiner Phantasie und hoffe, daß der Himmel eine Lösung herbeibringen wird. Doch Dir, der Du mich gewiß anhörst, Dir werde ich immer zurufen: Hab Mut!...*

59 Offenbar hatte auch Baille sich über sein Studium beschwert, das er damals ohne Überzeugung fortsetzte.

Falls Paul erst im September abreist, werde ich bestimmt in den Süden kommen, doch wird er niemals bis dahin warten können. Das wird also noch weitere vierzehn Tage Trennung bedeuten. Wenn Du Paul siehst, stell ihn bitte scharf zur Rede…

PS. Paul wird endgültig bis September in Paris bleiben. Aber ist das wirklich sein allerletzter Beschlnß? Auf alle Fälle hoffe ich, daß er ihn nicht mehr ändern wird.

1862

[Nachdem Cézanne im Herbst 1861 tief enttäuscht von seinem ersten Pariser Aufenthalt nach Aix zurückgekehrt war, trat er in die Bank seines Vaters ein, in der er aber nur kurze Zeit blieb. Die Korrespondenz zwischen Cézanne und Zola wurde nicht sogleich wieder aufgenommen, doch brach der Maler schließlich sein Schweigen, und Zola antwortete am 20. Januar 1862 auf diesen heute verlorenen Brief. Keiner der Briefe Cézannes an Zola aus dem Jahr 1862 scheint erhalten zu sein.]

Zola an Cézanne

Paris, den 20. Januar 1862

Mein lieber Paul!

Ich habe Dir schon seit langem nicht geschrieben, weiß aber selbst nicht recht weshalb. Paris ist unserer Freundschaft nicht gut bekommen. Vielleicht bedarf sie der Sonne der Provence, um sich sorgenfrei zu entfalten? Gewiß ist irgendein unglückliches Mißverständnis daran schuld, daß unsere Beziehungen sich abgekühlt haben, oder irgendein falsch beurteilter Vorgang, ein böses Wort, das mit zu großer Bereitwilligkeit aufgenommen wurde. Ich weiß es nicht und will es auch nicht wissen; wenn man im Dreck herumwühlt, beschmutzt man sich die Hände. Gleichviel, ich halte Dich immer noch für meinen Freund, was heißen will, daß ich Dich für unfähig halte, mich einer niedrigen Handlung zu bezichtigen, und annehme, daß Du mich wie früher schätzest. Sollte dem anders sein, würdest Du gut daran tun, Dich zu erklären und mir offen zu sagen, was Du mir vorzuwerfen hast. – Doch will ich Dir nicht etwa einen Brief mit Erklärungen schreiben. Ich will nur als Freund auf Deinen Brief antworten und ein wenig mit Dir plaudern, als habe Deine Reise nach Paris niemals stattgefunden.

Du rätst mir, zu arbeiten, und tust dies mit einer solchen Eindringlichkeit, daß man denken könnte, die Arbeit widere mich an. Ich möchte Dich davon überzeugen, daß es mein heißester Wunsch und mein täglicher Gedanke ist, eine Stellung anzunehmen, und daß nur die Unmöglichkeit, einen Platz zu finden, mich daheim gefesselt hält... Baille hat Dich nicht getäuscht, als er Dir sagte, daß ich wahrscheinlich bald als Angestellter in den Verlag Hachette eintreten werde[60]*...*

[60] Im Februar 1862 trat Zola tatsächlich in diese noch heute bestehende Firma ein, wo er mit Verlagswerbung zu tun hatte. Als sein Roman *La Confession de Claude*

Ich sehe Baille regelmäßig jeden Sonntag und jeden Mittwoch[61]. *Wir lachen nicht gerade oft; es ist fürchterlich kalt, und die Vergnügungen von Paris, falls es so etwas gibt, kosten unerhört viel Geld. Wir begnügen uns damit, von der Vergangenheit und der Zukunft zu sprechen, da die Gegenwart so kalt und erbärmlich ist. Vielleicht wird der Sommer wieder etwas Fröhlichkeit mit sich bringen. Wenn Du, wie Du es versprichst, im März herkommst*[62], *wenn ich dann eine Anstellung habe und wenn das Glück uns lächelt, dann werden wir vielleicht ein wenig mit der Gegenwart leben können, ohne zuviel zu bereuen, ohne zuviel zu erwarten. Dies sind jedoch sehr viele ›wenn‹, und mit jedem von ihnen, das sich nicht einstellt, können alle Pläne zusammenbrechen.*

Denke dennoch nicht, daß ich vollkommen abgestumpft bin. Ich bin zwar recht krank, aber noch nicht tot. Der Geist wacht und vollbringt Wunder. Ich glaube sogar, daß ich mich im Leiden vergrößere. Ich sehe und höre besser. Ich habe neue Sinne erworben, die mir fehlten, um gewisse Dinge zu beurteilen. Es scheint mir, daß ich jetzt besser als vor einem Jahr gewisse Einzelheiten des Lebens darstellen kann. Mit einem Wort, mein Horizont erweitert sich, und wenn ich eines Tages etwas schreiben kann, dann wird mein Stil viel sicherer sein, weil ich schildern können werde, was ich empfunden habe. – Hoffnung!…

Und was tust Du? Wie hast Du Dein Leben geordnet? – Werden wir unsern Träumen Lebewohl sagen müssen, und wird etwa Torheit unsere Pläne zunichte machen?

Zola an Cézanne und Baille

Paris, den 18. September 1862

Die Sonne scheint, und ich bin [*bei Hachette*] *eingeschlossen… Was treibt Ihr? Warum dies Stillschweigen?… Ich erwarte einen Brief; werdet Ihr mich noch*

am Ende des Jahres 1865 erschien und vom Pariser Polizeipräfekten der Unsittlichkeit bezichtigt wurde, fand eine Haussuchung im Verlag statt, die großes Aufsehen unter den Angestellten erregte. Obgleich gerichtlich anerkannt wurde, daß Zola sich kein Vergehen hatte zuschulden kommen lassen, verließ er kurz darauf seine Stellung bei Hachette und wurde Redakteur der Zeitung *L'Evénement*.

[61] Baille hatte gerade Aufnahme in die *Ecole Polytechnique* in Paris gefunden.

[62] In Wirklichkeit ist Cézanne erst im November nach Paris zurückgekehrt.

Zeichnung aus Cézannes Brief an Emile Zola vom 20. Juni 1859.

(oben)
Porträtzeichnung eines Freundes (wahrscheinlich A.F. Marion), um 1866

(unten links)
Paul Cézanne. Foto 1861

(unten rechts)
Selbstbildnis, 1861.

(oben)
Ouvertüre zu ›Tannhäuser‹.
(Am Klavier Cézannes Schwester Marie, im Hintergrund seine Mutter), um 1866.

(unten)
Unvollendetes Bildnis von Emile Zola (Ausschnitt), um 1862.

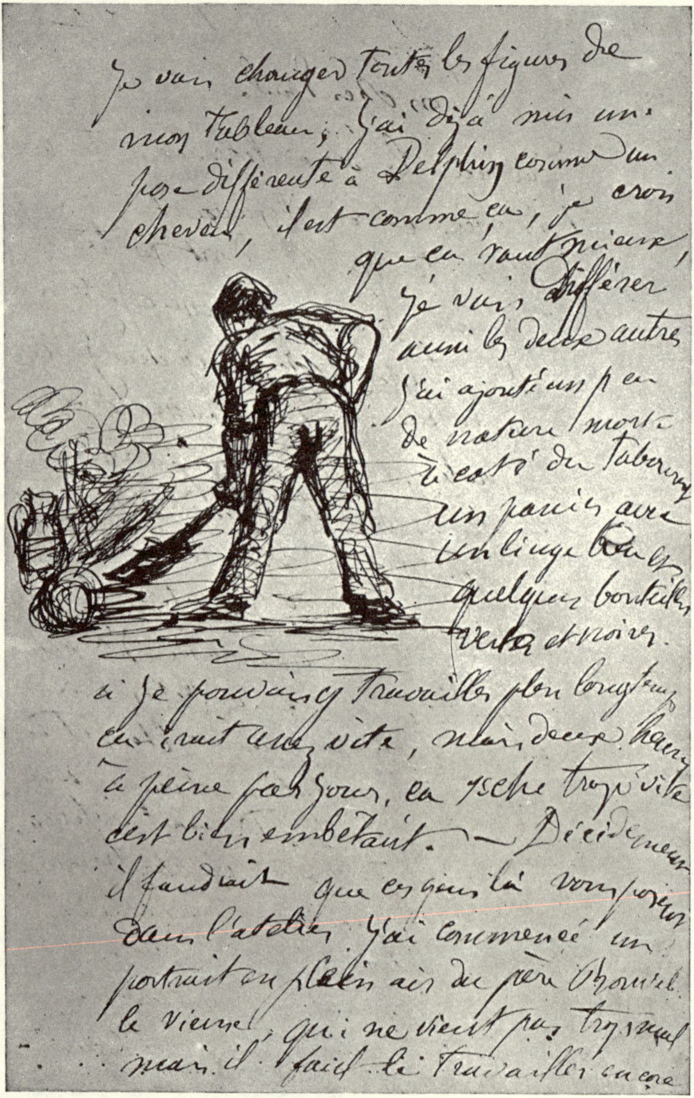
Je vais changer toutes les figures de
mon tableau, j'ai déjà mis une
pose différente à Delphin comme un
cheval, il est comme ça, je crois
que ça vaut mieux,
je vais différer
aussi les deux autres
j'ai ajouté un peu
de nature morte
à côté du tabouret
un panier avec
un linge bleu
quelques bouteilles
vertes et noires.
Si je pouvais y travailler plus longtemps
cela irait assez vite, mais deux heures
à peine par jour, ça sèche trop vite
c'est bien embêtant. — Décidément
il faudrait que ces gens là vinssent poser
dans l'atelier. J'ai commencé un
portrait en plein air du père Rouvel
le vieux, qui ne vient pas trop mal
mais il faut le travailler encore

Eine Seite aus dem Brief an Zola vom 30. Juni 1866.

lange darauf warten lassen? Ich erwarte auch immer noch die Kopie von Paul. – Gestern ist ein aus dem Süden kommender Vogel über mein Haupt geflogen, und ich habe ihm zugerufen: »Vöglein, mein kleiner Freund, hast du nicht dort unten auf der Landstraße ein herumirrendes Bild gesehen?« – »Ich sah nichts«, antwortete er, »außer dem Staub des Weges. Geh, sei recht traurig, denn man vergißt dich.« Er hat gelogen, nicht wahr?

Zola an Cézanne

Paris, den 29. September 1862

Mein lieber Freund!

Mein Selbstvertrauen ist zurückgekehrt, und ich hoffe von neuem. Ich habe mich entschlossen an die Arbeit gemacht[63]. *Jeden Tag schließe ich mich in meinem Zimmer ein und schreibe oder lese bis Mitternacht. Das beste Resultat ist, daß ein Teil meiner alten Fröhlichkeit zurückkehrte... Ich bin guter Laune, lache und langweile mich nicht mehr. Teile Baille diese gute Nachricht mit und sag ihm, daß Deine Ankunft die Wunden der Vergangenheit völlig heilen wird – denn die Vergangenheit war offengestanden ganz besonders an meiner Verzweiflung schuld und schien die Zukunft fast zu vernichten. Jetzt bin ich all dem entgangen.*

Die Hoffnung, bald Deine Hand drücken zu können, hat gewiß viel dazu beigetragen, meine Niedergeschlagenheit zu vertreiben. Ich weiß wohl, daß Deine Reise noch nicht ganz sicher ist, doch gestattest Du mir zu hoffen, und das ist schon viel wert. Ich billige durchaus Deinen Plan, zum Studium nach Paris zu kommen und Dich dann in die Provence zurückzuziehen. Ich glaube, daß dies gut dazu angetan ist, dem Einfluß der Kunstschulen zu entgehen und die eigene Originalität zu entwickeln, soweit man eine besitzt. Also um so besser für Dich und für uns, falls Du nach Paris kommen solltest. Wir können unser Leben so einrichten, daß wir wöchentlich zwei Abende zusammen verbringen und an allen andern arbeiten. Die gemeinsam verbrachten Stunden werden nicht verloren sein. Nichts flößt mir mehr

[63] Zola schrieb damals eine Reihe kurzer Novellen, die 1865 unter dem Titel *Contes à Ninon* erschienen und seine erste Veröffentlichung darstellen, der kurz darauf sein erster, Cézanne und Baille gewidmeter Roman, *La Confession de Claude*, folgte.

Arbeitswillen ein, als ein wenig mit einem Freund zu plaudern.- Ich erwarte Dich also.[64]

[64] Cézanne kam tatsächlich im Spätherbst 1862 wieder nach Paris zurück.

Dieses ist der letzte der erhaltenen Jugendbriefe, die Zola an Cézanne (und auch an Baille) gerichtet hat. Aus den folgenden Jahren ist noch eine Reihe von Briefen an gemeinsame Aixer Freunde wie Antony Valabrègue, Marius Roux, Numa Coste und Philippe Solari bekannt, in denen Zola gelegentlich Cézanne erwähnt. Diese Briefe sind in den von Zolas Schwiegersohn Maurice Le Blond herausgegebenen *Œuvres Complètes*, im Band *Correspondance (1858–1871)*, zu finden (Paris, 1928), dem auch die hier übertragenen Briefe an Cézanne und Baille entnommen sind. Von den späteren Briefen Zolas an den Maler ist bisher nur das kurze Schreiben vom 4. Juli 1885, siehe Seite 204, wiedergefunden worden.

1863

XV

An Numa Coste[65]

Paris, den 5. Januar 1863

Mein Lieber!

Dieser Brief, den ich Dir sende, ist für Dich und gleichzeitig auch für Monsieur Villevieille bestimmt. Ich hätte vor allem Euch schon seit langem schreiben sollen, denn es ist nun schon zwei Monate her, daß ich Aix verließ.

Soll ich Euch vom schönen Wetter berichten? Nein. Doch hat die Sonne, die bisher von den Wolken verdeckt war, heute ihren Kopf zum Dachfenster herausgestreckt, und da sie diesen letzten Tag ruhmvoll beenden wollte, hat sie uns im Fortgehen noch ein paar blasse Strahlen zugeworfen.

Ich hoffe, daß dieser Brief Euch alle bei guter Gesundheit antrifft. Nur Mut, und laßt uns versuchen, bald wieder beisammen zu sein!

Wie auch bisher (denn es gehört sich, daß ich Euch sage, was ich hier treibe) gehe ich morgens von acht bis ein Uhr und abends von sieben bis zehn zu Suisse. Ich arbeite mit großer Ruhe und esse und schlafe ebenso.

Ich besuche recht oft Monsieur Chautard, der die Güte hat, meine Studien zu korrigieren. Am Tage nach Weihnachten habe ich bei ihm zu Abend gegessen und von dem *vin cuit* gekostet, den Sie ihm sandten, oh, Monsieur Villevieille. Und was machen Ihre kleinen Töchterchen Fanny und Thérèse? Geht es ihnen gut, ich hoffe es wenigstens, und wie geht's den andern allen? Ich bitte Sie, mich Madame Villevieille, Ihrem Vater und Ihrer Schwester zu empfehlen. Übrigens, kommt eigentlich Ihr Bild gut vorwärts, von dem ich Sie den Entwurf machen sah? Ich habe Monsieur Chautard von diesem Bilde gesprochen; er hat den Plan gelobt und gesagt, daß Sie sehr wohl etwas Gutes daraus machen könnten.

[65] Coste (1843–1907), Historiker, Journalist und Maler, war ein Jugendfreund von Cézanne und Zola, blieb jedoch später mehr mit dem Schriftsteller in Verbindung als mit dem Maler.

Oh, Coste, junger Coste, fährst Du fort, den *reverendissime* alten Coste zu ärgern? Malst Du immer noch, und was machen die abendlichen Aktzeichenkurse der Kunstschule? Sag mir, wer der Unglückliche ist, der Euch in X-Stellung Modell steht oder der sich den Bauch hält; habt Ihr noch die beiden häßlichen Kerle vom letzten Jahr?

Seit einem Monat ungefähr ist Lombard nach Paris zurückgekehrt. Ich habe nicht ohne Kummer erfahren, daß er das Atelier von Signol besucht. Dieser edle Herr lehrt einen gewissen abgeschmackten Stil, der genau dazu führt, das zu machen, was er selbst macht; das ist sehr schön, aber doch nicht hervorragend. Und sich einzugestehen, daß ein junger, intelligenter Mensch nach Paris kommen mußte, um sich dort zu verlieren! Übrigens hat der Neuling Lombard sehr viele Fortschritte gemacht.

Ich liebe auch Félicien, den Genossen von Truphémus[66].

Der gute Junge sieht alles nur mit Bezug auf seinen *illustrissime* Freund und urteilt nur nach dessen Farben. Nach seiner Ansicht übertrumpft Truphème Delacroix, und nur er malt wirklich farbig; so besucht er denn auch, dank einem gewissen Schreiben, die Akademie der Schönen Künste. G l a u b e n i c h t, d a ß i c h i h n b e n e i d e!

Ich erhielt soeben einen Brief meines Vaters, der mir sein baldiges Kommen für den 13. des Monats ankündet; Du kannst Monsieur Villevieille sagen, daß er ihm auftragen kann, was er will, und daß, was Monsieur Lambert anbetrifft (da meine Adresse zur Zeit Impasse Saint-Dominique d'Enfer ist), er mir doch schreiben oder veranlassen soll, daß man mir schreibt und mir einige Auskünfte über den Gegenstand gibt, über den Ort, wo man ihn kauft, über die geeignetste Art der Spedition; ich stehe zu seinen Diensten. Währenddessen sehne ich mich zurück in

Die Zeit, da wir uns an die Torse[67] gesetzt,
Dort aßen und mit der Palett' in der Hand
Die Landschaft auf unsere Leinwand gebannt,

[66] Auguste Truphème (1836–1898) hatte ein Stipendium der Stadt Aix zum Studium der Malerei erhalten. Er war ein Bruder des Bildhauers François Truphème.

[67] Ein Bach am Stadtrand von Aix in der Richtung des Dorfes Le Tholonet.

Dort, wo Du Dir beinah den Rücken verletzt,
Als auf dem Boden Du glittest ab
Und rolltest den feuchten Abhang hinab.
Denkst Du an ›Black‹[68] noch? Das Laub ist fort,
Von des Winters Odem ward es geschüttelt,
An des Baches Ufern das Gras jetzt verdorrt,
Und der Baum, von wilden Winden gerüttelt,
Reckt auf zum Himmel gramverzehrt
Das kahle Geäst, das der Mistral durchquert.

Ich hoffe, daß dieser Brief, den ich nicht sogleich beendet hatte, Euch alle bei guter Gesundheit antrifft. Empfiehl mich Deinen Eltern, grüße die Freunde; ich drücke Dir die Hand, Dein Freund und Malkollege

PAUL CÉZANNE

Besuche den jungen Penot und grüße ihn von mir!

[68] ›Black‹ ist der Name eines Hundes, den Cézanne auch in einem anderen Brief an Numa Coste erwähnt.

1864

XVI An Numa Coste

Paris, den 27. Februar 1864

Mein Lieber!

Bitte entschuldige das Papier, auf dem ich Dir antworte. Ich habe im Augenblick kein anderes ... Was soll ich Dir zu Deinem unglückseligen Schicksal sagen; das ist ein harter Schlag, der Dich da trifft, und ich begreife den Verdruß, den Du darob empfindest[69]. Du teilst mir mit, daß Jules das gleiche Mißgeschick hatte und daß er dem Appell zuvorkommt.

Vorausgesetzt (Baille war gestern abend bei mir, als ich Deinen Brief empfing), daß Du zufällig dem Appell zuvorkommen wolltest und daß Du nach Paris kommen könntest, um hier in ein Korps einzutreten, so könnte er (Baille, meine ich) Dich dem Leutnant Deiner Abteilung empfehlen, denn er kennt sehr viele, wie er mir sagte, die aus derselben Ausbildungsschule wie er kommen, und auch solche aus der Offiziers-Schule von Saint-Cyr. Was ich Dir hier sage, ist nur für den Fall, daß Dir der Gedanke käme, hierher zurückzukehren, denn Du hättest hier, sogar als Soldat, mehr Erleichterungen aller Art – sei es in Form von Ausgang oder weniger Dienst – um Dich der Malerei widmen zu können. Es liegt an Dir, zu entscheiden und zu sehen, ob diese Sache Dir zusagt, aber ich begreife trotz allem sehr wohl, daß das alles nicht heiter ist. – Wenn Du sie siehst, so grüße beide, den braven Jules, der sicherlich nicht sehr zufrieden ist, und Penot, der mir von seiner Familie und seinem Vater berichten sollte.

Was mich selbst anbetrifft, mein Guter, so sind meine Haare und mein Bart länger als mein Talent[70]. Dennoch keine Entmutigung für die Ma-

[69] Numa Coste hatte eine schlechte Nummer bei der Auslosung der Rekruten gezogen und mußte daraufhin sieben Jahre dienen. Cézanne selbst, der in Paris diensttauglich befunden worden war (er teilte dies seinen Eltern in einem heute unauffindbaren Brief mit), entging dadurch der Militärdienstpflicht, daß sein Vater, wie es damals bei wohlhabenden Familien üblich war, einen Stellvertreter bezahlte. Als einziger Sohn einer Witwe brauchte Zola dagegen überhaupt nicht zu dienen.

[70] Zwei Monate später sollte Zola einem gemeinsamen Aixer Freund, Antony Valabrègue, mitteilen: »Cézanne hat sich seinen Bart abnehmen lassen und die Büschel auf dem Altar der siegreichen Venus geopfert.«

lerei, man kann sehr gut seinen Weg machen, sogar als Soldat. Ich sehe hier einige, die den Anatomie-Kursus der offiziellen Kunstakademie besuchen (die übrigens, wie Du wohl schon weißt, ganz verflucht verändert wurde) und aus der das *Institut* herausgefegt worden ist[71]. Lombard zeichnet, malt und scharwenzelt mehr denn je; ich konnte mir seine Zeichnungen, mit denen er sehr zufrieden ist, wie er mir sagte, noch nicht ansehen. Seit zwei Monaten habe ich meine....... [*unleserliches Wort*] nach Delacroix nicht mehr angerührt[72].

Ich werde sie jedoch noch einmal überarbeiten, bevor ich nach Aix aufbreche, was, glaube ich, erst gegen Juli der Fall sein wird, falls mein Vater mich nicht vorher zurückruft. In zwei Monaten, das heißt im Mai, wird es hier eine Gemälde-Ausstellung wie die des vorigen Jahres[73] geben; wenn Du hier wärest, könnten wir sie gemeinsam besichtigen. Also hoffentlich geht alles so gut wie möglich. Übermittle Deinen Eltern meine herzlichsten Empfehlungen. Ich verbleibe Dein ergebener Freund.

PAUL CÉZANNE

Ich werde bald Villevieille sehen, der mir Grüße von Dir auszurichten hat.

[71] Anspielung auf den kaiserlichen Erlaß vom 11. November 1863, durch welchen der Einfluß des *Institut de France* auf die Kunstakademie stark beschränkt und das Recht, deren Professoren zu ernennen, abgeschafft worden war. Diese an sich liberale Maßnahme verletzte den damals dreiundachtzigjährigen Ingres tief, obgleich in der Folge alle neu an die Akademie berufenen Lehrer wie zuvor unter den Mitgliedern des *Instituts* gewählt wurden.

[72] Es handelt sich wahrscheinlich um die Kopie nach der *Dantebarke* von Delacroix, die Cézanne um jene Zeit ausführte.

[73] Anspielung auf den Salon, der auf Grund des erwähnten kaiserlichen Erlasses jetzt jährlich (statt wie vorher nur alle zwei Jahre) stattfand, und auf den ›Salon der Zurückgewiesenen‹. Der im Jahr 1863 gemachte Versuch, gleichzeitig mit dem offiziellen Salon eine Ausstellung der von der Jury abgelehnten Bilder zu halten, wurde trotz des dadurch hervorgerufenen Skandals im folgenden Jahr wiederholt. Obwohl die Jury sich 1864 viel konzilianter erwies als zuvor, wurden einige an den Salon anschließende Säle für jene Bilder reserviert, die, wie es offiziell hieß, ›als zu schwach erachtet worden waren, um an dem Wettbewerb für Preise und Auszeichnungen teilzunehmen‹.

XVII AN CAMILLE PISSARRO[74]

Paris, den 15. März 1865

Monsieur Pissarro!

Bitte entschuldigen Sie, daß ich Sie nicht aufgesucht habe, doch ich fahre heute abend nach St-Germain und komme erst Samstag zusammen mit Oller[75] wieder zurück, um seine Bilder zum Salon zu tragen, denn er hat, wie er mir schrieb, eine biblische Kampfszene gemalt, glaube ich, und das große Bild, das Sie kennen. Das große ist sehr schön, dagegen habe ich das andere noch nicht gesehen.

Ich hätte gerne gewußt, ob Sie trotz all dem Mißgeschick, das Ihnen zustieß, Ihre Bilder für den Salon gemacht haben. – Sollten Sie mich zu sehen wünschen: ich bin jeden Vormittag bei Suisse und abends daheim bei mir; doch geben Sie mir lieber eine Zeit an, die Ihnen bequem ist, und ich käme dann Ihnen die Hand zu schütteln, sowie ich von Oller zurück sein werde. – Samstag gehen wir zur Baracke der Champs-Elysées, um unsere Bilder dort abzuliefern, vor denen das *Institut* vor Wut und Verzweiflung erröten wird[76]. Ich hoffe, daß Sie irgendeine schöne Landschaft gemalt haben und drücke Ihnen herzlich die Hand.

PAUL CÉZANNE

[74] Camille Pissarro (1830–1903), den Cézanne durch den Maler Armand Guillaumin bei Suisse kennengelernt hatte, war von allen Impressionisten derjenige, mit dem Cézanne sich am meisten befreundete und den er als seinen Lehrmeister betrachtete. Cézanne führte ihn auch bei Zola ein, an dessen literarischen Abenden Pissarro von 1866 ab teilnahm.

[75] Francisco Oller, in Porto-Rico geboren, Schüler von Courbet und Couture, war ein Freund von Pissarro, der von der benachbarten Insel St-Thomas stammte. Cézanne hatte Oller wie Pissarro bei Suisse kennengelernt. Im Jahre 1866 bewohnte Oller in Paris dasselbe Haus wie Cézanne: 22, rue Beautreillis. Siehe die Briefe Cézannes an Oller aus dem Jahre 1895.

[76] Die zwei Landschaften von Pissarro, von denen eine an den Ufern der Marne gemalt war, wurden von der Jury angenommen; er gab sich im Salonkatalog als Schüler von Corot aus. Auch eines der Bilder von Oller fand Aufnahme. Die Werke Cézannes jedoch wurden abgelehnt.

XVIII AN HEINRICH MORSTATT[77]

[*Aix*,] den 23. Dezember 1865

[*Postskriptum eines Briefes von Antoine-Fortuné Marion*[78], *einem Freund Cézannes, der den deutschen Musiker aufforderte, doch von Marseille nach Aix zu kommen, um mit ihnen das Weihnachtsfest zu verbringen.*]

Der Endesunterzeichnete bittet Sie, die Einladung von Fortuné anzunehmen und dann unsere akustischen Nerven bei den stolzen Klängen der Musik Richard Wagners vibrieren zu lassen. Ich bitte Sie sehr darum ... bitte empfangen Sie meine aufrichtigsten Komplimente und erhören Sie unsern Wunsch, indem Sie ihn erfüllen. Ich zeichne wie für Fortuné als Ihr alter

PAUL CÉZANNE

[77] Der deutsche Musiker Heinrich Morstatt (1844–1925) verbrachte von 1864 bis 1867 seine kaufmännischen Lehrjahre in Marseille, wo er sich mit dem Studenten der Naturwissenschaften A.F. Marion befreundete, welcher ihn Cézanne vorstellte. Morstatt wurde später Leiter einer Musikschule in Stuttgart.

[78] Marion (1846–1900) war ein Jugendfreund von Cézanne und Zola. Er wurde später Professor für Zoologie an der Universität von Marseille und Direktor des dortigen naturwissenschaftlichen Museums. Er hat nebenbei auch gemalt und war stark von Cézanne beeinflußt, für den er wiederholt Modell saß.

XIX An M. de Nieuwerkerke

Superintendant der Schönen Künste

Paris, den 19. April 1866

Monsieur!

Ich habe letzthin die Ehre gehabt, Ihnen betreffs der beiden Bilder zu schreiben, die die Jury mir soeben zurückgewiesen hat[79].

Da Sie mir noch nicht geantwortet haben, glaube ich nachdrücklichst die Gründe betonen zu sollen, die mich veranlaßten, mich an Sie zu wenden. Übrigens, da Sie sicherlich meinen Brief erhalten haben, brauche ich Ihnen nicht die Vorstellungen zu wiederholen, die ich Ihnen unterbreiten zu müssen glaubte. Ich begnüge mich damit, Ihnen von neuem zu sagen, daß ich das unberechtigte Urteil von Kollegen, die ich nicht selbst damit beauftragt habe, mich zu begutachten, nicht anerkennen kann[80].

Ich schreibe Ihnen also, um auf meiner Bitte zu bestehen. Ich verlange, an das Publikum zu appellieren und trotz allem ausgestellt zu werden. Mein Wunsch scheint mir in keiner Weise ungebührlich zu sein, und wenn Sie all die Maler, die sich in meiner Lage befinden, befragen würden, so würden Ihnen alle antworten, daß sie die Jury nicht anerkennen und daß sie auf die eine oder andere Art an einer Ausstellung teilnehmen wollen, die zwangsläufig jedem ernsthaft Arbeitenden offenstehen soll[81].

Möge man also den Salon der Zurückgewiesenen wieder einführen. Und sollte ich selbst dort allein sein, so wünsche ich doch sehnlichst, die

[79] Dieser erste Brief ist offenbar verloren.

[80] Nur jene Künstler, die bereits Auszeichnungen im Salon gewonnen hatten, waren dazu berechtigt, an den Wahlen für die Jury teilzunehmen. Da Cézanne noch nicht im Salon angenommen worden war, war er natürlich nicht stimmberechtigt.

[81] Außer Cézanne waren diesmal Manet und Renoir zurückgewiesen worden, während von den zukünftigen Impressionisten Degas, Monet, Morisot, Pissarro und Sisley Aufnahme in den Salon gefunden hatten.

Menge wissen zu lassen, daß mir ebensowenig daran liegt, mit den Herren der Jury verwechselt zu werden, als diese zu wünschen scheinen, mit mir verwechselt zu werden.

Ich rechne also darauf, mein Herr, daß Sie Ihr Stillschweigen nicht beibehalten werden. Mir scheint, daß jeder schickliche Brief eine Antwort verdient.

Empfangen Sie bitte die Versicherung meiner vorzüglichen Hochachtung.

PAUL CÉZANNE
22, rue Beautreillis[82]

[*Trotz dieses stürmischen Gesuches fand 1866 keine neue Ausstellung der Zurückgewiesenen statt. Ohne die Antwort auf Cézannes Brief abzuwarten, hatte Zola, der seit einigen Wochen literarischer Redakteur der Pariser Tageszeitung* L'Evénement *geworden war, deren Direktor gebeten, ihm die Besprechung des Salons anzuvertrauen. Am selben Tag, an dem der Maler den vorstehenden zweiten Brief an Monsieur de Nieuwerkerke richtete, kündigte Zola im* Evénement *an, daß er über die Jury herziehen werde, um sein Herz von ein paar groben Wahrheiten zu entlasten. Von Ende April bis Mitte Mai veröffentlichte Zola dann eine Anzahl von Artikeln, in denen er die Jury angriff, die Professoren der Kunstakademie verhöhnte und vor allem die Werke des vom Salon zurückgewiesenen Manet lobte. Seine unkonventionellen Ansichten riefen einen Sturm von Beschwerden hervor. Zola wurde daraufhin gebeten, seine als eine Folge von sechzehn bis achtzehn Besprechungen geplante Serie abzubrechen. Nach den ersten fünf Aufsätzen schrieb er nur noch einen letzten ›Abschieds‹-Artikel und beschloß, die Reihe in einer Broschüre zu vereinen, der er die folgende Widmung in Form eines Briefes an Cézanne voransetzte:*]

EMILE ZOLA: AN MEINEN FREUND PAUL CÉZANNE

Paris, den 20. Mai 1866

Es bereitet mir eine tiefe Freude, mein Freund, mich hier allein mit Dir zu unterhalten. Du kannst Dir nicht vorstellen, wie sehr ich während dieses Kampfes gelitten habe, den ich gerade mit der Masse, mit Unbekannten, ausfocht. Ich fühlte

[82]Am Rande des Originalbriefes ist der Sinn der zu erteilenden Antwort angegeben: ›Was er verlangt, ist unmöglich. Man hat erkannt, wie wenig die Ausstellung der Zurückgewiesenen der Würde der Kunst zuträglich gewesen ist, und sie wird nicht wieder stattfinden.‹

mich so wenig verstanden, ich gewahrte einen derartigen Haß um mich, daß Entmutigung mir oft die Feder aus der Hand fallen ließ. Doch nun kann ich mir die innere Befriedigung einer der gemütlichen Plaudereien leisten, die wir seit zehn Jahren miteinander gehabt haben. Diese wenigen Seiten sind für Dich allein geschrieben. Ich weiß, daß Du sie mit Deinem Herzen lesen und mich um ihrer willen morgen noch inniger lieben wirst.

Versuche Dir vorzustellen, daß wir allein in irgendeinem verlassenen Winkel sind, weit entfernt von allen Streitigkeiten, und daß wir uns wie alte Freunde unterhalten, die einander bis ins Herz hinein kennen und sich mit einem einfachen Blick verstehen.

Seit zehn Jahren erörtern wir Fragen der Kunst und der Literatur. Wir haben zusammen gewohnt – erinnerst Du Dich noch daran? – und oft hat uns die Tagesdämmerung überrascht, während wir noch in Diskussionen versunken waren, in deren Verlauf wir in der Vergangenheit herumforschten, die Gegenwart befragten und die Wahrheit zu entdecken suchten, da wir bemüht waren, uns einen unfehlbaren und vollkommenen Glauben zu schmieden. Wir haben furchtbare Gedankenberge umgewälzt, haben alle Systeme geprüft und verworfen und sind nach dieser angestrengten Arbeit zu der Erkenntnis gekommen, daß es außer dem kraftvollen und individuellen Leben nichts als Lüge und Dummheit gibt.

Wie glücklich sind jene, die Erinnerungen haben! Ich sehe Dich in meinem Dasein wie den blassen jungen Mann, von dem [der romantische Dichter] *Alfred de Musset spricht. Du stellst meine ganze Jugend dar. Mit jeder meiner Freuden, mit jedem meiner Leiden finde ich Dich verbunden. In dieser Brüderlichkeit hat sich unser Geist Seite an Seite entwickelt. Und heute, am Beginn unserer Laufbahnen, haben wir Vertrauen ineinander, weil unsere Herzen einander durchdrungen haben.*

Wir lebten jeder im Schatten des andern, abgesondert, ungesellig, und erbauten uns an unseren Gedanken. Wir fühlten uns inmitten der selbstgefälligen und leichtherzigen Menge verloren. Wir suchten hinter allen Dingen den schöpferischen Menschen und wollten in jedem Werk, in jedem Gemälde oder Gedicht eine persönliche Note finden. Wir behaupteten, daß die großen Meister, die Genies, Schöpfer sind, deren jeder aus allen Stücken eine eigene Welt geschaffen hat, und wir wiesen die Nachfolger, die Unfähigen zurück, deren Handwerk darin besteht, hier und dort einen kleinen Brocken von Originalität zu stehlen.

Weißt Du, daß wir, ohne es zu wissen, Revolutionäre waren? Ich habe jetzt laut und öffentlich sagen können, was wir seit zehn Jahren in der Stille miteinander erörtert haben. Der Lärm des Streites ist bis zu Dir gedrungen – nicht wahr? – und Du hast sehen können, welch schönen Empfang man unseren geliebten Gedanken bereitet hat. Ach! die armen Burschen, die so gesund und unverdorben im Herzen der Provence, unter der breiten Sonne lebten, derartigen Unsinn ausheckten und weder Treue noch Glauben kannten!

Denn – und das wußtest Du bestimmt nicht – ich bin ein gewissenloser Mensch. Das Publikum hat bereits mehrere Dutzend Zwangsjacken für mich bestellt, um mich in die Irrenanstalt von Charenton bringen zu lassen. Ich lobe nur meine Verwandten und Freunde, ich bin ein Dummkopf und ein Bösewicht, der einen Skandal hervorzurufen sucht.

Das ist recht traurig, mein Freund, und kann einem Mitleid einflößen. Die Ereignisse der Geschichte werden sich also immer wiederholen? Man muß demnach stets mit den Wölfen heulen oder schweigen? Erinnerst Du Dich unserer langen Unterhaltungen? Wir kamen überein, daß auch die geringste neue Wahrheit nicht ans Licht kommen kann, ohne Wutausbrüche und Hohngelächter hervorzurufen. Und so bin ich nun an der Reihe, ausgepfiffen und beschimpft zu werden. ...

Dies ist eine ausgezeichnete Erfahrung, mein Freund. Um nichts in der Welt würde ich diese Blätter [der Salon-Besprechungen] *vernichten. An sich sind sie nicht allzuviel wert, aber sie waren der Prüfstein, mit dem ich die Reaktion des Publikums erforscht habe. Jetzt wissen wir wenigstens, wie unbeliebt unsere schönen Gedanken sind.*

Dennoch gefällt es mir, meine Ansichten hier ein zweites Mal auszubreiten. Ich habe Vertrauen in sie und weiß, daß in einigen Jahren alle Welt mir recht geben wird. Ich fürchte keineswegs, daß man sie mir eines Tages zum Vorwurf machen könnte.

EMILE ZOLA

[Cézanne verbrachte den Sommer des Jahres 1866 in Bennecourt, einem Dorf am rechten Seineufer, gegenüber Bonnières, etwa 10 km von Mantes, in der Richtung nach Rouen. Es ist anzunehmen, daß einer seiner neuen Pariser Bekannten, der Maler Antoine Guillemet (1841–1918), der ein Freund Pissarros und Courbets und ein Schüler von Corot und Daubigny war, Cézanne auf diesen Ort aufmerksam gemacht hatte, um so mehr, als Daubigny selbst dort oft zu malen pflegte.

Zola besuchte Cézanne während des Sommers wiederholt in Bennecourt. Am 14. Juni teilte er Numa Coste mit: ›Ich fahre aufs Land, wo ich mich zu Paul gesellen werde. Baille kommt mit mir, und wir werden eine Woche von Paris entfernt bleiben... Paul ist, wie zu erwarten war, von der Salon-Jury zurückgewiesen worden, ebenso Solari und all die andern, die Sie kennen. Sie haben sich wieder an die Arbeit gemacht und sind überzeugt, zehn Jahre vor sich zu haben, bevor sie damit rechnen können, angenommen zu werden.‹

Am 26. Juli (also fast vier Wochen, nachdem der nachfolgende Brief, Nr. XX, geschrieben wurde) wandte Zola sich abermals an Coste: ›Vor drei Tagen war ich noch mit Cézanne und Valabrègue in Bennecourt. Sie sind beide noch dort geblieben und kommen erst zu Beginn des nächsten Monats wieder. Der Ort ist eine wahre Künstler-Kolonie. Wir haben Baille und Chaillan dorthin verschleppt und werden auch Sie später dorthin bringen...‹

In zwei frühen Novellen, La Rivière *und* Une Farce, ou Bohème en Villégiature, *hat Zola die Atmosphäre dieser fröhlichen Vereinigungen dargestellt:*

›Abends, nach dem Essen, streckt die Gesellschaft sich auf zwei Strohbündeln aus, die Mutter Gigoux generös hinten im Hof der Gastwirtschaft ausgebreitet hat. Da wird dann zum Schrecken der Bauern, die nicht schlafen können, bis Mitternacht theoretisiert und wild diskutiert. Man raucht Pfeifen und betrachtet den Mond. Bei der geringsten Meinungsverschiedenheit traktiert man sich gegenseitig als Idioten oder Kretin... Man zieht über die berühmten Tagesgrößen her, man berauscht sich an der Hoffnung, bald alles Existierende umzustürzen, um eine neue Kunst hervorzubringen, deren Prophet man sein wird. Diese jungen Leute auf dem Stroh, inmitten der stillen Nacht, erobern die Welt.‹

Obwohl sie unter andern Namen auftreten, lassen sich in Zolas Schilderungen Cézanne, Chaillan, Solari und seine Geliebte, Valabrègue, Guillemet sowie auch Zola selbst und seine zukünftige Frau wiedererkennen. Was ihre Auseinandersetzungen besonders lebhaft gestaltete, war der Umstand, daß die Schriftsteller und Dichter für den Romantismus eintraten, während die Maler den Realismus verteidigten. Zola beabsichtigte, auf Grund dieser Gedankenaustausche ein Buch über ›Das Kunstwerk vor der Kritik‹ zu verfassen, das er jedoch nicht geschrieben hat. Über Cézannes Arbeit in Bennecourt berichtete Zola an Coste: ›Er entwickelt sich immer mehr nach der originellen Richtung, die seine Natur ihm vorschreibt. Ich setze große Hoffnungen auf ihn... Zur Zeit bemüht er sich, Werke, große Werke, auf Leinwänden von vier bis fünf Metern zu malen.‹]

XX An Emile Zola

[*Bennecourt,*] den 30. Juni 1866

Mein lieber Emile!

Ich habe die beiden Briefe, die Du mir sandtest und in denen die sechzig Franken waren, erhalten und danke Dir sehr dafür, denn ich bin noch trauriger, wenn ich keinen Sou habe. – Unmöglich, den Gastwirt[83] loszuwerden. Ich weiß noch nicht recht, an welchem Tag ich aufbrechen werde, doch wird es Montag oder Dienstag sein[84]. Ich habe wenig gearbeitet; das Fest von Gloton[85] fand am vergangenen Sonntag, dem 24., statt, und der Schwager des Wirtes kam, also ein Haufen von Idioten. – Dumont wird mit mir kommen.

Das Bild kommt nicht allzu schlecht vorwärts, aber so ein ganzer Tag vergeht doch nur langsam; ich sollte mir einen Aquarellfarbkasten kaufen, um während der Zeit zu arbeiten, die ich nicht meinem Bilde widme. Ich werde alle Figuren meines Bildes wechseln; ich habe Delphin[86] bereits eine andere Haltung gegeben – wie ein Haar – er ist so, ich glaube, daß das besser ist. [*Hier folgt die Zeichnung eines Mannes, der ein Schmiedefeuer anfacht.*] Ich werde auch die andern beiden ändern. Ich habe neben dem Schemel ein Stilleben angefügt, einen Korb mit einem blauen Tuch und einige grüne und schwarze Flaschen[87]. Wenn ich länger daran arbeiten könnte, ginge es viel schneller, aber bei kaum zwei Stunden am Tag trocknet es zu schnell, was recht ärgerlich ist.

Im Grunde wäre es nötig, daß diese Leute einem im Atelier Modell stünden. Ich habe im Freien ein Bildnis des alten Vaters Rouvel[88] begonnen, das nicht schlecht gelingt, doch muß ich noch daran arbeiten,

[83] Es handelt sich um ›Vater Dumont‹, der mit seiner Frau, geb. Rouvel (die in Zolas Novelle ›Mutter Gigoux‹ genannt wird), dem kleinen Kolonialwarenladen und einzigen Gasthof von Bennecourt vorstand.

[84] Cézanne hat seine Abfahrt aber verschoben, denn Mitte Juli besuchte Zola ihn noch in Bennecourt und schrieb dann an Numa Coste: ›Er wird bald, vielleicht im August, vielleicht erst Ende September, nach Aix fahren, aber höchstens zwei Monate dort verbringen.‹ Tatsächlich blieb Cézanne dann jedoch bis zum Jahresende in Aix, wo Guillemet ihn besuchen kam.

[85] Ein Örtchen, das nur einige hundert Meter von Bennecourt entfernt ist. Zola ist auch in den folgenden Jahren wiederholt nach Bennecourt und Gloton zurückgekehrt.

[86] Delphin Levasseur, einer der Söhne des Dorfschmieds (der auch Zimmer an Sommergäste vermietete und bei dem Zola gelegentlich wohnte). Da der vierzehnjährige Delphin seinem Vater in der Schmiede helfen mußte, konnte er täglich nur zwei Stunden für Cézanne Modell stehen.

[87] Es ist nicht möglich, das Bild nach den hier gegebenen Angaben zu identifizieren; es ist wahrscheinlich, daß es zerstört oder verloren ist.

[88] Der siebzigjährige Vater von Mme Dumont, der Gastwirtin.

besonders am Hintergrund und an der Kleidung; es ist eine vierziger Leinwand [100:81 cm], etwas größer als eine fünfundzwanziger [81:65 cm].

Ich habe Dienstag abend mit Delphin gefischt, und gestern abend mit den Händen an verschiedenen Stellen[89]. Ich habe gestern zumindest mehr als zwanzig in einem einzigen Loch erwischt. Ich habe sechs gefaßt, einen nach dem andern, und einmal drei auf einen Schlag, einen in der rechten Hand und zwei in der linken; sie waren recht schön. Das alles ist sehr viel leichter als die Malerei, aber es führt nicht weit.

Mein lieber Freund, auf bald, und meine Empfehlung an Gabrielle[90], sowie auch an Dich.

PAUL CÉZANNE

Danke Baille, der mich aus der Geldnot rettet, in meinem Namen. Die Nahrung wird hier zu mäßig und trichinös; sie werden mir schließlich nur noch zu essen geben, wenn ich freundlich darum bitte.

Und viele Grüße an Deine Mutter, die ich ganz vergaß. Sapperment!

XXI AN EMILE ZOLA

Ohne Datum
[*Aix, gegen den 19. Oktober 1866*]

Mein lieber Emile!

Seit einigen Tagen regnet es unaufhörlich. Guillemet[91] ist Samstag abend angekommen, er hat einige Tage bei mir verbracht, und gestern

[89] Es handelt sich zweifellos um Süßwasser-Krebse, die in kleinen, fließenden Gewässern nächtlicherweile mit Scheinwerfern gefischt werden und, vom Licht geblendet, oft mit den Händen greifbar sind. Auch in der Umgegend von Aix werden sie oft so gefangen.

[90] Gabrielle Meley wurde 1870 Madame Emile Zola. – Der Schriftsteller hatte sie gegen 1863–64 kennengelernt, angeblich durch Cézanne, der einer der Trauzeugen wurde.

[91] Guillemet, der Cézanne bereits in Bennecourt besucht hatte, bemühte sich während seines Aufenthaltes in Aix, bei Cézannes Vater einen höheren Monatswechsel für den Sohn durchzusetzen. Er blieb in späteren Jahren vor allem mit Zola in freundschaftlicher Verbindung.

Cézanne: Marion und Valabrègue unterwegs zu einem ›Motiv‹, 1866.

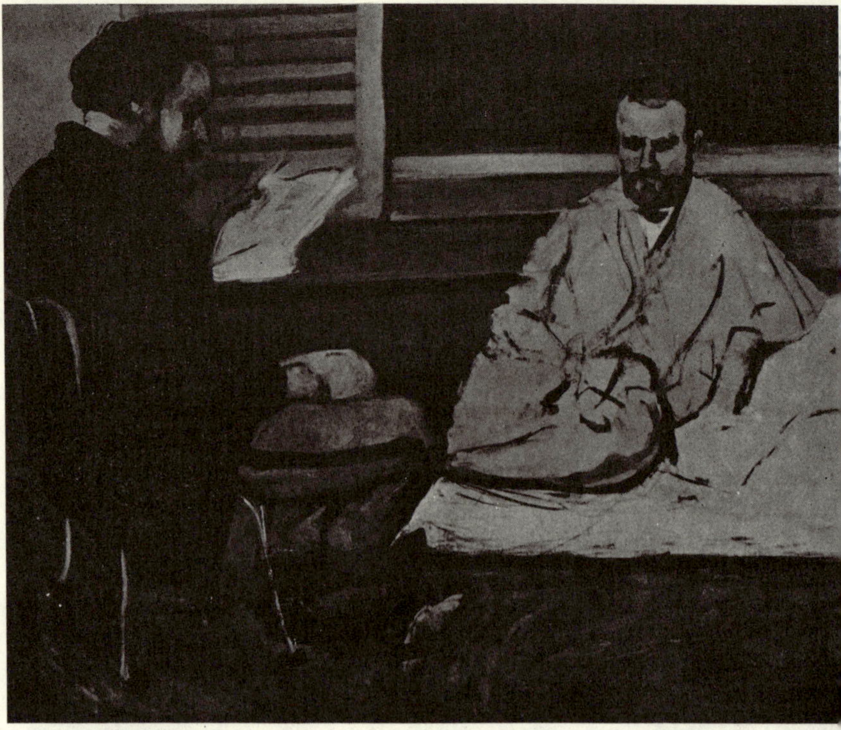

Cézanne: Paul Alexis, der Zola aus einem Manuskript vorliest, um 1869.

– Dienstag – ist er in eine kleine, recht hübsche Wohnung eingezogen, die ihn fünfzig Franken monatlich kostet, einschließlich der Wäsche. Die Landschaft ist trotz des strömenden Regens wundervoll, und wir haben einige Skizzen gemacht. – Wenn die Wolken sich verzogen haben werden, wird er sich ernsthaft an die Arbeit machen. Ich für mein Teil bin vom Nichtstun heimgesucht und habe schon seit vier bis fünf Tagen gar nichts mehr gemacht. Ich habe ein kleines Bild beendet, das, glaube ich, von allem, was ich bisher machte, das beste ist; es stellt meine Schwester Rose[92] dar, die ihrer Puppe vorliest. Es ist nur einen Meter groß; wenn Du es willst, gebe ich's Dir; es ist so groß wie der Rahmen des Valabrègue[93]. Ich werde es dem Salon einsenden[94].

Die Wohnung von Guillemet enthält im Erdgeschoß eine Küche und einen Salon, welcher auf den Garten, der das Landhaus umgibt, hinausgeht. Dazu hat er noch zwei Zimmer mit Waschkabinett im ersten Stock. Er hat nur den rechten Flügel des Hauses. Es befindet sich am Anfang der *route d'Italie*, gerade gegenüber dem kleinen Hause, das Ihr bewohnt habt, und wo die Pinie ist; Du erinnerst Dich gewiß daran. Es ist neben der Mutter Constalin, die seinerzeit eine Schenke hatte.

Doch siehst Du, all die Bilder, die drinnen, im Atelier gemacht sind, werden nie den im Freien gemalten Sachen gleichkommen. Wenn man Freilichtszenen darstellt, sind die Kontraste zwischen den Figuren und dem Gelände ganz erstaunlich, und die Landschaft ist wundervoll. Ich sehe hier herrliche Dinge und werde mich entschließen müssen, nur noch im Freien zu malen[95].

92 Rose Cézanne, geboren 1854, war die jüngste Schwester Cézannes und fünfzehn Jahre jünger als ihr Bruder; die andere Schwester, Marie, war 1841 geboren. Rose heiratete 1881 Maxime Conil, mit dem sie mehrere Kinder hatte. Siehe die Briefe Cézannes an seine Nichten.

93 Der Dichter und Kunsthistoriker Antonin Valabrègue (geb. 1845) war ein Jugendfreund von Cézanne und Zola. Ab 1867 ließ er sich in Paris nieder. Cézanne hat mehrere Bildnisse von ihm gemalt.

94 Das betreffende Bild scheint verloren zu sein. Es ist nicht im Katalog des Salons erwähnt und wurde also wohl abgewiesen.

95 Dieser Entschluß scheint der Ansicht zu widersprechen, die Cézanne im vorhergehenden Brief aus Bennecourt geäußert hatte.

Ich habe Dir schon von einem Bilde berichtet, das ich zu machen vorhabe; es soll Marion und Valabrègue darstellen, wie sie zum Motiv aufbrechen[96] (ein Landschaftsmotiv selbstverständlich). – Neben dem Entwurf dazu, den Guillemet gut fand und den ich nach der Natur gemacht habe[97], fällt alles andere ab und wirkt schlecht. Ich glaube, daß alle Bilder der alten Meister, die Freilichtszenen darstellen, in Innenräumen gemalt sind, denn sie scheinen mir nicht den wahren und vor allem ursprünglichen Aspekt zu haben, den die Natur vermittelt. Da Vater Gibert vom Museum mich aufgefordert hatte, das Musée Bourguignon zu besichtigen, bin ich mit Baille, Marion und Valabrègue hingegangen. Ich habe alles schlecht gefunden. Das ist sehr tröstlich. Ich langweile mich ziemlich, nur die Arbeit beschäftigt mich ein wenig; ich bin weniger niedergedrückt, wenn ich nicht allein bin. Ich sehe nur Valabrègue, Marion und jetzt Guillemet.

[*Hier folgt eine Skizze nach dem Bildnis der Schwester Cézannes.*] Dies gibt Dir eine leichte Vorstellung von dem Schinken, den ich Dir anbiete! – Meine Schwester Rose sitzt in der Mitte und hält ein Buch, in dem sie liest; ihre Puppe sitzt auf einem Stuhl, sie selbst in einem Sessel. Der Hintergrund ist schwarz, der Kopf hell, blaues Haarnetz, ein blaues Kinderschürzchen, ein dunkelgelbes Kleid, links ein blaues Stilleben: ein Napf und Kinderspielzeuge.

Grüße bitte Gabrielle wie auch Solari und Baille, der mit seinem *frater* in Paris sein muß.

Da der Ärger der Auseinandersetzungen mit Villemessant[98] jetzt vorüber ist, denke ich, daß es Dir besser geht und hoffe, daß Deine Arbeit Dich nicht zu sehr erdrückt. Ich erfuhr mit Freude von Deiner Ein-

[96] ›Zum Motiv aufbrechen‹ heißt bei Cézanne, sich an den Ort begeben, wo man eine Landschaft malen will. In seinen Gesprächen und Briefen kommt der in diesem Sinne gebrauchte Ausdruck ›aufs Motiv gehen‹ sehr häufig vor; er wurde hier stets wörtlich übersetzt.

[97] Dieser Entwurf existiert noch (siehe L. Venturi: *Cézanne, son art, son œuvre*, Paris, 1936, Nr. 96). Die große Fassung mißlang jedoch, wie Cézanne in seinem Brief an Zola, Nr. XXIII, berichtet.

[98] Direktor der Zeitung *Evénement*, in der Zola im Mai 1866 seine heftige Artikelserie über den Salon veröffentlicht hatte, die wegen der Publikumsproteste unterbrochen werden mußte.

führung an die große Zeitung[99]. – Wenn Du Pissarro siehst, grüße ihn herzlichst von mir.

Doch ich wiederhole Dir, ich habe ein wenig Katerstimmung, aber ohne Grund. Du weißt ja, ich weiß selbst nicht, woran das liegt; es kommt jeden Abend wieder, wenn die Sonne untergeht, und dazu regnet es jetzt auch noch. Das versetzt mich in düstere Stimmung.

Ich denke, daß ich Dir dieser Tage eine Wurst senden werde, doch wird meine Mutter sie mir kaufen müssen, denn sonst würde man mich betrügen. Das wäre sehr besch... ämend.

Stell Dir vor, daß ich beinahe gar nicht mehr lese. Ich weiß nicht, ob Du mit mir derselben Ansicht sein wirst, und deshalb würde ich die meine nicht ändern, aber ich fange an, wahrzunehmen, daß *l'art pour l'art* ein mächtiger Schwindel ist; das unter uns.

Skizze meines zukünftigen Freilichtbildes [*hier eine Skizze von Marion und Valabrègue, die sich aufs Motiv begeben*].

PS. – Ich habe den Brief schon seit vier Tagen in der Tasche und empfinde das Bedürfnis, ihn Dir zu senden; leb wohl, mein Lieber!

PAUL CÉZANNE

XXII AN CAMILLE PISSARRO

[*Aix, den 23. Oktober 1866*]

Mein lieber Freund!

Ich bin hier wieder im Schoße meiner Familie, mit den dreckigsten Wesen der Erde, jenen, die meine Familie bilden, besch... über alles. Reden wir lieber nicht weiter davon[100].

[99] Es handelt sich um den *Figaro*, dessen Mitarbeiter Zola 1867 wurde.

[100] Die Hartnäckigkeit, mit der der Bankier glaubte, seinen Sohn von der Ergreifung eines künstlerischen Berufes abhalten zu müssen, hatte Paul Cézanne sehr gegen seinen Vater aufgebracht, und so erklären sich diese heftigen Äußerungen gegen die Seinen. Übrigens hatte seine Mutter ihn stets gegenüber dem autoritären Vater unterstützt. Später, und besonders nach dem Tode des Bankiers, hat Cézanne dann immer mit sehr viel Hochachtung und Dankbarkeit von seinem Vater gesprochen, der ihm durch sein Vermögen ein von materiellen Sorgen freies Dasein gesichert hatte.

Ich sehe jeden Tag Guillemet und seine Gattin, die recht gut im Cours Ste-Anne 43 untergebracht sind. Guillemet hat noch keine großen Bilder begonnen; er hat mit einigen kleinen Bildern angefangen, die sehr gut sind. Sie haben durchaus recht, von dem Grau zu reden, das allein in der Natur herrscht, doch ist es fürchterlich schwer zu treffen. Die Landschaft ist sehr schön hier, sie hat viel Charakter, und Guillemet hat gestern und heute bei grauem Wetter eine Skizze gemacht, die sehr schön ist. Seine Studien, so scheint es mir, sind viel freier als diejenigen, die er vergangenes Jahr aus Yport mitbrachte. Ich bin sehr von ihnen begeistert. Übrigens werden Sie besser darüber urteilen können, wenn Sie sie sehen werden. Ich füge nur noch bei, daß er sich so bald wie möglich an ein großes Bild machen wird, sowie das Wetter sich bessert. Im nächsten Brief, den wir Ihnen schreiben werden, können wir Ihnen sicher gute Nachrichten davon geben.

Ich habe gerade einen Brief an Zola abgesandt.

Ich arbeite immer ein wenig, doch sind die Farben hier selten und sehr teuer. Elend, Elend! Wünschen wir, wünschen wir doch, daß sich Käufer einstellen. Dafür werden wir dann ein goldenes Kalb schlachten. – Sie senden nichts nach Marseille; nun ja, ich ebensowenig. Ich will nichts mehr auf Ausstellungen senden, um so mehr, als ich keine Rahmen habe und das immer Ausgaben verursacht, welche man besser der Malerei zuwenden sollte. Das gilt nur für mich, was ich hier sage, und außerdem sch... ich auf die Jury.

Ich denke, die Sonne wird uns noch schöne Tage bescheren. – Ich bin sehr betrübt darüber, daß Oller, nach dem, was Guillemet mir mitteilte, nicht nach Paris zurückkommen kann, denn er dürfte sich doch sehr in Porto-Rico langweilen, und dann muß es auch sehr schwierig sein, zu malen, ohne Farben in seiner Reichweite zu haben. So sagte ich mir denn, daß er gut täte, Dienst auf einem Handelsdampfer zu nehmen, der direkt nach Frankreich fährt. Falls Sie uns noch einmal schreiben sollten, teilen Sie mir bitte mit, wie man ihm schreiben kann, das heißt die Adresse, die man auf den Brief setzen muß, und wie man ihn am vollständigsten frankiert, um ihm unnötige Kosten zu ersparen.

Ich drücke Ihnen recht herzlich die Hand, und, nachdem ich diesen

Brief dem edlen Guillemet zu lesen gegeben und auch Ihren Brief zur Kenntnis des Obengenannten gebracht haben werde, wird es mir ein Vergnügen sein, selbigen abzuschicken. Meine besten Grüße an die Ihren, an Madame Pissarro und an Ihren Bruder. Ich grüße Sie herzlichst.

PAUL CÉZANNE

Heute, am 23. Oktober 1866, im Jahre des Herrn.

[*von Guillemet geschrieben:*]

Mein alter Pissarro!

Ich wollte Ihnen gerade schreiben, als Ihr Brief ankam. Es geht mir im Augenblick nicht übel und Alphonsine ebensowenig. Ich habe einige Studien gemalt und werde mich mit Hilfe des Herbstes an meine großen Schinken machen. Cézanne hat sehr schöne Bilder gemacht. Er malt wieder hell, und ich bin sicher, daß Sie mit drei oder vier Bildern, die er mitbringen wird, zufrieden sein werden. Ich weiß noch nicht recht, wann ich zurückkommen werde, zweifellos, wenn meine Bilder fertig sind.

Sie sind also wieder in Paris, und ich nehme an, daß es Ihrer Frau dort besser gefällt als in Pontoise. Ich denke, daß es den Kleinen gut geht, und wenn Sie sich zu sehr langweilen sollten, so schreiben Sie uns doch. Wir sprechen oft von Ihnen und werden froh sein, Sie wiederzusehen. Ganz der Ihre. Meine Frau und ich grüßen Sie alle herzlichst.

Auf bald.

A. GUILLEMET

XXIII AN EMILE ZOLA

[*Dieser Brief ist von Antoine Guillemet geschrieben mit einem Postskriptum von Cézanne.*]

[*Aix,*] Freitag, den 2. November [*1866*]

Mein lieber Zola!

... Paul hat Ihnen in seinen beiden letzten Briefen eher von mir als von sich gesprochen; ich werde das gleiche tun, das heißt, das Gegenteil, und werde Ihnen viel vom

Meister berichten. Sein Äußeres hat sich eher verschönt, seine Haare sind lang, sein Gesicht strahlt von Gesundheit, und seine Kleidung selbst erregt Aufsehen auf dem Cours[101]*. Sie können also darüber beruhigt sein. Sein Gemütszustand, obwohl ständig im Kochen begriffen, läßt ihm doch lichte Momente, und die Malerei, die durch einige ernsthafte Aufträge ermutigt wurde, verspricht, ihn für seine Bemühungen zu belohnen; mit einem Wort, der ›Himmel der Zukunft erscheint in manchen Momenten weniger schwarz‹. Sie werden nach seiner Rückkehr nach Paris einige Bilder zu sehen bekommen, die Ihnen sehr gefallen werden; unter anderm eine ›Ouvertüre des Tannhäuser‹*[102]*, die Robert gewidmet sein könnte, denn es findet sich ein sehr gelungenes Klavier darauf; und dann ein Bildnis seines Vaters in einem großen Sessel, das recht gut aussieht. Es ist hell gemalt und hat sehr viel Haltung. Der Vater sähe aus wie ein Papst auf seinem Thron, wenn er nicht das ›Siècle‹ lesen würde*[103]*. Mit einem Wort, es geht nicht übel, und binnen kurzem werden wir sehr schöne Sachen von ihm sehen, dessen können Sie sicher sein.*

Die Aixer fallen ihm noch immer auf die Nerven; sie bitten ihn, seine Malereien sehen zu dürfen, um sie hinterher herunterzureißen. So hat er denn ihnen gegenüber ein gutes Mittel ergriffen: ›Ich sch... auf Euch‹, sagt er ihnen, und die temperamentlosen Leute fliehen entsetzt. Trotzdem oder vielleicht gerade darum gibt es offensichtlich einen Umschwung zu seinen Gunsten, und ich glaube, die Zeit ist nahe, da man ihm die Direktion des Museums anbieten wird[104]*, was ich sehr wünsche, denn entweder kenne ich ihn schlecht, oder aber man würde*

[101] Der Cours Mirabeau, die von vier Platanenreihen bepflanzte Hauptstraße von Aix.

[102] Dieses Bild befindet sich heute im Hermitage-Museum in Leningrad (Venturi, *op. cit.* Nr. 90).

[103] Der Vater Cézannes liest auf dem erwähnten Bilde (Slg. Lecomte, Paris) nicht die Zeitung *Siècle*, sondern das *Evénement*, dessen Titel groß auf dem Blatt steht, zweifellos als Huldigung an Zola, der in jener Zeitung seine berühmten Artikel über den Salon 1866 veröffentlicht hatte (Venturi, *op. cit.* Nr. 91).

[104] Nach der Proklamation der Republik am 4. September 1870 wurden Baille, Leydet, Valabrègue und der zweiundsiebzigjährige Vater Cézannes zum Aixer Stadtrat ernannt, und Cézanne selbst wurde Mitglied der Kommission für die Kunstschule und das Museum. Da er sich damals jedoch im benachbarten L'Estaque versteckte, um der Einberufung zu entgehen, nahm er nie an den Sitzungen dieser Kommission teil.

dort dann einige recht gelungene, mit dem Spachtel ausgeführte Landschaften sehen, die nur so Aussicht haben, in irgendein Museum zu kommen.

Was den jungen Marion anbetrifft, den Sie dem Ruf nach kennen, so wiegt er sich in der Hoffnung, auf einen Lehrstuhl für Geologie berufen zu werden. Er macht fleißig Ausgrabungen und versucht uns zu beweisen, daß Gott niemals existiert hat und daß es ein Schabernack sei, an ihn zu glauben. Worum wir uns wenig kümmern, da es ja nicht die Malerei betrifft ...

Wir haben einen Brief von Pissarro erhalten, dem es gut geht ... Wir waren oft an der Barrage[105] *... Wir werden gegen Ende Dezember nach Paris zurückkehren ...*

Ich habe eine Doppelseite hinzugefügt, denn ich denke, daß Paul Ihnen bei der gleichen Gelegenheit schreiben wird; im selben Umschlag werden Sie dann Grüße von uns beiden finden. Ich drücke Ihnen die Hand. Ihr ergebener Freund

A. GUILLEMET

Mein lieber Emile!

Ich benutze die Gelegenheit, daß Guillemet Dir schreibt, um Dir Grüße zu senden, ohne Dir aber etwas Neues berichten zu können. Ich teile Dir jedoch mit, daß, wie Du es befürchtet hattest, aus meinem großen Bild von Valabrègue und Marion nichts geworden ist und daß ich einen *Familienabend* begonnen hatte, aus dem erst recht nichts wurde. Ich werde dennoch zu arbeiten fortfahren, und vielleicht wird es bei einem andern Angriff gelingen. Wir haben mit Guillemet einen dritten Ausflug gemacht, es ist sehr schön. Ich drücke Dir die Hand sowie auch Gabrielle.

P. CÉZANNE

Grüße Baille, der mich in seinem Brief an Fortuné Marion, Geologen und Maler, hat grüßen lassen.

[*Cézanne war im Januar 1867 wieder in Paris. Im Frühjahr wurde er abermals von der Salon-Jury abgewiesen. Im Mai besuchte seine Mutter ihn in Paris und kehrte dann im Juni mit ihm nach Aix zurück, wo er bis zum Herbst blieb. Vom Oktober 1867 bis Mitte Mai 1868 war er erneut in Paris und wohnte wieder 22, rue de Beautreillis. Damals bemühte er sich um eine Studentenkarte für den Louvre. Die Salon-Jury lehnte auch 1868 seine Einsendungen ab.*]

105 Die ›Barrage François Zola‹ ist der große Staudamm in der Nähe von Aix, der nach den Plänen von Emile Zolas Vater errichtet wurde, welcher kurz nach Beginn der Arbeiten starb.

1868

XXIV **An Numa Coste**

Monsieur

M. Numa Coste

Sergent, élève d'administration[106]

Place Duplex

En ville

Le Vaguemestre

[*Paris*,] Mittwoch, den 13. Mai 1868

Mein lieber Numa!

Ich habe die Adresse, die Du mir gegeben hast, verloren. Ich nehme an, daß ich, wenn ich diesen Brief (trotz der Ungenauigkeit der Anschrift) *Place Duplex* adressiere, die Freude haben werde, daß Du ihn erhältst. Ich bitte Dich infolgedessen, am Donnerstag, dem 14., um 5 Uhr 2½ Minuten oder ungefähr am *Pont Royal* zu sein, ich glaube dort, wo er auf die *Place de la Concorde* mündet, und von dort aus werden wir das Vergnügen haben, gemeinsam zum Abendessen zu gehen, denn Samstag fahre ich nach Aix.

Wenn Du den Deinen irgendeinen Brief oder andere Sachen zukommen lassen willst, so werde ich Dein getreuer Merkur sein. Ganz der Deine, Dein alter

PAUL CÉZANNE

Wenn Du morgen nicht kannst, komm Freitag zur selben Zeit, wenn Du willst. Leb wohl.

[106] Numa Coste hatte den Rat von Baille befolgt, den Cézanne ihm in seinem Brief vom 27. Februar 1864 übermittelt hatte, und sich in Paris gestellt.

XXV AN HEINRICH MORSTATT

[*Aix*,] den 24. Mai 1868

[*Postskriptum eines Briefes von Antoine-Fortuné Marion.*]

Mein lieber Morstatt!

Wir werden also das Vergnügen haben, Sie wiederzusehen, ohne deshalb eine bessere Welt abwarten zu müssen, denn Sie teilen uns in Ihrem letzten Brief mit, daß Sie Ihr Geld erhalten haben. In bin sehr glücklich über dieses für Sie so angenehme Ereignis, denn wir streben alle gemeinsam zur Kunst, ohne daß materielle Sorgen die für den Künstler so notwendige Arbeit stören sollten. Ich drücke Ihnen voll lebhafter Sympathie die Hand, die nicht mehr durch philisterhafte Beschäftigungen entweiht ist. Ich hatte das Glück, die Ouvertüre des *Tannhäuser*, des *Lohengrin* und des *Fliegenden Holländer* zu hören.

Mit den besten Grüßen ganz der Ihre

PAUL CÉZANNE

XXVI AN NUMA COSTE

[*Aix*,] in den ersten Tagen des Juli [*18*]68

Mein lieber Coste!

Vor einigen Tagen schon erhielt ich Deinen Brief, doch will es mir nicht gelingen, Dir einige Neuigkeiten aus Deiner für Dich so fernen Heimat zu berichten.

Seit meiner Ankunft bin ich im Grünen, auf dem Lande[107]. Ich bin zwar einige Male losgezogen, habe mich an einem Abend und dann noch an einem andern bis zu Deinem Vater vorgewagt, den ich nicht antraf, aber einen dieser Tage hoffe ich doch, ihn am Mittag zu entdecken.

Was Alexis anbetrifft[108], so hatte er die Freundlichkeit, mich zu be-

107 Cézanne befand sich im ›Jas de Bouffan‹, dem Sommersitz der Seinen, wo er später viel gemalt hat.

108 Paul Alexis (1847–1901), Schriftsteller, Freund Zolas bis zu seinem Tode. Cézanne erwähnt ihn oft in seinen Briefen an Zola als seinen ›Landsmann‹.

suchen, da er vom großen Valabrègue meine Rückkehr aus Paris erfahren hatte. Er hat mir sogar eine kleine Zeitschrift von Balzac aus dem Jahre 1840 geliehen[109]; er hat nach Dir gefragt, ob Du fortführest zu malen usw. ... Du weißt, alle Sachen, die man sich so im Lauf der Unterhaltung sagt. Er hat mir versprochen, wiederzukommen; doch habe ich ihn schon seit mehr als einem Monat nicht wiedergesehen. Ich meinerseits hatte, besonders seit ich Deinen Brief erhielt, meine Schritte abends zum *Cours* gelenkt, was ein wenig meinen Einsiedlergewohnheiten widerspricht. Unmöglich, ihn zu treffen. Da mich jedoch der große Wunsch beseelt, meine Pflicht zu erfüllen, werde ich versuchen, ihn zu Hause aufzusuchen. Aber an dem Tage werde ich vorher Schuhe und Hemd wechseln.

Ich habe nichts mehr von Rochefort gehört, obwohl der Lärm der *Lanterne* bis hierher gedrungen ist[110].

Ich habe zwar Aufan ein wenig gesehen, doch die andern scheinen sich zu verstecken, und eine große Leere scheint einen zu umgeben, wenn man für einige Zeit aus der Gegend fort war. Ich werde Dir nicht von ihm sprechen. Ich weiß nicht, ob ich lebe oder ob ich mich nur erinnere, doch macht mich alles nachdenklich. Ich bin allein bis zur *Barrage* und bis nach Saint-Antonin[111] geirrt. Ich habe im Heuschober bei den Leuten von der Mühle geschlafen, guter Wein, gute Gastfreundschaft. Ich habe an unsere Besteigungsversuche gedacht. Werden wir sie nicht wieder beginnen? Seltsamkeit des Lebens, welche Verstreuung, und wie wäre es uns doch schwierig, uns dreien und dem Hund, jetzt dort zu sein, wo wir noch vor kaum einigen Jahren gewesen sind.

Ich habe keinerlei Unterhaltung, außer der Familie und einigen Exemplaren des *Siècle*, denen ich belanglose Neuigkeiten entnehme. Da ich

[109] In der von Balzac herausgegebenen *Revue de Paris* war 1840 sein wichtiger Aufsatz über die *Chartreuse de Parme* von Stendhal erschienen, der zweifellos Zola und seine Freunde besonders interessierte.

[110] Der politische Journalist Henri de Rochefort war ein damals berühmter Gegner des Kaisertums und Herausgeber des Oppositionsblattes *La Lanterne*.

[111] Ein Dorf zu Füßen des tausend Meter hohen Ste-Victoire-Berges, der sich etwa zehn Kilometer von Aix entfernt plötzlich aus der leicht gewellten Ebene erhebt.

allein bin, begebe ich mich kaum ins Café. Doch im Grunde hoffe ich immer.

Weißt Du, daß Penot in Marseille ist? Ich habe kein Glück gehabt, und er ebensowenig. Ich war in Saint-Antonin, als er nach Aix gekommen ist, um mich zu besuchen. Ich werde versuchen, eines Tages nach Marseille zu gehen, und dann werden wir von den Abwesenden sprechen und auf ihre Gesundheit trinken. In einem Brief sagte er mir: ›Und wir werden zahllose Bierhumpen leeren.‹

PS. Ich hatte diesen Brief unbeendet gelassen, als mitten am Tag Dethès und Alexis bei mir ankamen. Du kannst Dir vorstellen, daß von Literatur gesprochen wurde, daß man sich erfrischt hat, denn es war sehr heiß an jenem Tage.

Alexis hatte die Güte, mir ein Gedicht vorzulesen, das ich wirklich sehr gut fand, und dann hat er mir aus dem Gedächtnis noch einige Strophen eines anderen aufgesagt, das *Symphonie en la mineur* betitelt ist. Ich fand diese Verse noch sonderbarer, noch origineller und habe ihn dazu beglückwünscht. Ich habe ihm auch Deinen Brief gezeigt; er wird Dir schreiben, wie er mir gesagt hat. Unterdessen grüße ich Dich von ihm sowohl als von meiner Familie, der ich Deinen Brief übergab, für den ich Dir lebhaft danke; das ist wie Tau inmitten der glühenden Sonne. Ich sah auch Combes, der hierher aufs Land kam. Ich drücke Dir kräftig die Hand. Von Herzen ganz der Deine

PAUL CÉZANNE

XXVII AN NUMA COSTE

Aix, gegen Ende November [*1868*]
Es ist Montagabend

Mein lieber Numa!

Ich kann Dir nicht genau den Zeitpunkt meiner Rückkehr mitteilen. Aber sie wird sehr wahrscheinlich in den ersten Tagen des Dezembers stattfinden, so gegen den 15. Ich werde nicht verfehlen, Deine Eltern vor meiner Abfahrt aufzusuchen, und werde Dir alles mitbringen, was Du willst.

Da mir übrigens eine Kiste Wäsche als Frachtgut zugesandt werden soll, kann ich allerhand Sachen mitnehmen.

Ich sah Deinen Vater schon vor einiger Zeit, und wir haben Villevieille besucht. Indem ich Dir davon spreche, fällt mir ein, ihn aufzusuchen und ihn vor allem nicht im Augenblick der Abfahrt zu vergessen. Aber ich werde mir auf einen Zettel alles aufschreiben, was ich tun und wen ich besuchen muß, und werde dann alles ausstreichen, was erledigt ist; auf diese Art werde ich nichts vergessen. Du hast mir sehr viel Freude gemacht, indem Du mir schriebst; das reißt einen aus der Verschlafenheit, der man schließlich verfällt. Der schöne Ausflug auf den Sainte-Victoire, der unternommen werden sollte, ist diesen Sommer wegen der zu starken Hitze ins Wasser gefallen, und im Oktober wegen des Regens; Du siehst, wie die Willenskraft der kleinen Kameraden zu erschlaffen beginnt. Doch was willst Du, es ist so; es scheint, daß man nicht immer in Schwung ist, auf lateinisch würde man *semper virens* sagen, immer kräftig oder besser willenskräftig.

Von hier kann ich Dir keine Ereignisse berichten, denn außer der Aufführung der *Galoubet* in Marseille weiß ich nichts Neues. Jedoch hat Gibert *pater*, schlechter Maler, Lambert verboten, einige Bilder des Musée Bourguignon zu photographieren, und ihm dadurch die Arbeit unterbunden. Verbot für Victor Combes, zu kopieren, usw. Noré ist sehr vertrottelt. Man sagt, er mache ein Bild für den Salon.

Das alles sind Kröpfe. Papa Livé meißelt seit 58 Monaten an einem Relief von einem Meter; er ist noch immer beim Auge des Heiligen xxx.

Es scheint, daß der edle Agay, dieser junge *Fashionable*, den Du kennst, eines Tages ins Musée Bourguignon eintritt. Und Mama Combes sagt ihm: »Geben Sie mir Ihren Stock, Papa Gibert mag so was nicht.«

»Das ist mir egal«, erwidert jener. Er behält seinen Stock. Gibert *pater* kommt und will Krach machen. »Ich sch... auf Dich«, schreit ihm Agay zu. Authentisch.

Herr Paul Alexis, ein übrigens sehr viel besserer Bursche, der, wie man wohl sagen kann, nicht stolz ist, lebt von Dichtungen und anderem. Ich sah ihn einige Male während der schönen Jahreszeit und habe ihn noch letzthin getroffen und ihm von Deinem Brief gesprochen. Er brennt darauf, ohne die väterliche Erlaubnis nach Paris zu fahren; er will sich einiges Geld als Hypothek auf den väterlichen Schädel borgen und unter einen andern Himmel fliehen, wohin ihn übrigens der große Valabrègue lockt, der kaum Lebenszeichen von sich gibt. Alexis also dankt Dir dafür, daß Du an ihn denkst, und gedenkt auch Deiner. Ich habe ihn ein wenig als Faulpelz beschimpft; er hat mir gesagt, daß Du ihn entschuldigen würdest, wenn Du seine Schwierigkeiten kenntest (ein Dichter geht offenbar immer mit einer Iliade oder eher noch mit einer persönlichen Odyssee schwanger). Warum gibst Du ihm nicht einen Preis für seine Eifrigkeit oder etwas Entsprechendes? Doch bin ich dafür, daß Du ihm verzeihen solltest, denn er hat mir einige Gedichte vorgelesen, die ein nicht alltägliches Talent verraten. Er hat schon reichlich den Schliff des Handwerks.

Ich drücke Dir die Hand von weitem, in der Erwartung, sie Dir aus geringerer Entfernung zu drücken. Ganz der Deine, Dein alter

PAUL CÉZANNE

Das Wort ›Angestellter‹ kommt mir abgeschmackt vor, aber wie soll ich Dich denn in der Ausübung Deines neuen Postens nennen?

Ich kann diesen Brief erst morgen nachmittag absenden.

Ich arbeite immer noch viel an einer Landschaft an den Ufern des Arc; sie ist wie immer für den nächsten Salon. Wird es der von 1869 sein?

XXVIII An Justin Gabet[112]

[*Paris,*] den 7. Juni 1870

Mein lieber Gabet!

Es ist schon lange Zeit her, daß ich Deinen Brief erhielt, und ich war so nachlässig, Dir nicht zu antworten, doch werde ich jetzt mein Unrecht Dir gegenüber wiedergutmachen. Übrigens, lieber Freund, wirst Du ja vor etwa einem Monat durch Emperaire[113] von mir gehört haben und letzthin auch durch meinen Onkel, der mir versprach, Dich aufzusuchen und Dir ein Exemplar der Karikatur zu bringen, die Stock gemacht hat[114]. Ich bin also wie bisher abgewiesen worden, aber es geht mir deshalb nicht schlechter. Es ist überflüssig, Dir zu sagen, daß ich immer noch male und daß es mir im Augenblick gut geht.

Ich möchte Dir mitteilen, daß es sehr schöne Sachen auf der Ausstellung gibt, und häßliche auch. Es gibt dort auch das Bild von Monsieur Honoré, das einen sehr guten Eindruck macht und günstig gehängt ist. Solari hat gleichfalls eine sehr schöne Statue gemacht.

Ich bitte Dich, mich Madame Gabet zu empfehlen und den kleinen Titin für mich zu küssen. Grüße auch Deinen Vater und Deinen

[112] Justin Gabet, Kunsttischler in Aix, war ein Jugendfreund Cézannes, der immer mit ihm in Verbindung blieb.

[113] Der Maler Achille Emperaire (1829-1898) war ein Jugendfreund Cézannes. Dieser hat mehrere Bildnisse von seinem verkrüppelten Freunde gemalt.

[114] Die Karikatur von Cézanne war im Frühjahr 1870 in einem von Stock herausgegebenen Pariser Wochenblatt erschienen und stellt den Maler mit zwei Bildern dar, einem liegenden Akt und dem Bildnis von Emperaire, die beide von der Jury des Salons zurückgewiesen worden waren. Der begleitende Text berichtet, daß Cézanne diese Werke am 20. März, dem allerletzten dazu bestimmten Tag, im Ausstellungsgebäude eingeliefert habe, wo sie bei den anwesenden Künstlern und Kritikern großes, wenn auch spöttisches Aufsehen erregt hätten. Um seine künstlerische Auffassung befragt, wird Cézanne zum Schluß folgendermaßen zitiert: ›*Jawohl, mein lieber Monsieur Stock, ich male, wie ich sehe und wie ich fühle… und meine Empfindungen sind sehr stark. Die andern, Courbet, Manet, Monet usw., fühlen und sehen auch wie ich, aber haben keinen Mut. Sie malen Bilder für den Salon. Ich dagegen wage, Monsieur Stock, ich wage. Ich habe den Mut meiner Überzeugung, und wer zuletzt lacht, lacht am besten.*‹

Schwiegervater. Und vergessen wir nicht unsern Freund Gautier, den Auslöscher der Straßenlaternen, und Antoine Roche.

Mein lieber Freund, ich umarme Dich von ganzem Herzen. Sei guten Muts. Ganz der Deine, Dein alter Freund

PAUL CÉZANNE

Geht er gerade oder noch auf der Seite, und der große Saint-Y...?

VOM BEGINN DES IMPRESSIONISMUS BIS ZUM BRUCH MIT ZOLA

1872–1886

Die wenigen Briefe, die Cézanne und Zola sich während des Krieges von 1870 schrieben, sind verlorengegangen. Cézanne befand sich während dieser ganzen Zeit am Mittelmeer, in L'Estaque, nahe bei Aix, wo er mit Hortense Fiquet lebte, die er kurz zuvor in Paris kennengelernt hatte und später, nach zahlreichen Konflikten mit seinem Vater, heiratete. Er hat sich jahrelang mehr oder minder erfolgreich bemüht, das Verhältnis mit dieser Frau, die elf Jahre jünger war als er, und das Kind, das zu Beginn des Jahres 1872 in Paris zur Welt kam, vor dem alten Bankier zu verbergen.

Die beiden Freunde trafen sich nach der Kommune in Paris wieder. Wenige Monate nach der Geburt seines Sohnes ließ sich Cézanne mit dem Kind und dessen Mutter in Pontoise in der Nachbarschaft von Camille Pissarro nieder. Im Herbst siedelte er dann in das benachbarte Dorf Auvers-sur-Oise über, wo er bis 1874 blieb. Seine späteren Aufenthalte in Aix gestalteten sich dadurch sehr kompliziert, daß Hortense Fiquet und der Sohn ihn nicht dorthin begleiten konnten.

Cézannes Freundschaft mit Zola begann sich allmählich zu lockern, doch wandte der Maler sich in schwierigen Momenten immer an den Schriftsteller, der ihm stets nach Kräften half.

XXIX An Achille Emperaire

Ohne Datum
[*Paris, Januar 1872*]

Mein lieber Achille!

Ich möchte Sie bitten, den inliegenden Brief meiner Mutter zu übergeben[115]. Bitte entschuldigen Sie, daß ich Sie so oft belästige.

Es würde mir große Freude machen, Nachrichten von Ihnen zu erhalten. Senden Sie Ihren Brief bitte an Monsieur Paul Cézanne, [*Paris*] 45, Rue de Jussieu, oder an Cézanne bei Monsieur Zola, 14, Rue de la Condamine. Ich lege diesem Schreiben eine Briefmarke für 25 Centimes bei, um Ihnen zu ersparen, dafür extra in die Stadt laufen zu müssen. Sie können also, was Sie mir senden wollen, einfach in den Briefkasten werfen.

Ganz Ihr

Paul Cézanne

Falls Sie einige Farbtuben benötigen, kann ich sie Ihnen senden.

XXX An Achille Emperaire

[*Paris,*] den 26. Januar 1872

Mein lieber Achille!

Ich habe gerade Zola gesehen, der mich Nr. 45, Rue de Jussieu, besucht hat. Er braucht noch eine Frist von vier oder fünf Tagen, bevor er eine definitive Antwort geben kann. Er hat sich bereits sehr um den Passierschein bemüht, aber es ist ihm noch nicht gelungen, sich ihn zu be-

[115] Da Cézannes Mutter von dem Verhältnis ihres Sohnes mit Hortense Fiquet unterrichtet war, dieses aber vor dem Vater verheimlicht wurde, konnte der Maler nie direkt mit seiner Mutter korrespondieren, wenn es sich um sein Privatleben handelte. Es ist nicht ausgeschlossen, daß der Brief, den er seiner Mutter über seinen Freund Emperaire zukommen ließ, die Nachricht enthielt, daß Hortense Fiquet am 4. Januar 1872 einen Sohn zur Welt gebracht hatte.

schaffen[116]. Bitte gedulden Sie sich noch einige Tage, dann wird eine Lösung gefunden werden. Ich brauche Ihnen wohl nicht zu sagen, daß ich sehr glücklich sein würde, Sie zu sehen. Sie werden bei mir zwar etwas beengt sein, aber ich biete Ihnen dennoch gerne an, meine kleine Unterkunft mit Ihnen zu teilen.

Sowie Sie im Begriff sein werden, Marseille zu verlassen, haben Sie bitte die Güte, mir kurz zu schreiben, um mir die Stunde Ihrer Abfahrt und auch die vermutliche Zeit Ihrer Ankunft mitzuteilen. Ich werde Sie dann mit einem Schubkarren abholen kommen und Ihr Gepäck zu mir nach Hause bringen. Ich wohne in der vormaligen Rue Saint-Victor, die jetzt Rue de Jussieu heißt, gegenüber dem Weindepot, auf der zweiten Etage.

Auf alle Fälle werde ich Ihnen schreiben, sobald es etwas Neues zu berichten gibt.

Ganz Ihr

PAUL CÉZANNE

Falls Sie, wie ich annehme, sehr viel und schweres Gepäck haben, nehmen Sie nur das Notwendigste mit sich und senden Sie das übrige per Frachtzug. Ich muß Sie jedoch bitten, Bettzeug mitzubringen, da ich Ihnen keines zur Verfügung stellen kann.

XXXI AN ACHILLE EMPERAIRE

Paris, den 5. Februar 1872

Mein lieber Achille!

Ich habe nichts durchsetzen können, weder in den Batignolles noch anderwärts. Wenn dieser Brief so lange auf sich warten ließ, so deshalb, weil ich bis zum letzten Augenblick einige Hoffnungen unterhielt. Aber

116 Emperaire, sein ganzes Leben lang arm wie eine Kirchenmaus, wollte nach Paris kommen, um sich dort durch Kopien im Louvre seinen Unterhalt zu verdienen. Er hatte sich offenbar an Cézanne gewandt, um durch ihn ein Freibillett für die Reise zu erhalten.

Zola hat mir nun endgültig gesagt, daß er sich nicht beschaffen konnte, um was ich ihn gebeten hatte.

Falls Sie die Reise auf eigene Kosten unternehmen können, tun Sie es. Sie können bei mir Unterkunft finden.

Glauben Sie mir bitte, daß ich mich eiligst überall bemüht habe, wo einige Hoffnung bestand, doch zu meinem Kummer habe ich es zu nichts bringen können.

Wenn Sie trotz dieses Mißerfolges noch immer die Absicht haben, hierher zu kommen, so senden Sie mir bitte ein paar Zeilen, wie ich schon in meinem letzten Brief sagte. Ich komme Sie dann am Bahnhof abholen.

Bitte glauben Sie mir, daß ich trotz dieses Pechs Ihr ergebener Freund bin, der nichts mehr wünscht, als sich woanders zu befinden als in dem Brei, in dem er ist und der ihn hindert, Ihnen behilflich zu sein.

PAUL CÉZANNE

Ich habe einige besch... Unannehmlichkeiten gehabt, von denen ich Ihnen erzählen werde[117].

117 In einigen Briefen, die Emperaire von Paris an Aixer Freunde richtete, schrieb er unter anderm:

(19. Februar 1872) ›Paul war am Bahnhof. Ich bin zunächst bei ihm abgestiegen, um mich etwas auszuruhen, und habe dann die Nacht bei einem befreundeten Bildhauer verbracht.‹

(17. März 1872) ›Paul ist recht schlecht eingerichtet; außerdem herrscht bei ihm ein Lärm, der Tote erwecken könnte. Da ich mir nicht anders helfen konnte, habe ich [seine Gastfreundschaft] angenommen, aber selbst wenn er mir ein Königreich anböte, würde ich nicht bei ihm bleiben.‹

(27. März 1872) ›Ich habe Cézanne verlassen – es war notwendig, denn sonst wäre ich nicht dem Schicksal der andern entgangen. Ich fand ihn hier von allen verlassen. Er hat keinen einzigen intelligenten oder herzlichen Freund mehr. Von Zola, Solari und all den andern ist nicht mehr die Rede. Er ist der seltsamste Kerl, den man sich vorstellen kann ...‹

Ein Jahr später drückte er sich in einem langen Brief sehr abfällig über Cézanne aus, und im Juni 1873, kurz vor seiner Rückkehr nach Aix, schrieb er: ›Neben allen andern Sorgen bin ich mehr als je wütend, nicht über die große Kiste zu verfügen, die Ihnen bekannt ist. Ich war nicht anwesend, als mein Gepäck Rue de Jussieu abgeliefert wurde und es meinem edlen Gastgeber gefiel, sie zu *vernichten*. Dank diesem glücklichen Zustand stehe ich jetzt vor neuen Unkosten.‹

An Camille Pissarro

[Pontoise, den 11. Dezember 1872]

Monsieur Pissarro!

Ich ergreife die Feder Luciens zu einer Stunde, da die Eisenbahn mich bereits zu meinen Penaten befördert haben sollte. Das heißt Ihnen auf Umwegen mitteilen, daß ich den Zug versäumte. – Es ist unnötig hinzuzufügen, daß ich bis morgen, Mittwoch, Ihr Gast bin.

Madame Pissarro bittet Sie, aus Paris Puder für den kleinen Georges mitzubringen[118] und auch die Hemden von Lucien, die bei seiner Tante Félicie sind.

Ich grüße Sie herzlichst

Paul Cézanne

den 11. Dezember 1872
In der Stadt Pontoise[119]

Louis-Auguste Cézanne an Dr. Paul Gachet

Aix, den 10. August 1873

Herrn Doktor P. F. Gachet!

Ich habe Ihren traurigen Brief vom 19. Juli erhalten, der mir den schmerzhaften Verlust eines Sohnes Ihres Bruders im Alter von 19 Jahren mitteilt. Ich bin sehr darüber betrübt und versichere Sie, daß ich an Ihrem Kummer teilnehme. Sie sagen mir auch, daß Ihre Gattin nach einer schweren Krankheit, die einen Monat ge-

[118] Es handelt sich um Nestlé-Milchpuder, der von Dr. Gachet, einem persönlichen Freund Nestlés, empfohlen worden war. Dr. Gachet lebte in Auvers-sur-Oise, nicht weit von Pontoise, wo Cézanne damals ebenfalls wohnte und ihn oft sah. Der Arzt hatte während seiner Studienjahre den Vater Cézannes kurz in Aix kennengelernt.

[119] An diesen Brief fügte der kleine Lucien Pissarro folgende Worte an, deren kindlich-orthographische Fehler in der Übersetzung nicht wiederzugeben sind: ›Mein lieber Papa, Mama läßt Dir sagen, daß die Tür zerbrochen ist und daß Du schnell kommen sollst, weil die Diebe kommen könnten. Ich bitte Dich, so nett zu sein und mir einen Farbkasten mitzubringen. Minette bittet Dich, ihr eine Puppe mitzubringen. Ich habe Dir nicht gut geschrieben, weil ich nicht dazu aufgelegt war. Lucien Pissarro, 1872.‹

dauert hat, entbunden worden ist, aber daß es Ihr jetzt ein wenig besser geht. Ich hoffe, daß die Genesung gute Fortschritte macht und daß sie bald wieder völlig hergestellt sein wird. Sie schreiben mir, daß Paul, von dem ich heute einen Brief erhielt, den ich beantworte, sich Ihnen gegenüber sehr gut benommen hat; er hat damit nur seine Pflicht getan.

Übermitteln Sie bitte Ihrer verehrten Familie den Ausdruck meiner tiefen Hochachtung und betrachten Sie mich als Ihren

sehr ergebenen

CÉZANNE[120]

[120] Dieser Brief des Bankiers enthält fast in jedem zweiten Wort orthographische Fehler. Die erwähnte Geburt war die des Sohnes von Gachet. Der Arzt war zur damaligen Zeit in brieflicher Verbindung mit dem Vater Cézannes, da er sich anscheinend mit Erfolg bemühte, bei diesem einen höheren monatlichen Wechsel für den Maler durchzusetzen, den der Bankier für einen Junggesellen hielt, während er in Wirklichkeit Frau und Kind von seinem geringen Einkommen zu versorgen hatte.

XXXIII An einen Sammler in Pontoise[121]

Ohne Datum
[*Auvers-sur-Oise, zu Beginn des Jahres 1874*]

Ich werde Auvers in einigen Tagen verlassen, um nach Paris zu übersiedeln. Ich nehme mir deshalb die Freiheit, mich bei Ihnen in Erinnerung zu bringen.

Wenn Sie wünschen, daß ich das Bild, von dem Sie mir sprachen, signiere, so lassen Sie es bitte bei Monsieur Pissarro abgeben, wo ich dann meinen Namen darauf setzen werde.

Mit dem Ausdruck meiner Hochachtung

Paul Cézanne

XXXIV An die Eltern des Künstlers

Ohne Datum
[*Vermutlich: Paris, gegen 1874*[122]]

Ihr fragt mich in Eurem letzten Brief, warum ich noch nicht nach Aix zurückkehre. Ich sage Euch diesbezüglich, daß es mir viel angenehmer ist, als Ihr glauben könnt, bei Euch zu sein, aber daß ich, einmal in Aix,

[121] Entwurf eines Briefes, der sich auf einer Zeichnung befindet, die das Wirtschaftsgebäude des ›Jas de Bouffan‹ darstellt. Dieser Brief war vermutlich an den Kolonialwarenhändler Rondès in Pontoise gerichtet, der auf Empfehlung Pissarros Bilder von Cézanne als Zahlung für seine Schulden angenommen hatte.

[122] Von diesem Brief besteht nur noch der Entwurf auf der Rückseite einer Zeichnung von zwei Bauern. Es ist unmöglich, das genaue Datum festzustellen, doch ist es wahrscheinlich, daß der Brief sich auf den Aufenthalt Cézannes in Paris, Pontoise und Auvers bezieht, wo er drei Jahre lang geblieben war, ohne wie vorher jedes Jahr in den Süden zurückzukehren. Die Geldbitte, die zur Bedingung seiner Reise wird, läßt sich dadurch erklären, daß Cézanne während seiner Abwesenheit für den Unterhalt Hortense Fiquets und seines Kindes sorgen mußte. Deshalb ist anzunehmen, daß er diesen Brief 1874 schrieb, bevor er im Sommer seine Eltern in Aix besuchte. In einem Brief an Zola vom 28. März 1878 (siehe Nr. XLIV) erwähnt Cézanne, daß sein Vater ihm zweihundert Franken monatlich versprochen hätte.

nicht mehr frei bin und es für mich, wenn ich nach Paris zurückzugehen wünsche, immer einen Kampf auszufechten gibt; und obgleich Euer Einspruch gegen meine Abreise kein unbedingter ist, bin ich doch sehr berührt von dem Widerstand, dem ich von Eurer Seite begegne. Ich würde lebhaft wünschen, daß meine Handlungsfreiheit nicht eingeschränkt wäre, und hätte dann um so mehr Freude, meine Rückkehr [*nach Aix*] zu beschleunigen.

Ich bitte Papa, mir zweihundert Franken monatlich zu geben; das würde mir einen längeren Aufenthalt in Aix gestatten, und ich werde sehr viel Freude daran haben, im Süden zu arbeiten, dessen Aspekte meiner Malerei so viele Möglichkeiten bieten. Glaubt bitte, daß ich Papa sehr darum bitte, mir diesen Wunsch zu gewähren. Ich werde mich dann, denke ich, im Süden den Studien widmen können, die ich fortzusetzen wünsche.

Hier sind die letzten zwei Quittungen.

XXXV AN CAMILLE PISSARRO

[*Aix*,] den 24. Juni 1874

Mein lieber Pissarro!

Ich danke Ihnen, daß Sie, während ich so weit fort bin, an mich gedacht haben und daß Sie mir nicht böse sind, mein Versprechen nicht eingehalten zu haben, da ich mich doch verpflichtet hatte, Sie vor meiner Abreise in Pontoise zu besuchen. – Ich habe hier gleich nach meiner Ankunft, die an einem Samstagabend gegen Ende Mai stattfand, zu malen begonnen. Und ich begreife all die Sorgen, die Sie auszustehen haben. Das heißt wirklich, kein Glück haben; – immer Krankheiten daheim, doch hoffe ich, daß es dem kleinen Georges gut gehen wird, wenn mein Brief Sie erreicht.

Aber was halten Sie vom Klima der Gegend, die Sie bewohnen? Glauben Sie nicht, daß es die Gesundheit Ihrer Kinder beeinflußt? Ich bedaure, daß neuerliche Umstände Sie noch von Ihren Studien abhalten, denn ich weiß sehr wohl, welche Entbehrung es für einen Maler ist, nicht malen zu können. – Jetzt, da ich diese Gegend hier wiedersah, glaube ich, daß sie Sie völlig befriedigen würde, denn sie erinnert in erstaunlicher Weise an Ihre Studie, die die Eisenbahn-Schranke in voller Sonne und mitten im Sommer darstellt[123].

Ich bin während einiger Wochen ohne Nachrichten von meinem Kleinen geblieben und war sehr unruhig, doch kam Valabrègue gerade aus Paris und brachte mir gestern, Dienstag, einen Brief von Hortense, die mir mitteilt, daß es ihm nicht schlecht geht.

Ich habe durch die Zeitungen den großen Erfolg von Guillemet erfahren und das glückliche Ereignis, daß das Bild von Groseillez nach Auszeichnung durch eine Medaille von der Verwaltung gekauft wurde. Das beweist deutlich, daß man, wenn man den Weg der Tugend verfolgt, immer von den Menschen belohnt wird, nicht aber von der Malerei. Ich wäre glücklich, wenn Sie mir mitteilen könnten, wie es Madame Pissarro nach ihrer Entbindung geht, und wenn Sie mir sagen würden, ob es neue Rekruten in der Kooperative[124] gibt. Doch soll Sie dies selbstverständlich in keiner Weise von Ihrer Tätigkeit abhalten.

Wenn es so weit ist, werde ich Ihnen von meiner Rückkehr sprechen und davon, was ich bei meinem Vater erreicht haben werde, doch wird er mich nach Paris zurückkehren lassen. – Das ist schon viel. – Ich sah in den letzten Tagen den Direktor des Aixer Museums, der, getrieben von Neugierde, welche von den Pariser Zeitungen, die von der Kooperative gesprochen hatten, entfacht worden war, selbst sehen wollte, bis wohin die Gefährdung der Malerei ginge. Trotz meiner Erklärungen, daß er beim Anblick meiner Produkte keinen rechten Begriff vom Fortschritt des Übels haben würde und daß er die Arbeiten der großen Verbrecher von Paris sehen müsse, hat er mir gesagt: ›Ich werde mir beim Anblick Ihrer Attentate schon eine Idee von den Ge-

[123] Es handelt sich um ein 1873–74 datiertes Bild aus Pontoise; siehe L. R. Pissarro und L. Venturi: *Camille Pissarro, son art, son œuvre*, Paris, 1939, Nr. 266.

[124] Diese Kooperative war die *Société Coopérative Anonyme des Artistes, Peintres, Sculpteurs, Graveurs*, deren erste Ausstellung (vom 15. April bis zum 15. Mai 1874) gerade beendet war. Cézanne hatte dort gemeinsam mit Pissarro, Monet, Renoir, Sisley, Guillaumin, Degas usw. mehrere Bilder ausgestellt. Übrigens war er dank dem Eintreten von Pissarro in die Gruppe aufgenommen worden.

fahren machen können, denen die Malerei ausgesetzt ist.‹ – Daraufhin ist er gekommen, und als ich ihm zum Beispiel sagte, daß Sie die Modellierung durch das Studium der Töne ersetzen, und als ich versuchte, ihm dies an Hand der Natur begreiflich zu machen, da schloß er die Augen und wandte den Rücken. – Doch sagte er, daß er es verstehe, und wir trennten uns, jeder mit dem andern zufrieden. Aber er ist ein guter Kerl, der mich aufforderte, fortzufahren, denn die Geduld sei die Mutter des Genies usw.

Ich hätte beinahe vergessen Ihnen zu sagen, daß Vater und Mutter mir die herzlichsten Grüße an Sie auftrugen.

Noch ein Wörtchen an Lucien und Georges, die ich umarme. Meine Empfehlungen und meinen Dank an Madame Pissarro für all die Güte, die Sie beide während unseres Aufenthaltes in Auvers für mich bezeugt haben. Einen guten Händedruck für Sie, und wenn Wünsche geeignet wären, alle Dinge in Ordnung zu bringen, so könnten Sie versichert sein, daß ich nicht verfehlen würde, welche für Sie zu haben.

Ganz der Ihre PAUL CÉZANNE

XXXVI AN DIE MUTTER DES KÜNSTLERS

[*Paris,*] den 26. September 1874

Meine liebe Mutter!

Ich habe Ihnen vor allem sehr dafür zu danken, daß Sie an mich denken. Seit einigen Tagen ist das Wetter scheußlich und sehr kalt. – Doch ich leide keinerlei Mangel und mache mir ein gutes Feuer.

Ich werde mit Freude die angekündigte Kiste empfangen. Sie können sie ruhig 120, Rue de Vaugirard adressieren, denn ich werde dort bis zum Januar bleiben.

Pissarro ist seit etwa anderthalb Monaten nicht mehr in Paris, er befindet sich in der Bretagne[125], doch weiß ich, daß er eine gute Meinung

[125] Durch Geldnot gezwungen, hatte Pissarro vorübergehend sein Haus in Pontoise aufgeben müssen und war mit seiner Frau und seinen drei Kindern – ein viertes war im April 1874 im Alter von neun Jahren gestorben – über den Winter auf das Gut seines Freundes Piette in die Bretagne gezogen.

von mir hat, der ich selbst eine sehr gute Meinung von mir habe. Ich beginne, mich für viel stärker zu halten als alle, die mich umgeben, und Sie wissen ja, daß ich mir diese hohe Meinung, die ich von mir habe, erst nach reiflicher Überlegung zulegte. Ich muß stets weiterarbeiten, doch nicht etwa, um zu jener Vollendung zu gelangen, die die Bewunderung der Dummen erregt. – Denn jene Vollendung, die man im allgemeinen so schätzt, ist nichts als das Ergebnis handwerklichen Könnens und macht jedes Werk, das so entsteht, unkünstlerisch und gewöhnlich. Ich darf nur um der Genugtuung willen, wahrer und künstlerischer zu sein, nach größerer Vollendung streben. Und glauben Sie mir, daß es immer eine Stunde gibt, da man sich durchsetzt, und man hat dann sehr viel glühendere und überzeugtere Bewunderer als jene, die sich nur von einem äußeren Schein anziehen lassen[126].

Der Augenblick ist sehr schlecht für den Verkauf, alle Spießbürger zaudern, ihre Sous aus der Hand zu geben, doch wird das aufhören.

. . . .

Meine liebe Mutter, herzliche Grüße an meine Schwestern!
Grüße an Monsieur und Madame Girard und meinen Dank.
Ganz der Ihre, Ihr Sohn

PAUL CÉZANNE

[126] Dieser ganze Absatz bezieht sich wahrscheinlich auf jene Ausstellung der impressionistischen Gruppe, auf der Cézanne zum ersten Male seine Bilder der Öffentlichkeit gezeigt hatte. Er versucht offenbar, seine Mutter über den großen Mißerfolg dieser Ausstellung zu trösten, und scheint durch das Gelächter des Publikums keineswegs entmutigt worden zu sein.

1876

XXXVII An Camille Pissarro

[*Aix*,] April 1876

Mein lieber Pissarro!

Ich erhielt vor zwei Tagen eine große Menge von Katalogen und Zeitungen, Ihre Ausstellung bei Durand-Ruel betreffend[127]. – Sie haben sie gewiß schon gelesen. – Ich sah unter anderm einen langen Verriß von Sieur Wolff[128]. Es war Monsieur Chocquet[129], der mir das Vergnügen bereitete, mir diese Neuigkeiten zukommen zu lassen. – Ich erfuhr ebenfalls durch ihn, daß die *Japonaise* von Monet für zweitausend Franken verkauft worden sei. Den Zeitungen nach zu urteilen, scheint es, als habe die Zurückweisung Manets beim Salon sehr viel Lärm verursacht und daß er nun in seinem eigenen Atelier ausstellen wird.

Bevor ich von Paris abfuhr, habe ich einen gewissen Authier [?] getroffen, von dem ich Ihnen bereits einige Male gesprochen hatte. Es ist derselbe, der die Artikel über die Malerei mit dem Namen Jean-Lubin signiert. Ich teilte ihm mit, was Sie mir mit Bezug auf Sie selbst, auf Monet usw. gezeigt hatten. – Doch war es nicht (wie Sie inzwischen wohl auch schon erfahren haben werden) das Wort *Imitateur*, das er gemeint hatte, sondern *Initiateur*, was völlig den Sinn des Artikels ändert. Was das übrige anbetrifft, so hat er mir gesagt, daß er sich verpflichtet

127 Die zweite Ausstellung der Impressionisten, an der Cézanne nicht teilnahm, fand bei dem Pariser Kunsthändler Durand-Ruel statt.

128 Albert Wolff, Kunstkritiker des *Figaro* war der impressionistischen Bewegung sehr feindlich gesinnt und bezeichnete die jungen Künstler in seinem Aufsatz als ›Tollhäusler‹.

129 Victor Chocquet, Zollbeamter und leidenschaftlicher Sammler, hatte damit begonnen, Werke von Delacroix zu kaufen, und interessierte sich später für Renoir, von dem er 1875 auf einer Versteigerung Bilder erwarb. Durch Renoir, der Bildnisse von ihm und seiner Frau gemalt hat, lernte Cézanne ihn kennen. Auch er malte mehrere Bildnisse von ihm und freundete sich ganz besonders mit ihm an. Chocquet war einer der glühendsten Bewunderer von Cézanne und legte sich eine bedeutende Sammlung seiner Werke an, die erste dieser Art. Cézanne teilte übrigens seine Liebe zu Delacroix. Kurz nachdem Cézanne ihn traf, führte er Monet bei Chocquet ein.

fühlt, oder es zumindest für angebracht hält, nicht zuviel Schlechtes von den andern Malern bei Durand-Ruel zu sagen. Sie verstehen weshalb.

Der Artikel von Blémont im *Rappel* scheint mir viel besser, trotz der zu zahlreichen Einschränkungen und einer langen Einleitung, in der er sich ein wenig zu sehr verliert[130]. Es scheint mir, daß Sie dort wegen Ihres Nebeleffektes beschuldigt werden, zu blau zu malen.

Wir haben hier vierzehn sehr regnerische Tage gehabt. Ich fürchte, daß dieses Wetter überall so gewesen ist. Bei uns hat es so gefroren, daß alle Frucht- und Weinernten vernichtet sind. Doch da sehen Sie den Vorteil der Kunst: die Malerei bleibt.

Ich hätte beinahe vergessen, Ihnen mitzuteilen, daß man mir einen gewissen Absagebrief[131] gesandt hat. Das ist weder neu noch erstaunlich. – Ich wünsche Ihnen gutes Wetter und, wenn dies möglich ist, auch gute Bildverkäufe.

[130] Dieser am 9. April 1876 erschienene Artikel war einer der wenigen, der die neue Kunstbewegung mit Wohlwollen und Verständnis behandelt hatte. Er begann folgendermaßen: ›Was ist ein impressionistischer Maler? Man hat uns zwar kaum eine befriedigende Definition gegeben, doch scheint uns, daß die Künstler, die sich unter dieser Bezeichnung gruppieren oder unter ihr vereint werden, mit verschiedenen Ausdrucksmitteln dasselbe Ziel verfolgen: mit vollkommener Aufrichtigkeit, ohne Veränderung oder Verschönung, durch einfache und großzügige Verfahren den Eindruck, den die Wirklichkeit in ihnen hervorruft, wiederzugeben. Für sie besteht die Kunst nicht aus einer kleinlichen und spitzfindigen Nachahmung dessen, was man einst die ‚schöne Natur' nannte, ihnen liegt nicht daran, Wesen und Dinge mehr oder minder sklavisch nachzubilden... Sie imitieren nicht; sie übersetzen, sie deuten aus, sie bemühen sich, das Zusammenwirken der mannigfachen Linien und Farben, die das Auge mit einem einzigen Blick wahrnimmt, hervorzuheben. Sie sind Synthetiker, nicht Analytiker, und haben recht daran, wie es uns scheint. Denn während die Analyse die eigentliche Methode der Wissenschaft ist, kennzeichnet die Synthese das wahre Verfahren der Kunst... Da es auf Erden kaum zwei Menschen gibt, die genau dieselbe Wahrnehmung des gleichen Gegenstandes haben, glauben die Impressionisten nicht an die Notwendigkeit, ihre persönlichen und unmittelbaren Empfindungen entsprechend dieser oder jener Konvention abzuändern. Im Prinzip und in der Theorie können wir ihnen deshalb vollständig beistimmen. In der Praxis liegen die Dinge etwas anders: man macht nicht immer, was man möchte, was man sollte; man erreicht nicht immer das Ziel, das einem so deutlich vorschwebt...‹

[131] Cézanne sandte wie vorher seine Bilder zum Salon ein, wo sie regelmäßig von der Jury abgelehnt wurden.

Ich bitte Sie, mich Madame Pissarro zu empfehlen und Lucien und die Ihren zu grüßen.

Ich drücke Ihnen recht herzlich die Hand

PAUL CÉZANNE

Vergessen Sie nicht, Guillaumin zu grüßen, wenn Sie ihn sehen, sowie auch Monsieur und Madame Estruc.

XXXVIII AN CAMILLE PISSARRO

L'Estaque, den 2. Juli 1876

Mein lieber Pissarro!

Ich bin gezwungen, Ihnen mit einer eisernen Spitze (das heißt mit einer metallenen Feder) auf die Freundlichkeiten Ihres magischen Bleistiftes zu antworten. – Wenn ich es wagte, würde ich sagen, daß Ihr Brief den Stempel der Traurigkeit trägt. Die Malgeschäfte gehen schlecht, und ich fürchte, daß Sie davon moralisch ein wenig düster gestimmt sind, doch bin ich überzeugt, daß das nur eine vorübergehende Sache ist.

Ich wollte eigentlich nicht von Unmöglichkeiten sprechen, und dennoch mache ich immer die unwahrscheinlichsten und am schwersten zu verwirklichenden Pläne. Ich stelle mir vor, daß die Gegend, in der ich bin, Ihnen wundervoll zusagen würde. – Es gibt zwar auch hier allerhand Verdruß, doch halte ich ihn für rein zufällig. Dieses Jahr regnet es jede Woche zwei Tage von sieben. Das ist unbegreiflich im Süden. – So etwas ist noch nie dagewesen.

Ich muß hinzufügen, daß Ihr Brief mich in L'Estaque überrascht hat, am Ufer des Meeres. Ich bin seit einem Monat nicht mehr in Aix. Ich habe für Monsieur Chocquet, der mir davon gesprochen hatte, zwei kleine Motive mit dem Meer begonnen. – Es ist hier wie eine Spielkarte. Rote Dächer vor dem blauen Meer. Wenn das Wetter günstig wird, könnte ich sie vielleicht ganz durchführen. So wie die Sachen jetzt liegen, habe ich noch nichts gemacht. – Doch gibt es Motive, die eine drei- bis viermonatige Arbeit verlangen würden, was sich wohl machen ließe, da die Vegetation sich nicht verändert. Es sind Olivenbäume und Pinien, die immer ihr Laubwerk behalten. Die Sonne ist hier so fürchterlich, daß mir scheint, als ob alle Gegenstände sich als Silhouetten abhöben, und zwar nicht nur in Schwarz oder Weiß, sondern in Blau, in Rot, in Braun, in Violett. Ich kann mich täuschen, doch scheint mir, als sei dies das Gegenteil der Modellierung. Wie glücklich wären unsere sanften Landschaftsmaler aus Auvers hier, und dieser große ..... [*ein Wort von fünf Buchstaben*] Guillemet. Sowie ich es kann, werde ich zumindest einen Monat an diesem Ort verbringen, denn man müßte Bilder von mindestens zwei Metern malen, wie jenes, das Sie an Faure verkauften[132].

Für den Fall, daß wir mit Monet ausstellen sollten, hoffe ich, daß die Ausstellung unserer Kooperative ein Reinfall sein wird[133]. – Sie werden mich gehässig finden, das ist möglich, doch gehen die eigenen Angelegenheiten allen anderen vor. - Meyer, der mit den Leuten seiner Kooperative nicht die Elemente des Erfolgs in Händen hat, scheint mir ein besch... Stecken zu werden, der versucht, der Impressionistenausstellung zu schaden, indem er seine Ausstellung vorverlegt. – Er kann die öffentliche Meinung ermüden und Verwirrung hervorrufen. – Vor

[132] Es handelt sich um ein frühes Bild Pissarros, ungefähr von 1867, das 1,50 m × 2 m groß ist (siehe L. R. Pissarro und L. Venturi, *op. cit.*, Nr. 59). Pissarro hat später nicht mehr solch große Formate gemalt.

Der Pariser Opernsänger J.-B. Faure war ein besonderer Freund und Verehrer von Manet, von dem er viele Bilder besaß. Er sammelte jedoch auch die Werke der andern Impressionisten – aber nicht von Cézanne – und erwarb u. a. zahlreiche Gemälde von Pissarro.

[133] Nachdem die erste Vereinigung der Impressionisten, die *Société Anonyme Coopérative des Artistes, Peintres, Sculpteurs, Graveurs, etc.*, am 17. Dezember 1874 wegen mangelnder Mittel liquidiert worden war, wurde am 18. August 1875 eine neue Vereinigung, *L'Union*, gegründet, deren Geschäftsführer und aktiver Leiter der Maler Alfred Meyer war. Unter den Mitgliedern befanden sich Pissarro, Cézanne, Béliard und Latouche, die ebenfalls der Impressionistenvereinigung angehört hatten. Als sich Monet und seine Freunde 1876 entschlossen, die Impressionistengruppe wieder ins Leben zu rufen und eine neue Ausstellung zu veranstalten, befanden sie sich in Konflikt mit der Kooperative *L'Union* von Meyer. Dies erklärt, warum Cézanne der Ausstellung von Monet Erfolg wünschte und sich abfällig über die künstlerisch viel unbedeutendere Gruppe von Meyer äußerte, der obendrein gegen die Impressionisten intrigierte.

allem scheinen mir zu häufige Ausstellungen hintereinander schlecht zu sein, und andererseits werden die Leute, die glauben, daß es sich um Impressionisten handelt, nur Kooperativ-Leute sehen. – Ernüchterung. – Doch liegt Meyer offenbar ungeheuer viel daran, Monet zu schaden. – Hat Meyer ein paar Sous verdient? Eine andere Frage: Da Monet Geld verdient, warum sollte er, nachdem die Ausstellung [*der Impressionisten*] zustande kommt, sich in die Falle der anderen begeben? Von dem Augenblick an, in dem er Erfolg hat, hat er recht. Ich sage Monet und meine die Impressionisten.

Unterdessen gefällt mir die ›Anständigkeit‹ des Monsieur Guérin besonders gut, der herumtändelt und die zurückgewiesenen Kooperativ-Leute aufhetzt. – Ich teile Ihnen diese wenigen Gedanken vielleicht etwas derb mit, doch habe ich keine größere Gewandtheit zu meiner Verfügung. Seien Sie mir nicht böse, und nach meiner Rückkehr nach Paris werden wir uns dann darüber unterhalten und beiden Parteien gerecht werden können. – Solcherweise werde ich, sollte die Ambiance der Impressionisten vorteilhaft für mich sein, mit ihnen das Beste ausstellen, was ich habe, und irgend etwas Neutrales bei den andern[134].

Mein lieber Freund, zum Schluß möchte ich wie Sie sagen, daß – da nun einmal eine gemeinsame Tendenz einige von uns miteinander verbindet – wir hoffen wollen, daß die Notwendigkeit uns zwingen wird, gemeinsam zu handeln, und daß der Vorteil und der Erfolg das Band zwischen uns stärken werden, für dessen Festigung der gute Wille allein oft nicht ausreichen würde. – Auf jeden Fall bin ich sehr zufrieden, daß Monsieur Piette[135] auf unserer Seite ist. Grüßen Sie ihn bitte

[134] Tatsächlich stellte Cézanne im folgenden Jahr, 1877, abermals mit der Impressionistengruppe aus. Um aber einen Interessenkonflikt zu vermeiden, demissionierte er mit seinen Freunden von Meyers *L'Union* (dessen Ausstellung tatsächlich *vor* der der Impressionisten stattfand), wie aus einem Brief von Guillaumin an Dr. Gachet vom 24. Februar 1877 hervorgeht: ›Sie wissen bestimmt, daß die Ausstellung der Kooperative *L'Union* im Grand Hôtel eröffnet worden ist. Pissarro, Cézanne und ich sollten daran teilnehmen, aber im letzten Augenblick sind wir aus der Vereinigung ausgetreten.‹

[135] Der Maler Ludovic Piette war der Freund Pissarros, der ihn in der Bretagne beherbergt hatte. Er starb im folgenden Jahr, 1877, im Alter von einundfünfzig Jahren.

von mir; meine Empfehlung an Madame Piette, an Madame Pissarro, freundschaftliche Grüße an die ganze Familie, einen festen Händedruck für Sie, und gutes Wetter!

Stellen Sie sich vor, ich lese die *Lanterne de Marseille*, und ich soll mich auf die *Religion Laïque* abonnieren. So etwas!

Ich warte darauf, daß Dufaure am Boden liegt, aber bis zur teilweisen Erneuerung des Senats gibt's noch viel Zeit und viele Hindernisse.

Ganz der Ihre

PAUL CÉZANNE

Wenn die Augen der Leute hier tödliche Blicke schleudern könnten, so wäre ich schon seit langem erledigt. Mein Schädel paßt ihnen nicht.

Ich kann Ende dieses Monats nach Paris zurückkehren; wenn Sie mir vorher antworten sollten, schreiben Sie an: Paul Cézanne, Maison Girard (genannt Belle), Place de l'Eglise à L'Estaque, Banlieue de Marseille.

XXXIX AN DEN DOKTOR P. F. GACHET

Donnerstag Morgen, 5. Oktober [*1876*]

Mein lieber Doktor,

Ich leide zur Zeit an einem recht heftigen Kopfweh, das mir nicht erlaubt, Ihre Einladung anzunehmen.

Ich bitte Sie, mich zu entschuldigen. Guillaumin, den Sie heute abend sehen werden und mit dem ich mich gestern, Mittwoch, in Issy befand, wird Ihnen von meinem Anfall berichten können.

Ich würde in dieser angenehmen Zusammenkunft ein recht armseliger Kumpan sein, obgleich ich sehr glücklich gewesen wäre, daran teilzunehmen, wenn mich diese blöde Widerwärtigkeit nicht daran hinderte.

Ich kann Sie versichern, daß mir dies unendlich leid tut.

Ganz der Ihre

P. CÉZANNE

Aufnahme von Paul Cézanne auf dem Weg zum ›Motiv‹ bei Auvers-sur-Oise, 1873.

LE SALON PAR **STOCK**

Die im Brief an Justin Gabet vom 7. Juni 1870 erwähnte Karikatur Cézannes von Stock.

1877

XL An Emile Zola

[*Paris*,] den 24. August 1877

Mein lieber Zola![136]

Ich danke Dir vielmals für die Gefälligkeit, die Du mir erweist. Ich bitte Dich, meiner Mutter mitzuteilen, daß ich nichts brauche, denn ich gedenke den Winter in Marseille zu verbringen. Wenn sie es dann im Dezember übernehmen will, für mich eine ganz kleine Wohnung von zwei Zimmern in Marseille zu suchen, nicht teuer und in einem Viertel, wo nicht zuviel gemordet wird, so würde sie mir viel Freude bereiten. Sie könnte ein Bett und was man zum Schlafen braucht dorthin bringen lassen sowie auch zwei Stühle, die sie bei mir in L'Estaque nehmen könnte, um zu große Ausgaben zu vermeiden. – Vom Wetter hier will ich Dir nur sagen, daß die Temperatur recht oft von wohltuenden Regenschauern abgekühlt wird (Stil von Gaut aus Aix).

Ich gehe jeden Tag in den Park von Issy, wo ich einige Studien mache. Und ich bin nicht allzu unzufrieden, doch scheint eine tiefe Trostlosigkeit im Lager der Impressionisten zu herrschen. Das Gold fließt nicht gerade in ihre Taschen, und die Bilder trocknen ihnen ein. Wir leben in recht unruhigen Zeiten, und ich weiß nicht, wann die arme Malerei wieder ein wenig von ihrem Glanze zurückerhalten wird.

Hat Marguery sich bei diesem letzten Ausflug ins Tholonet weniger betrübt gebärdet? Und hast Du nicht Houchard, Aurélien, gesehen? Außer zwei oder drei Malern sehe ich überhaupt niemanden.

Wirst Du zum Liebesmahl der ›Cigale‹ gehen?[137] Seit anderthalb Mo-

[136] Zola befand sich zu jener Zeit mit seiner Frau und seiner Mutter zur Erholung in L'Estaque, und indem Cézanne seine Aufträge für seine eigene Mutter an Zola richtete, verhinderte er, daß sein Vater von seinen Absichten erfuhr, denn der Bankier pochte auf sein vermeintliches Recht als Familienoberhaupt, alle Briefe der Seinen öffnen zu dürfen.

[137] Anspielung auf das alljährliche Bankett der Vereinigung ›Cigale‹, die 1876 in Paris von Künstlern und Schriftstellern aus Südfrankreich gegründet worden war. (Die *Cigale* ist eine in Südfrankreich häufig anzutreffende Grillenart.)

naten erscheint der neue Roman von Daudet im *Temps*; ich erfuhr es durch die gelben Plakate, die sogar in Issy ausgehängt sind. Ich weiß auch, daß Alexis im Theater ›Gymnase‹ gespielt werden wird.

Bekommen Madame Zola die Meerbäder gut, und Du selbst, durchziehst Du die salzigen Fluten? – Ich empfehle mich Euch allen und drücke Dir freundschaftlichst die Hand. Auf Wiedersehen also bis nach Eurer Rückkehr von den sonnigen Gestaden.

Ich bin der für Eure Gefälligkeiten dankende Maler

PAUL CÉZANNE

XLI AN EMILE ZOLA

[*Paris*,] den 28. August 1877

Mein lieber Emile!

Ich wende mich von neuem an Dich, damit Du meiner Mutter sagst, daß sie sich nicht beunruhigen soll. Ich habe meine Pläne geändert. Tatsächlich scheint die Ausführung jener Kombination einige Schwierigkeiten zu bereiten. Ich verzichte also darauf.

Trotzdem rechne ich immer noch damit, im Dezember oder eher in den ersten Tagen des Januar nach Aix zu fahren.

Ich danke Dir recht herzlich. Ich füge hier die besten Grüße an Deine Familie bei. Als ich gestern abend in die Rue Clauzel zu meinem Farbenhändler[138] ging, habe ich dort den guten Emperaire getroffen.

[138] Der ›Vater‹ Tanguy war ein Farben- und Bilderhändler, der sich als einer der ersten für die Malerei der Impressionisten interessierte und ihnen oft Farben gegen Gemälde überließ, obwohl er keineswegs wohlhabend war und ihre Bilder nur schwer verkaufte. Sein kleiner Laden war lange Zeit der einzige, in dem man Werke von Cézanne sehen konnte. Vincent van Gogh erwähnt ihn oft in seinen Briefen und malte zwei Bildnisse von ihm.

XLII

An Julien Tanguy

Paris, den 4. März 1878

Der Unterzeichnete, Paul Cézanne, Kunstmaler, wohnhaft in Paris, 67, Rue de l'Ouest, erkennt hiermit an, daß er Herrn und Frau Tanguy die Summe von zweitausendeinhundertvierundsiebzig Franken und achtzig Centimes schuldet, deren Gegenwert er in Form von Malmaterial erhalten hat.

Paul Cézanne[139]

XLIII

An Emile Zola

[*L'Estaque*,] den 23. März 1878

Mein lieber Emile!

Ich sehe mich fast gezwungen, mir selbst meinen Lebensunterhalt zu verdienen, wenn ich dessen überhaupt fähig sein sollte. Das Verhältnis zwischen mir und meinem Vater ist äußerst gespannt, und ich bin in Gefahr, meine ganze Rente einzubüßen. Ein Brief, den mir Monsieur Chocquet geschrieben hat und in welchem er von *Madame Cézanne und vom kleinen Paul* sprach, hat meinem Vater, der übrigens schon Verdacht geschöpft hatte und auf der Lauer war, endgültig meine Situation enthüllt; er hatte nichts Eiligeres zu tun, als den an mich gerichteten Brief als erster zu öffnen und zu lesen, obwohl die Anschrift lautete: *Mons. Paul Cézanne – Kunstmaler.*

Ich vertraue deshalb auf das Wohlwollen, das Du für mich hast, und bitte Dich, in Deiner Umgebung und durch Deinen Einfluß zu versuchen, mich irgendwo unterzubringen, wenn Du das für möglich halten solltest. Noch ist zwischen mir und meinem Vater nicht alles abgebrochen, doch nehme ich an, daß keine zwei Wochen vergehen werden, bis meine Situation völlig geregelt sein wird.

139 Sieben Jahre später hat Tanguy den Künstler an diese Schuld gemahnt; siehe seinen Brief an Cézanne, Seite 208.

Schreibe mir (indem Du Deinen Brief an Paul Cézanne, postlagernd, adressierst), welches auch immer der Beschluß sein möge, den Du in bezug auf meine Bitte fassen wirst.

Ich grüße Madame Zola ergebenst und drücke Dir freundschaftlichst die Hand.

PAUL CÉZANNE

Ich schreibe Dir von L'Estaque aus, doch kehre ich heute abend nach Aix zurück.

XLIV AN EMILE ZOLA

[*Aix*,] den 28. März [*1878*]

Mein lieber Emile!

Ich denke wie Du, daß ich nicht zu eilfertig auf die väterliche Rente verzichten darf. Doch nach den Fallen, die mir gestellt werden und denen ich bisher entronnen bin, sehe ich voraus, daß die große Unterredung diejenige sein wird, die sich aufs Geld bezieht und auf den Gebrauch, den ich davon machen soll. Es ist mehr als wahrscheinlich, daß ich nur hundert Franken von meinem Vater erhalten werde, obgleich er mir zweihundert versprochen hatte, als ich noch in Paris war. Ich werde also auf Dein freundliches Angebot zurückkommen, um so mehr, als der Kleine seit vierzehn Tagen an einem Schleimfieber erkrankt ist. Ich ergreife alle möglichen Vorsichtsmaßnahmen, damit es meinem Vater nicht gelingt, sichere Beweise zu erhalten.

Bitte entschuldige, daß ich Dich auf folgendes aufmerksam mache: das Papier Deiner Umschläge und Briefbögen scheint zu schwer zu sein; ich mußte auf der Post 25 Centimes für ungenügende Frankierung zahlen – und Dein Brief enthielt nur ein einziges Doppelblatt. Möchtest Du so gut sein, wenn Du mir schreibst, nur ein zusammengefaltetes Blatt zu verwenden?

Wenn also mein Vater mir nicht genug geben sollte, werde ich mich in der ersten Woche des kommenden Monats an Dich wenden und Dir die Adresse von Hortense mitteilen, damit Du die Güte hast, es ihr zu senden.

Ich grüße Madame Zola und drücke Dir die Hand.

Paul Cézanne

Wahrscheinlich wird eine Ausstellung der Impressionisten stattfinden; ich werde Dich dann bitten, das Stilleben dorthin zu geben, das Du in Deinem Speisezimmer hast[140]. Ich erhielt in dieser Angelegenheit eine Vorladung für den 25. dieses Monats, Rue Laffitte. – Ich war natürlich nicht dort.

Ist *Une page d'Amour* schon als Band erschienen?

XLV An Emile Zola

[*Aix*,] Mittwoch abend, 1878

Mein lieber Emile!

Ich danke Dir herzlichst für die Übersendung Deines letzten Buches und für die *Widmung*. Ich bin noch nicht sehr weit mit dem Lesen gekommen. – Meine Mutter ist außerordentlich krank und liegt schon seit zehn Tagen darnieder, ihr Zustand ist sehr ernst. – Ich habe mit der Lektüre am Ende der Beschreibung des Sonnenunterganges über Paris und beim Beginn der gegenseitigen Leidenschaft von Hélène und Henri aufgehört[141].

Es steht mir nicht an, Dein Buch zu loben, denn Du kannst wie Courbet antworten, daß der gewissenhafte Künstler sich selbst ein viel gerechteres Lob ausstellt als das, welches ihm von außen zukommt. Was ich also hier dazu sagen werde, gilt nur, um verständlich zu machen, was ich von dem Werk begreife. Es scheint mir, als sei es ein Bild von einer zarteren Malerei als das vorhergehende[142], doch das Temperament oder

140 Diese Ausstellung kam jedoch nicht zustande, und Cézanne hat sich dann später nicht mehr an den Ausstellungen der Impressionisten beteiligt. Bei dem erbetenen Stilleben handelt es sich zweifellos um *Die schwarze Uhr*, das 1870–71 entstanden war (Venturi, *op. cit.* Nr. 69). Es scheint interessant, daß der Maler ein solches, wenn auch bedeutendes Frühwerk mit seinen Freunden auszustellen beabsichtigte, statt eines seiner späteren und mehr impressionistischen Bilder.

141 Es handelt sich um *Une page d'Amour*.

142 *L'Assommoir*.

die schöpferische Kraft ist sich gleichgeblieben. Und – wenn ich damit keine Ketzerei begehe – die Entwicklung der Leidenschaft ist bei den Hauptfiguren sehr sorgfältig gesteigert. Dann habe ich folgende Beobachtung gemacht, die mir gleichfalls richtig scheint, daß nämlich die Schauplätze durch die Art, wie sie geschildert sind, von der Leidenschaft, die die Personen bewegt, durchtränkt sind und dadurch eine stärkere Einheit mit den Trägern der Handlung bilden und weniger abgelöst vom übrigen sind. Sie scheinen sich sozusagen zu beleben und am Leiden der menschlichen Wesen teilzunehmen. – Übrigens scheint es, nach den Äußerungen der Zeitungen, ein literarischer Erfolg zu sein.

Ich drücke Dir die Hand und bitte Dich, mich Madame Zola zu empfehlen.

PAUL CÉZANNE

Du wirst sicher bemerken, daß meine Briefe die Deinen nicht eigentlich beantworten, doch das liegt daran, daß ich Dir oft schreibe, bevor ich Deinen Brief gelesen habe, da ich nicht regelmäßig auf die Post gehen kann. P.C.

Im letzten Augenblick fällt mir ein: Du hältst Dich durchaus an die Vorschrift von Horaz für Deine Gestalten: *Qualis ab incepto processerit, et sibi constet.*

Aber Du pfeifst sicher darauf, und das wäre noch ein Beweis der Wiederkehr aller Dinge hienieden.

XLVI AN EMILE ZOLA

[*Aix,*] den 4. April 1878

Mein lieber Emile!

Ich bitte Dich, Hortense sechzig Franken an die folgende Adresse zu senden: Madame Cézanne, 183 Rue de Rome, Marseille.

Trotz unserer Vereinbarungen habe ich nur hundert Franken von meinem Vater erwirken können, und dabei fürchtete ich noch, daß er mir überhaupt nichts geben würde. Er erfuhr durch verschiedene Leute, daß ich ein Kind habe, und versucht, mich durch alle möglichen Mittel zu ertappen. Er will mich davon befreien, behauptet er. – Mehr brauche ich wohl nicht zu sagen. – Es wäre zu langwierig, Dir den Mann zu erklären, aber Du kannst mir aufs Wort glauben, daß der Schein bei ihm täuscht. – Wenn Du mir schreiben wolltest, sowie Du dazu Zeit hast, würde mich das sehr freuen. Ich will versuchen, nach Marseille zu gehen; Dienstag vor acht Tagen habe ich mich heimlich davongemacht, um den Kleinen zu besuchen, dem es besser geht, und sah mich gezwungen, zu Fuß nach Aix zurückzukehren, da der in meinem Fahrplan angegebene Zug falsch war und ich zum Abendbrot anwesend sein mußte – ich kam eine Stunde zu spät[143].

Ich empfehle mich Madame Zola und drücke Dir die Hand

PAUL CÉZANNE

XLVII AN EMILE ZOLA

[*Aix*,] den 14. April 1878

Mein lieber Emile!

Ich komme aus Marseille zurück; dadurch erklärt sich, daß ich Dir mit soviel Verspätung antworte. Ich habe Deinen Brief erst letzten Donnerstag in Empfang nehmen können. Ich danke Dir für die beiden Sendungen. Ich schreibe Dir unter dem väterlichen Auge.

Als ich nach Marseille fuhr, befand ich mich in Gesellschaft von Monsieur Gibert. Diese Leute sehen richtig, doch haben sie Professorenaugen. Wenn man im Zug am Landsitz von Alexis vorbeifährt, entfaltet sich gegen Osten ein begeisterndes Motiv: Ste-Victoire und die Felsen, die Beaurecueil überragen. Ich sagte: »Welch ein schönes Motiv«; er antwortete: »Die Linien sind zu ausgeglichen.« Anläßlich des *Assommoir*, von dem er mir übrigens als erster sprach, hat er sehr vernünftige und lobende Dinge gesagt, doch immer nur die technische Seite betreffend. Und dann fuhr er nach einer langen Pause fort: »Man

[143] Die Entfernung zwischen Aix und Marseille beträgt 30 Kilometer.

müßte höhere Studien betrieben haben – aus der *Ecole Normale*[144] hervorgehen.« Ich hatte ihm von Richepin gesprochen; er sagte: »So was hat keine Zukunft«. – Welche Konsequenz: der ging ja gerade daraus hervor. – Und dabei ist er zweifellos noch der, welcher sich in einer Stadt von zwanzigtausend Seelen am meisten und am besten mit Kunst beschäftigt.

Ich werde sehr vernünftig sein, da ich nicht gewandt zu sein vermag. Ich wünsche Dir gute Gesundheit, empfehle mich Madame Zola und danke Dir

PAUL CÉZANNE

Die Schüler von Villevieille verspotten mich im Vorbeigehen. – Ich werde mir die Haare schneiden lassen, sie sind vielleicht zu lang. Ich arbeite; wenig Ergebnisse, und zu weit vom allgemein Verständlichen entfernt.

XLVIII AN EMILE ZOLA

[*Aix*,] Mai 1878

Mein lieber Emile!

Da Du so gut sein willst, mir nochmals zu Hilfe zu kommen, bitte ich Dich, Hortense sechzig Franken an dieselbe Adresse zu senden: 183, Rue de Rome.

Ich danke Dir im voraus und begreife, daß Du in diesem Augenblick ganz von Deinem neuen Band in Anspruch genommen sein mußt, doch wenn Du mir später, sowie Du es kannst, von der künstlerischen und literarischen Situation sprechen willst, wirst Du mir große Freude machen. Ich werde dadurch noch weiter von der Provinz entfernt und näher bei Paris sein.

Recht herzlichen Dank und empfiehl mich bitte Madame Zola.

PAUL CÉZANNE

[144] Eine der Sorbonne angegliederte Schule für höhere Studien.

[*Aix*,] den 8. Mai 1878

Mein lieber Emile!

Ich danke Dir für die neue Sendung. Ich versichere Dir, daß sie mir einen sehr großen Dienst erweist und mich von der Unruhe befreit.

Meine Mutter ist jetzt außer Gefahr; sie steht seit zwei Tagen auf, was ihr Erleichterung verschafft und ihr hilft, die Nacht besser zu verbringen. Sie war acht Tage lang sehr abgespannt. – Doch jetzt hoffe ich, daß das gute Wetter und die Pflege sie wieder ganz auf die Beine bringen werden.

Ich habe Deinen Brief erst gestern, Mittwochabend, abgeholt, was Dir die lange Zeitspanne erklären wird, die zwischen Deiner Sendung und meiner Antwort verstrichen ist.

Ich danke Dir für die Nachrichten über mein kleines Bild[145]. Ich begreife sehr wohl, daß es nicht angenommen werden konnte, meines Ausgangspunktes wegen, der zu weit von dem zu erreichenden Ziel, das heißt von der Wiedergabe der Natur, entfernt ist.

Ich habe soeben *Une page d'Amour* beendet. Du hattest ganz recht, mir zu sagen, daß man es nicht als Feuilleton lesen könne. – Ich hatte den Zusammenhang überhaupt nicht bemerkt, es erschien abgehackt, während die Führung des Romans ganz im Gegenteil von sehr großer Geschicklichkeit ist. Es liegt darin ein starkes dramatisches Gefühl. – Ich hatte ebensowenig wahrgenommen, daß die Handlung sich in einem beschränkten, zusammengepreßten Rahmen vollzieht. Es ist wirklich bedauerlich, daß Kunstdinge nicht mehr geschätzt werden und daß es, um das Publikum anzuziehen, einer Steigerung bedarf, die nicht ausschließlich zur Kunst gehört[146], ohne ihr zu schaden, das ist wahr.

[145] Cézannes zum Salon eingesandtes Bild war abermals abgelehnt worden.

[146] Dieser Satz ist auch im französischen Originaltext ein wenig unklar formuliert. Es heißt dort: ›*Il est vraiment regrettable que les choses d'art ne soient pas plus goûtées et qu'il est nécessaire, pour attirer le public, d'un rehaut, qui n'appartient pas exclusivement* [?] *sans qu'il lui nuise, il est vrai.*‹

Ich habe meiner Mutter Deinen Brief vorgelesen, und sie schließt sich mir an, um Euch alle zu grüßen.

Meine Empfehlung an Deine ganze Familie.

Paul Cézanne

L

An Emile Zola

[*Aix*,] den 1. Juni 1878

Mein lieber Emile!

Hier kommt meine monatliche Bitte, die ich wieder an Dich richten muß. Ich hoffe, daß sie Dich nicht zu sehr ermüdet und Dir nicht indiskret erscheint. Doch hilft mir Dein Angebot so sehr aus der Klemme, daß ich nochmals davon Gebrauch mache. Meine gute Familie, die übrigens vorzüglich ist für einen unglückseligen Maler, der niemals etwas zustande brachte, ist vielleicht ein wenig geizig – das ist ein leichter Fehler, der zweifellos in der Provinz sehr entschuldbar ist.

Hier folgt die unvermeidliche Konsequenz einer derartigen Einleitung: ich bitte Dich, so gut zu sein, sechzig Franken an Hortense zu senden, der es übrigens deswegen nicht schlechter geht.

Ich kaufe bei Lambert, dem demokratischen Buchhändler, das illustrierte *Assommoir*. Die *Egalité* in Marseille bringt es als Feuilleton.

Ich arbeite immer ein wenig. Die Politiker nehmen einen entsetzlichen Platz ein. Und wie geht es Alexis?

Ich drücke Dir die Hand und empfehle mich Madame Zola.

Paul Cézanne

LI

An Emile Zola

[*Aix*,] Dienstag, Juli 1878

Mein lieber Emile!

Ich bitte Dich, falls Du wieder so gut sein willst, sechzig Franken an Hortense zu senden. Sie ist umgezogen, ihre jetzige Adresse ist 12, Vieux chemin de Rome.

 Ich beabsichtige in etwa zehn Tagen nach L'Estaque zu gehen.

Girard, genannt Belle[147], ist aus der Heilanstalt entlassen, in die er infolge seiner vorübergehenden Gehirnstörung eingesperrt worden war.

Es scheint, daß man sich in Marseille nicht schlecht geprügelt hat. Ein gewisser Coste-jeune, Stadtverordneter, hat sich dabei hervorgetan, indem er seinen Knüppel auf den Rücken von Geistlichen tanzen ließ.

Hier beginnt jetzt eine drückende Hitze. Arbeitest Du zur Zeit? Hat am 30. Mai eine Verteilung von Orden stattgefunden[148]? Die Zeitungen hier sagen nichts davon, doch denke ich heute abend das *Bien Public* von Montag zu erhalten.

Ich drücke Dir die Hand und empfehle mich Madame Zola

PAUL CÉZANNE

LII

AN EMILE ZOLA

[*L'Estaque*,] den 16. Juli 1878

Mein lieber Emile!

Ich bin seit ungefähr acht Tagen in L'Estaque. Von Herrn Girard angehalten, erfuhr ich aus seinem Munde, daß Du den Besuch seines Schwiegervaters erhalten wirst, der sich am Freitag der kommenden Woche nach Paris begibt. Das Haus in L'Estaque ist uns gekündigt worden; ich bin augenblicklich ganz dicht neben Girard, bei Isnard. Wenn Du daran denkst, schreibe mir ein Wort, um mir mitzuteilen, wie es nun mit der Angelegenheit Deiner Ordensverleihung steht, die ich im *Petit Marseillais* nicht angekündigt sah. – Ich hoffe, daß es dennoch eine vollzogene Tatsache ist.

Die starke Hitze hat begonnen.

Ich danke Dir für die neue Geldsendung, die Du so gut warst, an Hortense zu richten.

Seither erfuhr ich von dem Eingehen des *Bien Public*. Hast Du ein neues Blatt, wo Du zugunsten Deines Theaters kämpfen wirst? Es ist

147 Der Besitzer des Hauses, das Cézanne in L'Estaque bewohnte.

148 Zola sollte 1878 zum Ritter der Ehrenlegion ernannt werden, doch fand diese Ernennung aus verschiedenen Gründen erst zehn Jahre später statt.

bedauerlich, daß das, was diese Zeitung sein wollte, nicht durchgeführt werden konnte.

Ich empfehle mich Madame Zola und grüße Dich herzlich.

Ich sah den Gärtner Guillaumin, der aus Cannes zurück ist, wo sein Arbeitgeber eine Baumschule anlegen wird.

PAUL CÉZANNE

LIII AN EMILE ZOLA

[*L'Estaque*,] den 29. Juli 1878

Mein lieber Emile!

Bevor ich Paris verließ, habe ich den Schlüssel meiner Wohnung bei einem gewissen Guillaume, einem Schuhmacher, gelassen. Nun hat sich offenbar folgendes zugetragen: Dieser Mann hat vermutlich anläßlich der Ausstellung Besuch von Provinzlern empfangen und sie bei mir untergebracht. – Verärgert darüber, daß man ihn nicht vorher um seine Ansicht befragt hat, sendet mir mein Hausbesitzer zusammen mit der Quittung für das letzte Quartal einen recht unwirschen Brief, in dem er mir mitteilt, daß meine Wohnung von fremden Leuten besetzt ist. Mein Vater liest diesen Brief und schließt daraus, daß ich Weiber in Paris verstecke. Das nimmt schon geradezu die Formen eines *Vaudeville à la Clairville* an. – Sonst ging alles gut, ich suchte mich in Marseille einzurichten, um dort den Winter zu verbringen, dort zu arbeiten und dann im kommenden Frühjahr, im März zum Beispiel, nach Paris zu gehen. Um diese Jahreszeit trübt sich die Atmosphäre, und ich denke, daß ich meine Zeit dann weniger gut im Freien ausnutzen kann. Andererseits würde ich so zur Zeit der Gemäldeausstellung in Paris sein.

Ich beglückwünsche Dich zu Deiner Erwerbung[149], und ich werde mit Deiner Erlaubnis davon profitieren, um jene Gegend besser kennen-

[149] Nach seinem ersten großen Erfolg mit dem Roman *L'Assommoir* hatte Zola eine kleine Besitzung in Médan gekauft, wo er von nun an regelmäßig einen Teil des Jahres verbrachte und wo Cézanne ihn mehrmals besucht hat, denn dieses Haus an der Seine stand allen Freunden Zolas weit offen.

zulernen; und wenn das Leben dort für mich nicht unmöglich ist, sei es in La Roche-Guyon oder in Bennecourt oder ein wenig da und dort, würde ich versuchen, dort ein oder zwei Jahre zu verbringen, wie ich es in Auvers tat.

Ich bitte Dich, wie bisher sechzig Franken an Hortense zu senden, obwohl ich recht ernsthaft daran denke, Dich von dieser monatlichen Steuer zu befreien. Falls ich im September oder Oktober eine einmonatige Reise nach Paris unternehmen kann, werde ich es tun.

Ich habe meiner Mutter Deine Grüße ausgerichtet, die ihr sehr viel Freude bereiteten, ich bin nämlich mit ihr zusammen hier.

Ich drücke Dir die Hand, die besten Grüße an Madame und an Deine Mutter, die zweifellos bei Dir ist. Und angenehme Kahnfahrten!

PAUL CÉZANNE

Hortense wohnt noch immer: 12, Vieux chemin de Rome, Marseille.

LIV

AN EMILE ZOLA

[*L'Estaque*,] den 27. August 1878

Mein lieber Emile!

Ich nehme in diesem Monat nochmals Zuflucht zu Deiner Hilfsbereitschaft, falls Du bis zum 10. September nochmals sechzig Franken an Hortense im Vieux chemin de Rome 12 senden kannst.

Ich konnte noch keine Wohnung in Marseille finden, weil ich keine teure will. Ich gedenke dort den ganzen Winter zu verbringen, wenn mein Vater bereit ist, mir Geld zu geben. Ich könnte dadurch mit einigen Studien fortfahren, die ich in L'Estaque mache, von wo ich mich so spät als nur irgend möglich entfernen werde.

Ich danke Dir im voraus und bitte Dich, sowie auch alle die Deinen, meine herzlichsten Grüße in Empfang zu nehmen!

PAUL CÉZANNE

An Emile Zola

[L'Estaque, Herbst 1878]
Ohne Datum

Mein lieber Emile!

Als Hortense kürzlich nach Aix gefahren ist, hat sie Achille Emperaire gesehen. Seine Familie befindet sich in einer besonders peinlichen Lage: drei Kinder, der Winter, kein Geld usw., Du kannst Dir das schon vorstellen. – Infolgedessen bitte ich Dich 1), da der Bruder von Achille schlecht mit seinen ehemaligen Vorgesetzten von der Tabakverwaltung steht, so gut zu sein und die Akten, die sein Gesuch betreffen, zurückzuziehen, falls nicht in kürzester Frist etwas für ihn zu erreichen ist; 2) zu sehen, ob Du für ihn eine Stellung finden oder ihm helfen könntest, eine zu finden, zum Beispiel auf den Docks; 3) Achille empfiehlt sich Dir ebenfalls für eine Anstellung, so gering sie auch sein mag.

Wenn Du also etwas für ihn tun kannst, mach es bitte; Du weißt, wie sehr er es verdient, denn er ist ein sehr braver Kerl, der von allen Menschen an die Wand gedrückt und von den Geschickteren im Stich gelassen wird. Das ist alles.

Übrigens wollte ich Dir ohnehin schreiben, denn es scheint mir, daß ich seit langem keine Nachricht mehr von Dir habe. – Ich nehme an, daß sich nichts wirklich Neues ereignet hat. – Es wird mich freuen, wenn Du mir ein wenig schreibst, das bringt ein bißchen Abwechslung in diese für mich so lange Kette von gleichförmigen Tagen. – Meine Situation ist immer noch so wie vorher.

Meine Empfehlungen an Deine Frau und Deine Mutter.

Ganz der Deine!

Schreib mir: Monsieur A.Fiquet, usw. ...

Paul Cézanne

[*L'Estaque*,] den 14. September 1878

Mein lieber Emile!

Ich kann Dir in diesem Augenblick in einer ruhigeren Geistesverfassung schreiben, und wenn ich einige kleine Mißgeschicke überstehen konnte, ohne allzusehr darunter zu leiden, so dank der guten und soliden Rettungsleine, die Du mir zugeworfen hast. Doch hier das letzte Pech, das mir zustieß.

Der Vater von Hortense schreibt an seine Tochter an die Rue de l'Ouest [*in Paris*] mit der Bezeichnung: Madame Cézanne. Mein Hausbesitzer beeilt sich, den Brief an den ›Jas de Bouffan‹ weiterzusenden. Mein Vater öffnet und liest ihn; das Ergebnis kannst Du Dir vorstellen. Ich leugne heftig, und da sich glücklicherweise der Name von Hortense nicht im Brief findet, behaupte ich, daß er an irgendeine x-beliebige Frau gerichtet sei.

Ich erhielt Dein Buch mit den Theaterstücken[150]; ich habe erst fünf Akte gelesen, drei von den *Héritiers Rabourdin* und zwei vom *Bouton de Rose;* es ist sehr interessant, und besonders der *Bouton de Rose*, finde ich. Die *Héritiers Rabourdin* haben eine gewisse Familienähnlichkeit mit Molière, den ich vergangenen Winter wieder las. Ich zweifle nicht daran, daß Du auf der Bühne einen vollkommenen Erfolg haben wirst. Da ich noch nichts dieser Art von Dir gelesen hatte, stellte ich mir nicht vor, daß es so lebhaft und so gut dialogisiert sei.

Ich habe einen gewissen Architekten Huot getroffen[151], der ein großes Loblied auf Dein gesamtes Werk der *Rougon-Macquart* anstimmte und mir sagte, daß es von den Leuten, die etwas davon verstünden, sehr geschätzt sei.

Er fragte mich, ob ich Dich sähe; ich sagte: zuweilen – ob Du mir schriebst; ich sagte: letzthin. Erstaunen, und ich stieg in seiner Ach-

[150] Zola hatte eine Reihe von Dramen nach einigen seiner Romane geschrieben und bemühte sich damals, den ›Naturalismus‹ auf die Bühne zu bringen; siehe die diesbezügliche Anspielung in Cézannes Brief vom 16. Juli 1878, Nr. LII.

[151] Zweifellos der Jugendfreund, dem Cézanne 1861 aus Paris geschrieben hatte; siehe Nr. XIV.

tung. Er hat mir seine Karte gegeben mit der Aufforderung, ihn zu besuchen. Du siehst also, daß es zu etwas gut ist, Freunde zu haben, und man wird von mir nicht sagen, was die Eiche dem Rohrhalm sagte: *Encore si vous naissiez à l'abri du feuillage, etc....*

Meine Mutter dankt Dir und ist sehr gerührt über Deine lieben Grüße an sie. Pelouze ist wieder in Paris: nichts klappt.

Grüß Alexis von mir und sag ihm, daß kommerzielle Unternehmungen und künstlerische Reputationen auf Arbeit aufgebaut sind[152].

Meine Empfehlungen an Madame Zola, ich danke Dir herzlichst!

PAUL CÉZANNE

Nota bene: Papa hat mir in diesem Monat dreihundert Franken mehr gegeben. Unerhört. Ich glaube, daß er mit einem reizenden kleinen Dienstmädchen liebäugelt, das wir in Aix haben[153]; Mama und ich sind in L'Estaque.

Was für Ergebnisse.

LVII AN EMILE ZOLA

L'Estaque, den 24. September 1878

Mein lieber Emile!

Ich erhalte Deinen Brief, während ich im Begriff bin, eine Nudelsuppe mit Öl zuzubereiten, wie Lantier sie liebt[154]. Ich werde den ganzen Winter in L'Estaque verbringen, ich arbeite dort. – Mama ist vor acht Tagen wegen der Weinernte, des Einmachens und des Umzugs nach Aix gefahren; sie werden in der Stadt wohnen – hinter Marguery, oder so ungefähr. Ich bin allein in L'Estaque, abends gehe ich nach Marseille schlafen und komme am nächsten Tag in der Früh wieder zurück.

Marseille ist die Ölhauptstadt von Frankreich, so wie Paris die der Butter ist: Du hast gar keine Vorstellung von der Vermessenheit dieser

[152] Zola hatte sich offenbar über die Trägheit von Alexis geäußert, der ein großer Schürzenjäger war und oft seine Arbeit vernachlässigte.

[153] Cézannes Vater war damals achtzig Jahre alt.

[154] Eine Anspielung auf eine der Figuren des *Assommoir*, Kapitel VIII.

Camille Pissarro (stehend, rechts außen) und Paul Cézanne (sitzend) in Pissarros Garten in Pontoise. Foto 1877.

(oben links)
Cézanne: Porträt Victor Chocquet, 1876–77 (Ausschnitt).

(oben Mitte)
Aufnahme von Paul Cézanne, u
1875 (Ausschnitt).

(oben rechts)
Renoir: Porträt Paul Cézanne, 1880 (Ausschnitt).

(unten)
Cézanne: Porträtzeichnung von Camille Pissarro, um 1873.

(oben)
Cézanne: Porträt Fortuné Marion, um 1866.

(unten, von links nach rechts)
Aufnahmen von Emile Zola (um 1878), Achille Emperaire und Fortuné Marion (um 1866), (Ausschnitte).

(oben)
Im ›Jas de Bouffan‹.
Der Alkoven des Salons, i
welchem ein Porträt des Va
ters, umrahmt von vier Früh
werken (Die Jahreszeiten
1863) hing. Foto um 190

(unten links)
Aufnahme von Marie Cé
zanne, einer Schwester de
Künstlers, um 1870.

(unten rechts)
Cézanne: Porträt seiner
Schwester Marie, um 186

(oben)
Aufnahme von Rose Cézanne, einer Schwester des Künstlers, um 1880.

(unten)
Der ›Jas de Bouffan‹, das Landhaus der Familie Cézanne, vom Garten aus gesehen.

Aufnahme von Pissarro (links) und Cézanne auf dem Weg zum ›Motiv‹. Auvers, um 1873.

grimmen Bevölkerung; sie hat nur einen Instinkt, den des Geldes. Man sagt, daß sie sehr viel verdienen, aber sie sind recht häßlich – die Umgangsformen löschen, von außen gesehen, die hervorstechenden Seiten der Typen aus. In einigen hundert Jahren wird es völlig unnütz sein, zu leben; alles wird verflacht sein. Doch das wenige, das bleibt, ist dem Herzen und dem Blick noch recht teuer.

Ich sah von weitem Monsieur Marion auf dem Weg zur Naturwissenschaftlichen Fakultät. (Werde ich ihn besuchen gehen – das wird lange zu erwägen sein!) Er ist in der Kunst wohl nicht aufrichtig, vielleicht ohne etwas dafür zu können[155].

Als ich sagte, daß Deine Komödie der *Héritiers Rabourdin* mich an Molière erinnerte, hatte ich noch nicht die Einleitung gelesen. Übrigens erinnert es vielleicht sogar noch mehr an Regnard. – Wenn ich mir Dancourt[156] beschaffen kann, werde ich ihn lesen. – Ich habe die Lektüre von *Thérèse Raquin* fast beendet[157]. An dem Tag, an dem Du ein sehr persönliches und charakteristisches Sujet gefunden haben wirst, wird sich vermutlich wie bei dem Roman *L'Assommoir* der Erfolg einstellen. Man ist Dir gegenüber tatsächlich sehr wenig gerecht, denn wenn die Stücke als Theaterstücke nicht gefallen, sollte man doch die Kraft und Verbundenheit der Personen und das Fließende der Handlung anerkennen.

Ich drücke Dir die Hand und danke Dir vielmals! Ich empfehle mich Madame Zola und Alexis

PAUL CÉZANNE

Denke an Darnagas und an den Kaninchenschwanz.

[155] So wie von Huot hatte Cézanne sich offenbar auch völlig von seinem Jugendfreund Marion entfremdet. Von den früheren Gefährten scheint er in diesen Jahren, außer Zola und Alexis, nur noch Emperaire gesehen zu haben. Vor allen andern war Baille völlig aus seinem Gesichtskreis verschwunden.

[156] Florent Dancourt, einer der bedeutendsten Nachfolger Molières unter den französischen Dramatikern (1661–1725).

[157] Zola hatte ein Drama nach diesem Roman aus seiner Jugendzeit geschrieben.

LVIII An Emile Zola

[*L'Estaque*,] Montag, den 4. November 1878

Mein lieber Emile!

Ich sende Dir diesen Brief nach Paris, in der Annahme, daß Du in die Stadt zurückgezogen bist. Hier der Anlaß meines Briefes: Hortense ist in einer dringenden Angelegenheit in Paris; ich bitte Dich, ihr hundert Franken zukommen zu lassen, falls Du so gut sein willst, mir dieselben vorzuschießen. Ich bin in der Klemme, hoffe aber, wieder herauszukommen. – Teile mir mit, ob Du mir diesen neuen Gefallen erweisen kannst. Sollte es nicht gehen, werde ich mir anders zu helfen versuchen. Auf alle Fälle danke ich Dir, und wenn Du mir schreibst, sprich ein wenig von Dingen der Kunst. Ich beabsichtige noch immer, nächstes Jahr während einiger Monate nach Paris zurückzukehren, gegen Februar oder März.

Ich las gerade im *Petit Journal*, daß man *L'Assommoir* aufführen wird. Von wem ist diese Bearbeitung, da ich nicht glaube, daß sie von Dir ist?

Hier ist die Adresse, an die Du das Geld senden solltest, falls Du es kannst: M. Antoine Guillaume, 105, Rue de Vaugirard, der es an Hortense weitergeben wird.

Ich grüße Dich herzlichst, sowie auch Madame Zola und Alexis!

Paul Cézanne

LIX An Gustave Caillebotte[158]

L'Estaque, den 13. November 1878

Mein lieber Kollege!

Wenn Sie erfahren, daß ich weit von Paris entfernt bin, werden Sie entschuldigen, daß ich meinen Verpflichtungen nicht nachkommen

[158] Der Maler Caillebotte (1848–1894) stellte regelmäßig mit den Impressionisten aus, mit denen er auch persönlich sehr befreundet war. Sein Vermögen erlaubte ihm, ihnen zu helfen, indem er ihre Bilder kaufte, und zwar vor allem diejenigen, die als ›unverkäuflich‹ galten. Er hat 1894 seine ganze Sammlung unter der Be-

konnte, als Sie von neuem vom Schicksal heimgesucht wurden. Ich verließ Paris vor etwa neun Monaten, und Ihr Brief hat mich nach langen Umwegen und großem Zeitverlust am anderen Ende Frankreichs erreicht.

Bitte gestatten Sie mir, Ihnen in Ihrem Kummer meine Dankbarkeit für die großen Dienste, die Sie unserer Sache erwiesen haben, zu bezeugen und Sie zu versichern, daß ich an Ihrem Schmerz teilnehme, obwohl ich Ihre Frau Mutter nicht gekannt habe; doch kenne ich sehr wohl die schmerzliche Lücke, die der Hinschied eines Menschen, den wir lieben, hervorruft. Mein lieber Caillebotte, ich drücke Ihnen aufs herzlichste die Hand und bitte Sie, Ihre ganze Zeit und Sorgfalt auf die Malerei zu verwenden, die noch das sicherste Mittel ist, um unsere Traurigkeit zu verscheuchen.

Bitte empfehlen Sie mich Ihrem Herrn Vater, und guten Mut, falls dies möglich ist!

PAUL CÉZANNE

LX — AN EMILE ZOLA

L'Estaque, den 20. November [*1878*]

Mein lieber Emile!

Es ist schon einige Zeit her, daß ich Nachrichten aus Paris erhielt und erfuhr, daß Du so gut warst, mir die hundert Franken zu leihen, um die ich Dich gebeten hatte. Seither ist schon eine Woche vergangen, und ich habe nichts mehr aus Paris gehört. Ich habe den Kleinen bei mir in L'Estaque, doch ist das Wetter seit einigen Tagen scheußlich.

Du bist zweifellos mit Arbeit überhäuft. Ich warte auf eine Besserung des Wetters, um meine Malstudien wieder aufzunehmen.

Ich habe ein recht seltsames Buch gekauft; es ist ein Gewebe von Beobachtungen von einer Feinheit, die mir, das fühle ich wohl, oft ent-

dingung, daß sie in ihrer Gesamtheit angenommen werde, dem Staat vermacht. Trotzdem wurde nach langen Verhandlungen und heftigen Pressefeldzügen nur ein Teil der Sammlung angenommen. Dieser befindet sich heute im Louvre; darunter auch zwei der fünf Bilder von Cézanne, die er hinterlassen hatte.

geht, doch was für Anekdoten und wahre Tatsachen! – Und die Leute *comme il faut* nennen den Autor paradox. – Es ist ein Buch von Stendhal: *Histoire de la peinture en Italie*. Du hast es zweifellos gelesen, andernfalls möchte ich mir erlauben, Dich darauf aufmerksam zu machen. – Ich hatte es im Jahre 1869 gelesen, doch hatte ich es schlecht gelesen und lese es jetzt zum dritten Male. – Ich habe gerade die letzte Lieferung des illustrierten *Assommoir* gekauft. Bessere Illustrationen hätten dem Verleger zweifellos nicht besser gedient[159].

Wenn ich mich wieder mit Dir werde unterhalten können, so werde ich Dich fragen, ob Deine Ansicht über die Malerei als Ausdrucksmittel von Empfindungen [*franz. = sensations*] nicht die gleiche ist wie die meine. – Ich empfehle mich Dir, ich bin immer noch in L'Estaque.

Vergiß nicht, Madame Zola von mir zu grüßen, ich drücke Dir und Alexis die Hand.

PAUL CÉZANNE

LXI — AN EMILE ZOLA

[*L'Estaque*,] den 19. Dezember 1878

Mein lieber Emile!

Ich habe offenbar tatsächlich vergessen, Dir zu sagen, daß ich seit September aus dem Vieux chemin de Rome fortgezogen bin. Ich wohne jetzt, oder zumindest Hortense, Rue Ferrari 32. – Was mich selbst anbetrifft, bin ich immer noch in L'Estaque, wo ich Deinen letzten Brief erhielt.

Hortense ist vor vier Tagen aus Paris zurückgekommen, was mich ein wenig beruhigt, denn ich hatte den Kleinen bei mir, und mein Vater hätte uns überraschen können. Man möchte sagen, daß es so etwas wie eine Verschwörung gibt, um meinem Vater meine Lage zu enthüllen; mein Dummkopf von Hausbesitzer mischt sich auch hinein. – Es ist also mehr als einen Monat her, daß Hortense das Geld erhielt, um das ich Dich für sie bat, und ich danke Dir dafür; sie hatte es sehr nötig. Sie hat

159 Dieser Satz ist offenbar ironisch gemeint.

in Paris ein kleines Abenteuer gehabt. – Ich vertraue es nicht dem Papier an, ich werde es Dir nach meiner Rückkehr mitteilen, übrigens ist es keine große Sache. – Also, ich beabsichtige, noch einige Monate hier zu bleiben und gegen Anfang März nach Paris aufzubrechen. – Ich hatte gehofft, hier die allergrößte Ruhe zu genießen, doch bewirkt der Mangel an Einvernehmen zwischen mir und der väterlichen Autorität, daß ich im Gegenteil gequälter bin. – Der Erzeuger meines Lebens ist von dem Gedanken besessen, mich zu befreien. – Es gibt dafür nur ein gutes Mittel, das wäre, mir jährlich zwei- oder dreitausend Franken mehr zu geben und es nicht bis nach meinem Tod zu verschieben, mich zu seinem Erben zu machen, denn ich werde vor ihm enden, das ist sicher.

Wie Du sagst, es gibt hier einige sehr schöne Ansichten. Es kommt nur darauf an, sie wiederzugeben, was kaum mein Fall ist. Ich habe etwas spät begonnen, die Natur zu sehen, was mich jedoch nicht hindert, sie sehr interessant zu finden.

Ich wünsche Euch allen ein frohes Weihnachtsfest!

Nächsten Dienstag werde ich für zwei Tage nach Aix gehen. – Du hast mir nichts über Deine Jagderfolge berichtet; sollte Dein Feuer und das Deiner Waffe nicht von langer Dauer gewesen sein? Ich drücke Dir die Hand.

PAUL CÉZANNE

Wenn Du mir schreiben willst, so bitte immer nach L'Estaque.

LXII — AN MARIUS ROUX [160]

Entwurf ohne Datum
[*um 1878*]

Mein lieber Landsmann!

Obgleich unsere freundschaftlichen Beziehungen sich etwas gelokkert haben, in dem Sinne, als ich nicht oft an Deiner gastlichen Hütte

[160] M. Roux (1838–1905), Journalist und Schriftsteller, war ein Jugendfreund Zolas, mit dem er gegen 1870 ein Theaterstück geschrieben hatte. Sein Roman, den Cézanne erwähnt, erschien 1878 und heißt in Wirklichkeit: *La Proie et*

angeklopft habe, so zögere ich heute doch nicht, mich an Dich zu wenden. – Ich hoffe, Du wirst so gut sein, meine bescheidene Persönlichkeit als impressionistischer Maler vom Menschen zu trennen, und Dich bloß an den Kameraden erinnern. Ich wende mich also nicht an den Verfasser des Romans *L'Ombre et la Proie*, sondern an den Aquaesextier, mit dem ich unter der gleichen Sonne den Tag erblickt habe, und nehme mir die Freiheit, Dir meinen ausgezeichneten Freund und Musiker Cabaner[161] zu schicken. Ich möchte Dich bitten, sein Gesuch zu begünstigen, und möchte mich Dir zu gleicher Zeit empfehlen für den Fall, daß die Sonne des Salons für mich aufgehen sollte.

Ich bitte Dich, in der Hoffnung, daß meine Bitte eine gute Aufnahme finden möge, den Ausdruck meines Dankes und meiner kollegialen Sympathie entgegenzunehmen.

Ich drücke Dir die Hand.

PAUL CÉZANNE
Pictor semper virens
obwohl nicht [*unleserliches Wort*]

Darf ich mich Madame Roux empfehlen!

l'Ombre. Da er auch Kunstkritiker war, empfiehlt sich Cézanne ihm besonders, falls er einmal im offiziellen Salon angenommen werden sollte.

[161] Der Musiker und Philosoph Cabaner war ein Freund von Renoir, Cézanne, Manet, Richepin usw. Manet hat ein Pastellbildnis von ihm hinterlassen, das sich im Louvre befindet.

1879

LXIII An Victor Chocquet[162]

L'Estaque, den 28. J[*anuar*] 1879

Mein lieber Monsieur Chocquet!

Ich möchte Sie um die Gefälligkeit bitten, mir einige Auskünfte zu erteilen. Es handelt sich um folgendes, doch selbstverständlich nur für den Fall, daß Sie die besagten Auskünfte ohne allzu viele Mühe und Umständlichkeiten erhalten können, andernfalls ich mich an den guten Tanguy wenden würde, was ich auch getan hätte, wenn ich nicht glaubte, daß ich durch Sie einen vollständigeren und ausführlicheren Bescheid erhalten würde. Ich gehe jetzt also zur Sache über. Ich wünsche zu erfahren, was man machen muß, um der Verwaltung der Schönen Künste ein Bild in der Absicht zukommen zu lassen, es dem Urteil der Jury zu unterbreiten, und möchte auch wissen, ob, wenn das Bild, wie ich fürchte, abgewiesen wird, die liebenswürdige Verwaltung es übernimmt, das besagte Kunstwerk an den Autor zurückzusenden, welcher Autor sich in der Provinz befindet? Es ist unnötig hinzuzufügen, daß der Autor weiß, daß er die Kosten für den Hin- und Rücktransport seines Werkes zu tragen hat.

Ich nehme mir die Freiheit, mich deswegen an Sie zu wenden, um einem meiner Landsleute einen Dienst zu erweisen[163]. Es handelt sich nicht um mich selbst, denn ich werde mich in den ersten Tagen des März dieses Jahres mit meiner kleinen Karawane nach Paris begeben.

Das Wetter ist dieses Jahr recht regnerisch, doch ist es in unserer Gegend seit vierzehn Tagen sehr milde.

Monsieur Chocquet, ich bitte Sie, mich zu entschuldigen und mich Madame Chocquet zu empfehlen; meine Frau und der Kleine lassen Sie grüßen.

Ihr sehr ergebener PAUL CÉZANNE

[162] Bezüglich Chocquet siehe Fußnote zum Brief XXXVII, siehe Seite 139.

[163] Da Cézanne seine Bilder stets persönlich im Palais de l'Industrie abgeliefert hatte, wo der Salon stattfand, wußte er offenbar nicht, wie Künstler, die nicht in Paris lebten, vorzugehen hatten.

LXIV

An Victor Chocquet

L'Estaque, den 7. Februar 1879

Monsieur Chocquet!

Ich danke Ihnen, wenn auch etwas spät, für die Gefälligkeit, mit der Sie mir über die in meinem letzten Brief genannte Angelegenheit Auskunft erteilt haben.

Ich glaube, daß mein Kamerad Grund haben wird, über die Eindeutigkeit zufrieden zu sein, mit der die höhere Verwaltung in gedruckten Formularen ihren Untergebenen gegenüber auftritt.

Ich bin glücklich, von dem Erfolg Renoirs zu vernehmen[164]. Hoffen wir, daß nur irgendwelche besonderen und nicht zu unangenehmen Umstände ihn davon abgehalten haben, Sie während der letzten Zeit zu besuchen.

Meine Frau, die damit betraut ist, sich unserer täglichen Ernährung zu widmen, weiß, was für Ärger und Mühe das verursacht, und nimmt an den Sorgen Madame Chocquets Anteil; sie sowie auch Ihr ergebener Diener senden ihr die besten Grüße. Was den Kleinen anbetrifft, so ist er in jeder Beziehung schrecklich und läßt manches Unangenehme für die Zukunft erwarten.

Ich schließe, indem ich Ihnen gute Gesundheit wünsche, und bin mit Dankbarkeit Ihr sehr ergebener

Paul Cézanne

LXV

An Emile Zola

L'Estaque, Februar 1879

Mein lieber Emile!

Ich wollte Dir schon vor einiger Zeit schreiben, denn ich erfuhr durch den *Figaro* und das *Petit Journal* von dem großen Bühnenerfolg des *Assommoir* und wollte Dich dazu beglückwünschen. – Ich denke, daß

[164] Renoir hatte mehrere Aufträge für Porträts bekommen und besonders im Jahr 1878 ein bedeutendes Bildnis von Madame Charpentier, der Frau von Zolas Verleger, und ihren Kindern gemalt, das im Salon von 1879 einen großen Erfolg davontragen sollte.

ich wohl nur noch vierzehn Tage in L'Estaque verbringen, dann nach Aix gehen und von dort nach Paris aufbrechen werde. Wenn Du etwas aus der hiesigen Gegend brauchen solltest, stehe ich zu Deiner Verfügung, wie auch für irgendeinen anderen Auftrag.

Meine Mutter schließt sich mir an, um Dir die herzlichsten Grüße zu senden, sowie auch an Madame Zola und an Deine Mutter.

Ich drücke Dir die Hand

PAUL CÉZANNE

LXVI

AN CAMILLE PISSARRO

[*Paris*,] den 1. April 1879

Mein lieber Pissarro!

Ich denke, daß es für mich in Anbetracht der Schwierigkeiten, die durch meine Einsendung zum Salon entstehen, schicklich wäre, nicht an der Ausstellung der Impressionisten teilzunehmen[165].

Andererseits erspare ich mir den Ärger, der durch die Umstände des Transportes meiner paar Bilder entsteht. Übrigens verlasse ich Paris in einigen Tagen.

In Erwartung des Augenblicks, da ich Ihnen werde die Hand schütteln können, grüße ich Sie herzlichst.

PAUL CÉZANNE

LXVII

AN EMILE ZOLA

Melun, den 3. Juni 1879

Mein lieber Emile!

Nun ist der Juni gekommen, und soll ich Dich jetzt besuchen, so wie Du es mir letzthin ungefähr gesagt hattest? Ich fahre am Achten dieses

[165] Neben Cézanne zogen es auch Monet, Renoir und Sisley in diesem Jahr vor, sich wieder dem Urteil der Salon-Jury zu unterwerfen und nicht mit der Gruppe der Impressionisten auszustellen. Dieser Umstand erboste Degas und veranlaßte ihn, darauf zu dringen, daß von nun ab niemandem erlaubt werde, gleichzeitig im Salon und mit den Impressionisten auszustellen. Da Cézanne nie die Hoffnung aufgab, vor der Jury Gnade zu finden, konnte deshalb bei den späteren Ausstellungen der Gruppe nicht mehr von seiner Beteiligung die Rede sein. Übrigens wurde er, wie auch Sisley, 1879 abermals abgewiesen.

Monats nach Paris, und wenn Du mir vor diesem Datum schreibst, werde ich von der Gelegenheit profitieren, um Dich auf Deinem Landsitz in Médan aufzusuchen. – Wenn Du jedoch im Gegenteil meinst, daß ich diesen kleinen Ausflug verschieben soll, so teile es mir trotzdem mit.

Ich bin am 10. Mai bei Dir in der Rue de Boulogne vorbeigekommen, doch wurde mir gesagt, daß Du schon seit einigen Tagen aufs Land gezogen seist.

Vielleicht hast Du erfahren, daß ich einen kleinen Einschmeichlungsbesuch bei Freund Guillemet gemacht habe, der mich, wie man sagt, gegenüber der Jury in Schutz genommen hat[166], leider jedoch ohne eine Sinnesänderung bei diesen hartherzigen Richtern zu erwirken.

Bei dieser Gelegenheit danke ich Dir dafür, daß Du mir Deine Broschüre über *La République de l'Art* gesandt hast. Es trifft sich, daß Cabaner mir ähnliche, aber noch traurigere Dinge über die Situation gesagt hat. Übrigens habe ich die Broschüre von hier aus an Guillaumin gesandt, der sie zu lesen wünschte.

Werden wir schöne Tage haben? Das Wetter scheint es kaum zu versprechen. Ich habe das Wasser berührt, und es schien mir nicht eigentlich zu kalt zu sein.

Ich grüße Madame Zola und auch Dich. Durch das *Petit Journal* und *La Lanterne* erfahre ich, was Du machst und was Du gemacht hast.

Ich drücke Dir die Hand

PAUL CÉZANNE

LXVIII AN EMILE ZOLA

[*Melun*,] Donnerstag, den 5. Juni 1879

Mein lieber Emile!

Es ist also abgemacht für Dienstag zwischen vier und halb fünf Uhr.

166 Guillemet, der sich auf Anraten von Corot nicht den Impressionisten angeschlossen hatte, war inzwischen zum Mitglied der Jury erwählt worden. Da es ihm jedoch nicht gelang, die Annahme eines Bildes von Cézanne durchzusetzen, machte er schließlich vom Recht der Jurymitglieder Gebrauch, das Werk eines Schülers ohne Juryurteil annehmen zu können. So konnte Cézanne 1882 im Salon ein Bild unter der Bezeichnung: ›P. Cézanne, Schüler von A. Guillemet‹ ausstellen.

Ich werde Montag im Laufe des Tages nach Paris fahren und Dich am nächsten Tage in der Rue de Boulogne aufsuchen.

Ich drücke Dir die Hand.

PAUL CÉZANNE

LXIX

AN EMILE ZOLA

Melun, den 23. Juni 1879

Mein lieber Emile!

Ich bin ohne Unannehmlichkeiten am Bahnhof von Triel angekommen, und mein durch die Wagentür winkender Arm hat Dir sicher, als ich an Deinem Schloß vorbeifuhr, meine Anwesenheit im Zuge, den ich nicht verpaßt hatte, verraten[167]. Seither erhielt ich, ich glaube am Freitag, den Brief, der für mich an Deine Adresse gerichtet worden war. Ich danke Dir dafür, es war ein Brief von Hortense. Während meiner Abwesenheit ist hier Dein Band *Mes Haines*[168] eingetroffen, und heute kaufte ich gerade die Nummer des *Voltaire*, um Deinen Artikel über Vallès zu lesen.

Ich las ihn soeben und finde ihn wundervoll. Das Buch *Jacques Vingtras* hatte in mir sehr viel Sympathie für den Autor erweckt. – Ich hoffe, daß er zufrieden sein wird.

Ich bitte Dich, mich Deiner Mutter und auch Deiner Frau zu empfehlen und ihr meinen herzlichsten Dank auszudrücken.

Ich drücke Dir die Hand!

Und gute Gesundheit

PAUL CÉZANNE

Falls Alexis bei Dir ist – *salut*. – Wenn sich eine Gelegenheit bietet, teile mir bitte mit, in welcher Tiefe man im Brunnen Wasser gefunden hat.

[167] Die Eisenbahnlinie durchschneidet den Garten Zolas in Médan.

[168] Dieser Sammelband von Zolas literatur- und kunstkritischen Aufsätzen, der auch seine Salonbesprechung von 1866 mit der langen Widmung an Cézanne enthielt, war seit 1866 zum erstenmal in einer Neuauflage erschienen.

LXX An Emile Zola

[*Melun,*] den 24. September 1879

Mein lieber Emile!

Ich schreibe Dir aus dem folgenden Grunde, denn seit ich Dich im Juni verließ, hat sich nichts zugetragen, was zu einem Brief hätte Anlaß geben können, obwohl Du in Deinem letzten Brief die Freundlichkeit hattest, mich aufzufordern, Dir von mir zu berichten. Ein Tag gleicht so sehr dem andern, daß ich Dir nichts zu sagen wußte. Doch jetzt möchte ich folgendes: mir *L'Assommoir* ansehen. Darf ich Dich um drei Plätze bitten? – Aber das ist noch nicht alles, es gibt noch eine weitere Schwierigkeit, nämlich der bestimmte Zeitpunkt, für den ich Dich um all das bitte, das heißt für den 6. Oktober. Prüfe bitte, ob das, worum ich Dich ersuche, Dir nicht zu große Mühe bereitet. Denn Du bist ja nicht einmal in Paris. Ich selbst komme auch nicht hin und fürchte, daß es nicht leicht sein wird, den Zeitpunkt, da ich nach Paris gehen werde, mit der Ausfertigung der Eintrittskarten in Übereinstimmung zu bringen. – Wenn es also Hindernisse geben sollte, so sage es mir und fürchte nicht, mich abzuweisen, denn ich verstehe sehr wohl, daß Du sicher mit derartigen Bitten schon überhäuft worden bist. Ich habe durch das *Petit Journal* erfahren, daß Alexis mit Erfolg aufgeführt worden ist.

Ich strenge mich weiter an, meinen Weg als Maler zu finden. Die Natur bereitet mir die größten Schwierigkeiten. Aber es geht mir nach einer Bronchitis, wie der von 1877, die mich einen Monat lang durchschüttelte, nicht allzu schlecht. Ich wünsche Dir, von allen Unannehmlichkeiten dieser Art bewahrt zu bleiben. Ich hoffe, daß dieser Brief Dich und die Deinen bei guter Gesundheit antreffen wird. Mein Vater hat vor einiger Zeit seinen Teilhaber verloren, doch ihnen selbst geht es glücklicherweise allen gut.

Ich drücke Dir die Hand und bitte Dich, Deine Frau und Deine Mutter herzlichst von mir zu grüßen.

Dein ergebener

Paul Cézanne

LXXI

An Emile Zola

[*Melun,*] den 27. September 1879

Mein lieber Emile!

Ich danke Dir herzlichst! Sende mir die Eintrittskarten nach Melun. Ich gehe erst am Morgen des 6. nach Paris.

Ich nehme Deine Einladung nach Médan sehr gerne an. Vor allem für jenen Zeitpunkt, wo die Landschaft wirklich erstaunlich ist. – Es scheint, als gäbe es dann mehr Stille. Doch das sind Empfindungen, die ich nicht ausdrücken kann; es ist besser, sie zu fühlen.

Die besten Grüße an die Deinen und meinen Dank. Ich drücke Dir die Hand.

Dein ergebener

Paul Cézanne

LXXII

An Emile Zola

Melun, den 9. Oktober 1879

Mein lieber Emile!

Ich habe mir *L'Assommoir* angesehen, worüber ich sehr zufrieden bin. Ich hatte einen Platz, wie er gar nicht besser sein konnte, und habe überhaupt nicht geschlafen, obwohl ich mich gewöhnlich kurz nach acht Uhr ins Bett lege. Das Interesse läßt nirgends nach, doch würde ich, nachdem ich dieses Stück gesehen habe, zu sagen wagen, daß die Schauspieler mir so überraschend erscheinen, daß sie gewiß einer Unmenge von Theaterstücken, die es nur dem Namen nach sind, zum Erfolg verhelfen können. Eine literarische Form dürfte bei ihnen nicht nötig sein. Das Ende des Coupeau ist wirklich außerordentlich, und die Schauspielerin, die Gervaise darstellt, ist ganz besonders sympathisch. Doch spielen sie übrigens alle sehr gut. Etwas ganz Erstaunliches ist die Notwendigkeit, aus der großen Virginie eine melodramatische Verräterin zu machen; diese notwendige Konzession hat gewiß die Manen von Bouchardie getröstet, die sich ohne dies wohl kaum mehr zurechtgefunden hätten.

Auf einer großen Leinwand, die den ganzen Theatervorhang bedeckte, sah ich die Anzeige vom bevorstehenden Erscheinen von *Nana* für den 15.

Ich danke Dir herzlichst, und wenn meine Kollegen mit den Anstreicherpinseln fertig sein werden, schreib mir bitte.

Bitte empfiehl mich Madame Zola, Deiner Mutter und Dir selbst!

Ich drücke Dir die Hand

Paul Cézanne

LXXIII — An Emile Zola

Melun, den 18. Dezember 1879

Mein lieber Emile!

Ich erhielt Deine beiden letzten Briefe, von denen der eine mir die Häufung des Schnees mitteilte und der andere das völlige Ausbleiben des Tauwetters. Ich glaube es Dir gerne. Was die Kälte anbetrifft, habe ich Dich um nichts zu beneiden. – Mittwoch hatten wir hier bis zu 25 Grad. Und was mich noch weniger freut, ist, daß ich mir keinen Brennstoff beschaffen kann.

Wahrscheinlich werde ich Samstag keine Kohle mehr haben und gezwungen sein, nach Paris zu flüchten. Es ist ein erstaunlicher Winter. Es bereitet mir einige Schwierigkeiten, mich in Gedanken in den Juli zurückzuversetzen; die Kälte erinnert einen zu sehr an die Wirklichkeit.

Es bleibt also abgemacht für Januar, vorausgesetzt, daß ich Dich nicht zu sehr störe. Wenn ich nach Paris gehe, werde ich Dir meine Adresse geben.

Ich drücke Dir die Hand und bitte Dich, mich Madame Zola und Deiner Mutter zu empfehlen.

Paul Cézanne

1880

LXXIV AN EMILE ZOLA

Ohne Datum
[*Melun, Februar 1880*]

Mein lieber Emile!

Ich bin ein wenig im Rückstand, um Dir für den letzten Band, den Du mir geschickt hast, zu danken. Doch hat mich der Reiz der Neuheit veranlaßt, mich sogleich darauf zu stürzen, und gestern habe ich die Lektüre von *Nana* beendet. – Es ist ein wundervolles Buch, aber ich fürchte, daß die Zeitungen auf Grund einer vorherigen Vereinbarung nicht davon gesprochen haben. Tatsächlich habe ich in keiner der drei kleinen Zeitungen, die ich kaufe, einen Artikel oder eine Anzeige gesehen. Und diese Feststellung hat mich etwas verärgert, denn sie wäre der Beweis einer zu starken Interesselosigkeit für Dinge der Kunst oder das Zeichen einer schamhaften und beabsichtigten Zurückhaltung, die man für gewisse andere Themen nicht empfindet[169].

Aber es mag sein, daß der Lärm, den das Erscheinen des Bandes *Nana* verursacht haben dürfte, nicht bis zu mir gedrungen ist, und es wäre dies die Schuld unserer schmutzigen Blätter, was mich in diesem Falle sehr trösten würde.

Ich empfehle mich Madame Zola und danke Dir. Ich werde Dich im März besuchen.

PAUL CÉZANNE

LXXV AN EMILE ZOLA

Melun, den 25. Februar 1880

Mein lieber Emile!

Ich erhielt heute morgen das Buch, das Alexis soeben veröffentlicht hat. Ich möchte ihm danken, und da ich seine Adresse nicht weiß, wende

[169] Dieser Satz ist auch im französischen Text etwas unklar. Übrigens erzielte *Nana* trotz des feindlichen Stillschweigens der Presse einen noch größeren Publikumserfolg als *L'Assommoir*.

ich mich an Dich, damit Du so freundlich bist, ihm mitzuteilen, daß ich sehr gerührt bin vom Beweis der Sympathie, den er mir gegeben hat. Dieser Band gesellt sich zu der literarischen Sammlung, die Du mir geschaffen hast, und ich bin für einige Zeit versorgt, um mich zu zerstreuen und mich während der Winterabende zu beschäftigen. Übrigens hoffe ich, daß ich Alexis sehen werde, wenn ich wieder in Paris bin, und daß ich mich dann auch selbst bei ihm bedanken kann.

Unser Freund Antony Valabrègue hat beim Verleger Lemerre einen reizenden Band *Petits poèmes parisiens* veröffentlicht. Du hast gewiß ein Exemplar davon. Meine Zeitung bespricht ihn günstig.

Doch es scheint, daß Mademoiselle Deraismes[170] aus Pontoise oder Umgebung Dich sehr malträtiert hat. Pons, jener von Sainte-Beuve, würde sagen, daß sie gut täte, Strümpfe zu stricken.

Ich drücke Dir herzlichst die Hand und empfehle mich Madame Zola.

Dein ergebener Freund

PAUL CÉZANNE

LXXVI — AN EMILE ZOLA

[*Paris*,] den 1. April 1880

Mein lieber Emile!

Nachdem ich heute morgen, am ersten April, Deinen Brief erhalten habe, der jenen von Guillemet enthielt, begebe ich mich nach Paris und erfahre bei Guillaumin, daß die ›Impressionisten‹ eröffnet sind. – Ich eile hin[171]. Alexis läuft mir in die Arme, Doktor Gachet lädt uns zum Abendbrot ein, ich hindere Alexis, Dir seine Aufwartung zu machen. Darf ich mir erlauben, uns für Samstagabend zum Abendessen einzu-

[170] Maria Deraismes (1828–1894), französische Frauenrechtlerin.

[171] Die fünfte Ausstellung der Gruppe wurde am 1. April eröffnet. Weder Monet noch Renoir nahmen an ihr teil, da sie wieder vorzogen, im Salon auszustellen, wo sie hofften, sich besser beim allgemeinen Publikum durchzusetzen, nachdem die Presse die Impressionistenausstellungen weiterhin lächerlich machte.

Paul Cézanne: Bildnis der Gattin des Künstlers, 1891.

(oben)
Cézanne in seinem Pariser Atelier, 1894.

(unten links)
Aufnahme von Joachim Gasquet.

(unten rechts)
Cézanne: Porträt Joachim Gasquet, 1896.

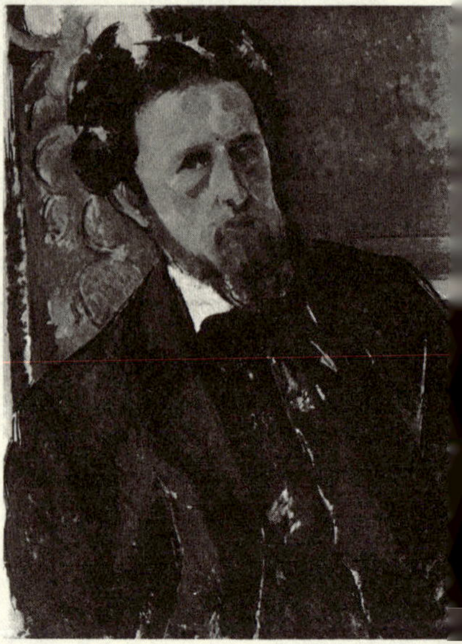

(oben links)
Cézanne: Porträt Gustave Geffroy, 1895.

(oben rechts)
Aufnahme von Gustave Geffroy in seinem Arbeitszimmer.

(unten)
Cézanne: Selbstbildnis. Zeichnung, 1890.

Cézanne: Porträt seines Sohnes Paul, um 1890.

laden? Wenn das Gegenteil der Fall sein sollte, so sei so freundlich, es mir mitzuteilen. Ich wohne 32, Rue de l'Ouest, Plaisance.

Ich bin voll Dankbarkeit Dein alter Schulkamerad von 1854.

Ich bitte Dich, mich Madame Zola zu empfehlen.

Paul Cézanne

LXXVII An Emile Zola

[*Paris,*] den 10. Mai 1880

Mein lieber Emile!

Ich sende Dir anbei die Kopie eines Briefes, den Renoir und Monet an den Minister der Schönen Künste richten werden, um gegen die schlechte Hängung ihrer Bilder zu protestieren und für nächstes Jahr eine Ausstellung der Gruppe der reinen Impressionisten zu fordern. Hier folgt nun, was man mich beauftragte, Dich zu bitten:

Dies wäre, jenen Brief im *Voltaire* zu veröffentlichen und ihm einige Worte über die bisherigen Ausstellungen der Gruppe voranzustellen oder beizufügen. Diese wenigen Worte sollen dazu dienen, die Bedeutung der Impressionisten und des wirklichen Interesses, das sie hervorriefen, darzutun[172].

Ich füge nicht erst hinzu, daß die Art und Weise, in der es Dir angebracht erscheinen wird, diese Bitte zu erfüllen, in keiner Weise weder die guten Gefühle, die Du mir entgegenbringst, noch die freundschaftlichen Beziehungen, die Du zwischen uns hast dulden wollen, zu beeinflussen vermag. Denn ich komme mehr als einmal in die Lage, Ge-

[172] Zola veröffentlichte, dieser Bitte entsprechend, vom 18. bis 22. Juni im *Voltaire* eine Artikelserie über den ›Naturalismus im Salon‹, deren Standpunkt sich jedoch nicht eigentlich mit den Ansichten der Impressionisten deckte und kaum der von ihnen erwarteten Intervention entsprach. Nachdem er selbst die Früchte des Erfolgs zu kosten begonnen hatte, konnte er sich die fortgesetzten Schwierigkeiten der Impressionisten nur dadurch erklären, daß keiner der Maler es zu einer wirklichen Meisterschaft gebracht hätte. Über Cézanne äußerte Zola sich nur kurz: ›Monsieur Paul Cézanne, ein Temperament eines großen Malers, der sich noch mit Ausdrucksversuchen abmüht, steht Courbet und Delacroix näher.‹

suche an Dich zu richten, die Dich belästigen können. Ich erfülle die Rolle eines Vermittlers und weiter nichts.

Ich erfuhr gestern das sehr unglückliche Ereignis des Todes von Flaubert. – So befürchte ich denn auch, daß dieser Brief Dich mitten in viel Sorgen antreffen wird.

Ich bitte Dich, mich Madame Zola und Deiner Mutter zu empfehlen. Ich drücke Dir herzlichst die Hand.

Paul Cézanne

Monsieur le Ministre!

Zwei unter der Bezeichnung ›Impressionisten‹ bekannte Maler wenden sich voll Vertrauen an Sie, um zu erwirken, daß sie nächstes Jahr im Palais des Champs-Elysées in angemessener Weise ausgestellt werden.

Bitte gestatten Sie uns, Herr Minister, Ihnen unsere vorzügliche Hochachtung auszudrücken.

LXXVIII An Emile Zola

[*Paris,*] Samstag, den 19. Juni 1880

Mein lieber Emile!

Ich habe Dir noch für Deinen vorletzten Brief zu danken, den Du mir bezüglich dessen, um was ich Dich für Monet und Renoir bat, geschrieben hattest. Ein wenig aus Nachlässigkeit und auch, weil der Juni schon fortgeschritten ist, habe ich Dir nicht geantwortet. – Schließlich kommt noch hinzu, daß ich Deinen letzten Brief erst heute erhielt. Das liegt daran, daß die Anschrift nicht genau war. Es sollte 32 und nicht 12, Rue de l'Ouest heißen. Ich danke Dir herzlichst. Ich konnte mir die Nummer vom 19. beschaffen[173]. Ich werde zum *Voltaire* gehen, um mir die vom 18. zu holen.

[173] Diese Nummer des 19. enthielt gerade den kurzen und lauwarmen Hinweis auf Cézanne, zu dem dieser es jedoch offenbar vorzog, sich nicht zu äußern, wie er es überhaupt vermied, zu Zolas zurückhaltenden Ansichten Stellung zu nehmen.

Monet hat zur Zeit bei Monsieur Charpentier in der *Vie Moderne* eine sehr schöne Ausstellung[174].

Ich weiß nicht recht, ob die wirkliche Hitze kommen wird, doch schreib mir, sobald ich Dich nicht störe; ich werde mit Vergnügen nach Médan kommen. Und wenn Du nicht erschrickst über die lange Zeit, die ich riskiere, daran zu verwenden, werde ich mir erlauben, eine kleine Leinwand mitzubringen und dort ein ›Motiv‹ zu malen, doch nur, wenn es Dir nicht ungelegen kommt.

Ich danke Madame Zola vielmals für den großen Haufen von Stofflappen, den sie mir gegeben hat und die mir sehr zustatten kommen. – Ich gehe jeden Tag aufs Land ein wenig malen.

Ich sah den wirklich vortrefflichen Solari. Morgen werde ich ihn besuchen. Er ist dreimal zu mir gekommen, und ich war immer abwesend. Morgen, Sonntag, werde ich ihm die Hand drücken gehen. Nichts geht gut für ihn. Es gelingt ihm nicht, das Glück auf seine Seite zu bringen. Wieviel glückliche Kerle gelangen doch mit weniger Anstrengung ans Ziel. Doch gibt es den Menschen; und ich für meinen Teil danke Gott, einen ewigen Vater zu haben.

Ich bitte Dich, Madame Zola sowie auch Deine Mutter von mir zu grüßen.

Ich drücke Dir die Hand

PAUL CÉZANNE

LXXIX

AN EMILE ZOLA

[*Paris*,] den 4. Juli 1880

Mein lieber Emile!

Am vergangenen 19. Juni habe ich den Brief beantwortet, den Du mir am 16. geschrieben hattest. Es ist wahr, daß ich Dich darin fragte, ob ich zu Dir kommen könnte, um dort zu malen. – Doch wünschte ich

[174] Tatsächlich war es die Frau des Verlegers, die die Gründung der neuen Zeitschrift, *La Vie Moderne*, befürwortet hatte, deren Redakteur Renoirs Bruder wurde. In einem besonderen Saal der Redaktion wurden auch Ausstellungen veranstaltet, jedoch meist von Epigonen des Impressionismus.

selbstverständlich nicht, ein Anlaß von Störung zu sein. Seither habe ich nichts mehr von Dir gehört, und da seit jenem Augenblick schon ungefähr vierzehn Tage verflossen sind, erlaube ich mir, Dich um einige Worte zu bitten, um über die Situation auf dem laufenden zu sein. Wenn Du möchtest, daß ich Dich besuchen soll, werde ich kommen, und wenn Du mir das Gegenteil sagst, werde ich noch nicht kommen [175]. – Ich habe von der Nummer 11 an die Artikel, die Du im *Voltaire* veröffentlicht hast, gelesen und danke Dir in meinem Namen und in dem meiner anderen Kollegen. – Nach dem, was ich erfuhr, soll Monet einige der bei Monsieur Charpentier ausgestellten Bilder verkauft und Renoir einige gute Porträtaufträge erhalten haben.

Ich wünsche Dir eine gute Gesundheit und bitte Dich, mich Madame Zola und Deiner Mutter zu empfehlen.

Ich bin voll Dankbarkeit Dein ergebener

PAUL CÉZANNE

Meine Adresse ist: 32, Rue de l'Ouest, und nicht 12, wie Du versehentlich geschrieben hattest.

LXXX AN EMILE ZOLA

Samstag [*18*]80

Mein lieber Emile!

Ich erhielt soeben das Buch, das ihr mir gesandt habt [176]. Ich werde mich daran laben, sowie die ruhigen Abendstunden hereingebrochen sein werden. Ich bitte Dich, Deinen Kollegen, wenn Du sie siehst, meine

[175] Tatsächlich kam Cézanne im August nach Médan, von wo Zola am 22. Guillemet mitteilte: ›Paul ist immer noch hier bei mir. Er arbeitet viel.‹ Während seines ausgedehnten Aufenthaltes in Médan lernte Cézanne viele von Zolas Freunden, darunter Huysmans, Céard und Rod kennen, sowie vermutlich auch Théodore Duret.

[176] Es handelt sich um die *Soirées de Médan*, einen Sammelband, der Novellen von Zola, Maupassant, Alexis, Huysmans, Céard usw. vereinigt.

Gefühle künstlerischer Sympathie, die alle Fühlenden trotz der Verschiedenheit der angewandten Ausdrucksmittel vereinen, zum Ausdruck zu bringen und ihnen dafür zu danken, daß sie sich Dir angeschlossen haben, um mir dieses Buch zu schenken, in dem ich eine Fülle kräftiger und nahrhafter Emanationen wittere.

Ich bin von ganzem Herzen der Deine, als der Provençale, bei dem die Reife nicht dem Alter vorangegangen ist. – Daß ich nicht vergesse, mich Madame zu empfehlen und sie zu bitten, mich als ihren sehr ergebenen Diener zu betrachten.

PAUL CÉZANNE

LXXXI AN EMILE ZOLA

[*Paris*,] den 28. Oktober 1880

Mein lieber Emile!

Heute morgen brachte mir Solari den Brief, den Du mir gesandt hast. Ich hatte durch das *Journal* erfahren, daß Du Deine Mutter verloren hast, und ferner, daß Du Dich nach Aix begeben würdest [177]; deshalb bin ich nicht nach Médan gekommen. Ich wollte Dir schreiben, um Dich zu fragen, ob Du nächsten Monat nach Paris zu kommen beabsichtigst, doch da Du mir Deine in einiger Zeit bevorstehende Ankunft mitteilst, werde ich bis dahin warten, es sei denn, daß Du wünschest, ich besuchte Dich; ich stehe zu Deiner Verfügung für alles, was ich für Dich tun kann.

Ich begreife sehr wohl die Traurigkeit Deiner Lage, hoffe aber, daß Deine Gesundheit dennoch so wenig davon berührt ist, wie nur möglich, ebenso wie die Deiner Frau.

Ich sende Euch meine besten Grüße und drücke Euch herzlichst die Hand.

PAUL CÉZANNE

32, Rue de l'Ouest.

[177] Die Mutter Zolas wurde im Aixer Friedhof an der Seite ihres Gatten bestattet.

LXXXII An Emile Zola

12. April 1881

Mein lieber Emile!

In einigen Tagen soll die Versteigerung zugunsten von Cabaner stattfinden. Ich bitte Dich deshalb um folgendes: nämlich, ob Du es wohl übernehmen würdest, eine kleine Notiz zu schreiben, wie Du es für die Versteigerung von Duranty[178] getan hast. – Denn man zweifelt nicht daran, daß allein die Unterstützung durch Deinen Namen einen großen Anreiz für das Publikum bilden wird, um Käufer heranzuziehen und die Auktion zu empfehlen.

Hier eine Übersicht der Namen einiger Künstler, die Bilder gestiftet haben:

Manet, Degas, Frank Lamy, Pissarro, Béraud, Gervex, Guillemet, Pils, Cordey usw., und Dein ergebener Freund.

Als einer Deiner ältesten Bekannten bin ich beauftragt worden, Dir diese Bitte zu übermitteln.

Ich drücke Dir freundschaftlichst die Hand und bitte Dich, mich Madame Zola zu empfehlen.

Ganz der Deine

Paul Cézanne

LXXXIII An Théodore Duret?[179]

Ohne Datum
[April 1881]

Anbei der sehr liebenswürdige Brief, den Zola so gut war, mir zu schreiben.

[178] Edmond Duranty (1833–1880), Romanschriftsteller und Kritiker, der mit der Impressionistengruppe befreundet war und eine Broschüre über ›Die neue Malerei‹ veröffentlicht hatte. Zola hatte eine Einleitung zum Katalog der zugunsten seiner Witwe veranstalteten Versteigerung geschrieben.

[179] Es ist nicht durchaus sicher, daß dieser Brief an den Historiker der Impressionisten, Théodore Duret (1838–1927), gerichtet wurde, doch ist er unter dessen Papieren gefunden worden. Er war mit Zola seit 1868 befreundet, als sie gemeinsam an

Bitte wollen Sie ihm nun Ihrerseits die notwendigen Angaben senden.
Ich bin mit Hochachtung Ihr ergebener Diener

PAUL CÉZANNE

[*Diese Worte befinden sich auf der Rückseite eines Briefes von Zola an Cézanne, der Médan, den 16. April 81, datiert ist und folgenden Wortlaut hat:*]

Mein lieber Paul!

Ich will gern die kleine Notiz verfassen, um die Du mich bittest; doch brauche ich dafür unbedingt einige nähere Angaben.

Ich soll von Cabaner sprechen; doch in welcher Form? Soll ich sagen, daß er leidend ist, daß er sich im Süden befindet, daß die Versteigerung gemacht wird, um ihm zu Hilfe zu kommen? Mit einem Wort, soll ich von seiner Notlage sprechen? Ich kenne ihn nur sehr wenig und möchte ihn nicht verletzen. Antworte mir schnell, was Du davon hältst und ob wir das Publikum zu Mitleid mit seinem Schicksal bewegen können, indem wir jedoch gleichzeitig auch von seinen künstlerischen Kämpfen und seinem Talent sprechen? Ich glaube, das wäre die richtige Note. Doch möchte ich, daß mich die Veranstalter der Versteigerung ermächtigen, dies zu sagen.

Ich erwarte Deinen Brief, um die Notiz zu machen.

Ganz Dein

EMILE ZOLA[180]

LXXXIV AN EMILE ZOLA

Pontoise, den 7. Mai 1881

Mein lieber Emile!

Ich bin seit zwei Tagen in Pontoise. Seit Du die Freundlichkeit hattest, mir zu schreiben, um mir mitzuteilen, daß Du so gut sein wolltest, die

der *Tribune* mitarbeiteten und sich für die Kunst Manets begeisterten. Cézanne war in der Gruppe wohl der einzige, der keine näheren Beziehungen zu Duret unterhielt.

180 Die Angaben, um die Zola bat, wurden ihm schließlich von Frank Lamy übermittelt. Zolas Notiz erschien im Katalog der Versteigerung, die nur geringen Erfolg hatte. Einige Monate später, am 3. August 1881, starb Cabaner an Schwindsucht.

Notiz über Cabaner zu verfassen, habe ich Frank Lamy, einen der Veranstalter der Versteigerung zugunsten des unglücklichen Musikers, glaube ich nicht mehr wiedergesehen.

So möchte ich gerne, daß Du mir mitteilst, ob Du die Angaben erhalten hast, nach denen Du arbeiten solltest, und ob Du die kleine Notiz verfaßt hast, um die ich Dich zu bitten beauftragt worden war? Ich erhielt von Huysmans und von Céard, sowie auch von Dir, sogleich nach Erscheinen Eure letzten Bücher, worüber ich mich sehr gefreut habe. – Ich denke, daß Céard einen großen Erfolg haben wird, denn es scheint mir, daß sein Buch sehr amüsant ist, abgesehen von den großen Qualitäten der Auffassungen und Beobachtungen, die ihm eigen sind.

Ich danke Dir vielmals, daß Du mich die Bekanntschaft dieser bedeutenden Personen machen ließest, und bitte Dich, mich Madame Zola und Dir selbst zu empfehlen.

Ich grüße Dich herzlichst

Paul Cézanne

Ich wohne augenblicklich: 31, Quai du Pothuis, in Pontoise (Seine-et-Oise).

Im letzten Augenblick erfahre ich gerade, daß Madame Béliard sehr krank ist; es ist immer peinlich, zu vernehmen, daß das Schicksal Menschen heimsucht, die sympathisch sind.

LXXXV An Victor Chocquet

Pontoise, den 16. Mai [*1881 oder 1880*]

Monsieur Chocquet!

Da ich erfahre, daß die Vierziger-Leinwand[181], die Monsieur Tanguy Ihnen vermutlich bereits übergab, keinen Rahmen hat, wäre ich Ihnen sehr verbunden, wenn Sie so freundlich sein würden, die Leisten für das erwähnte Bild zu sich bringen zu lassen. Ich danke Ihnen im voraus und bitte Sie, die neue Störung, die ich Ihnen verursache, zu entschuldigen.

[181] Ein Format von ungefähr 75 × 100 cm.

Monsieur Chocquet, es geht uns allen gut, und seit unserer Ankunft erfreuen wir uns an allen atmosphärischen Veränderungen, die der Himmel uns freundlichst beschert. Monsieur Pissarro[182], den wir gestern sahen, hat uns von Ihnen berichtet, und wir sind glücklich, Sie bei guter Gesundheit zu wissen.

Meine Frau und Paul junior beauftragen mich, Ihnen ihre allerherzlichsten Zärtlichkeiten zu übermitteln. Gestatten Sie mir, Ihnen meine besten Grüße zu senden, die auch für Madame Chocquet bestimmt sind, ohne Mademoiselle Lisbeth im Namen meiner Familie zu vergessen.

Ich grüße Sie und drücke Ihnen freundlichst die Hand

PAUL CÉZANNE

LXXXVI AN EMILE ZOLA

Pontoise, den 20. Mai 1881

Mein lieber Emile!

Seit Du die Gefälligkeit hattest, mir zu antworten, hat die Versteigerung zugunsten von Cabaner stattgefunden. So wie Du es mir sagst, hatte ich tatsächlich angenommen, daß Frank Lamy sich mit Dir in Verbindung gesetzt haben würde, und ich danke Dir vielmals für das Vorwort, welches Du über den Metaphysiker geschrieben hast, der eigentlich irgendeine greifbare Arbeit hätte verfassen sollen, denn er hat einige theoretische Auffassungen, die wirklich seltsam und paradox sind und nicht eines gewissen Reizes entbehren.

Eine leichte Unannehmlichkeit kündigt sich für mich an. Meine Schwester will gemeinsam mit meinem Schwager nach Paris kommen, begleitet, glaube ich, von dessen Schwester Marie Conil[183]. Kannst Du

[182] Durch Pissarro lernte Cézanne den damals zweiunddreißigjährigen Gauguin kennen, der noch Bankangestellter war, aber in seiner Freizeit meist mit Pissarro in Pontoise malte.

[183] Cézannes Schwester Rose hatte sich gerade mit einem Aixer, Maxime Conil, verheiratet. Die ältere Schwester dagegen, Marie, blieb unverheiratet.

Dir vorstellen, wie ich sie im Louvre und an andern Orten mit Bildern herumschleppe?

Mein Aufenthalt in Pontoise wird mich, wie Du sagst, gewiß nicht hindern, Dich zu besuchen; ich habe mir ganz im Gegenteil vorgenommen, auf dem Landwege und auf Kosten meiner Beine nach Médan zu kommen[184]. Ich denke, daß ich diesem Vorhaben gewachsen sein dürfte.

Ich sehe Pissarro recht häufig, ich habe ihm das Buch von Huysmans geliehen, von dem er sehr begeistert ist.

Ich habe mehrere Studien bei grauem Wetter und bei Sonnenschein in Angriff genommen. – Ich wünsche Dir, bald Deinen Normalzustand in der Arbeit zu finden, denn diese ist, denke ich, trotz aller Alternativen, die einzige Zuflucht, in der man wirkliche Befriedigung findet.

Ich bitte Dich, mich Madame Zola zu empfehlen, und drücke Dir freundschaftlich die Hand.

Ganz der Deine

PAUL CÉZANNE

Vergiß nicht, meinen Landsmann Alexis, den ich seit langem nicht mehr sah und den Du unvermeidlich eher sehen wirst als ich, von mir zu grüßen.

LXXXVII AN EMILE ZOLA

[*Pontoise*,] Dienstag, Juni 1881

Mein lieber Emile!

Ich wollte Dir für Dein letztes Buch, das Du mir zugesandt hast, danken, doch indem ich dies unaufhörlich aufschob, hätte ich noch viel Zeit vergehen lassen können, wenn ich nicht heute früh schon vor vier Uhr aufgestanden wäre. – Ich habe bereits mit der Lektüre begonnen, doch bin ich noch nicht fertig damit, obwohl ich glaube, schon recht

184 Die Distanz zwischen Pontoise und Médan beträgt ungefähr 15 Kilometer.

viel gelesen zu haben, da ich auf Grund der Abschnitte jeweils die eine oder die andere Studie las. Die über Stendhal scheint mir sehr schön zu sein.

Als ich kürzlich in Paris war, fand ich in meiner Wohnung das Buch, das Rod [185] mir freundlicherweise gesandt hat und das leicht zu lesen ist. Ich habe es schon ganz durchgelesen. Ich wußte seine Adresse nicht und konnte mich nicht für das Exemplar, das er mir gesandt hat, bedanken. – Solltest Du mir gelegentlich ein paar Worte schreiben, so teile mir bitte seine Adresse mit, damit ich mich dieser Verpflichtung entledigen kann.

Meine Schwester und mein Schwager haben einige Tage in Paris verbracht. Da meine Schwester krank wurde, war ich gezwungen, sie Sonntag früh wieder nach Aix zu verfrachten. Am ersten Sonntag des Monats hatte ich sie nach Versailles, der Stadt des großen Königs, begleitet, um dort die großen Wasserspiele zu sehen.

Ich wünsche Dir eine gute Gesundheit, denn dies ist das kostbarste Gut, wenn man sich außerdem in guten Lebensverhältnissen befindet.

Ich gestatte mir, mich Madame Zola zu empfehlen, und drücke Dir die Hand

PAUL CÉZANNE

Ich arbeite ein wenig, doch recht flau.

LXXXVIII AN EMILE ZOLA

[*Pontoise,*] Montag, [*Juli*] 1881

Mein lieber Emile!

Als ich nach Auvers ging, erfuhr ich, daß Alexis in einem Duell verwundet worden sei, bei dem wie immer das Recht verletzt worden ist.

185 Edouard Rod (1857–1910), Schweizer Schriftsteller, der eng mit der Gruppe von Médan verbunden war.

Wenn Dir dies nicht zuviel Umstände bereitet, würdest Du mir mit Nachrichten über meinen tapferen Landsmann viel Freude bereiten.

Ich kann erst in den ersten Tagen des August nach Paris gehen, wo ich mich nach seiner Gesundheit erkundigen werde.

Vorher hatte ich gleichfalls durch einen Zufall von der Debatte vernommen, die Wolff anläßlich Deines Artikels über Maupassant und Alexis entfesselte.

Ich bitte Dich, mich Madame Zola zu empfehlen, und wünsche Dir, daß Du Dich inmitten all dieser Verdrießlichkeiten in guter Gesundheit erhältst; und sollte Alexis sich bei Dir befinden, denn ich hoffe immer noch, daß seine Verwundung nicht allzu schwer ist, so übermittle ihm meine kollegialen Grüße.

Ich bin Dein alter Kamerad

PAUL CÉZANNE

LXXXIX AN EMILE ZOLA

[*Pontoise*,] 5. August 1881

Mein lieber Emile!

Während ich am Dienstag früh bei Alexis war, ist Dein Brief an mich in Pontoise angekommen. Ich habe also von beiden Seiten erfahren, daß sich die Affäre Alexis in für ihn nicht allzu unangenehmer Weise geregelt hat. Ich fand meinen Landsmann wieder ganz hergestellt, und er hat mir die Artikel gezeigt, die seinem Duell vorangegangen und gefolgt sind.

In meiner Pariser Wohnung befand sich ein aus Caserta kommender und von einem gewissen Etorre-Lacquanitin, oder so etwas Ähnlichem, unterschriebener Brief, der mich bittet, ihm behilflich zu sein, sich eine Menge kritischer Artikel über Deine Werke zu verschaffen, sowohl über die letztveröffentlichten als auch über die vor den *Rougon-Macquart* erschienenen. Du kennst wahrscheinlich diesen Autor, der eine kritische Studie über Dein Werk zu machen wünscht.

Alexis, dem ich den Brief gezeigt habe, sagte mir, daß er genau so einen erhalten hätte und daß er für uns beide antworten würde.

Einige kleine Schwierigkeiten haben mir meinen Besuch in Médan nicht erleichtert, doch werde ich ganz bestimmt gegen Ende Oktober kommen. Um diese Zeit muß ich Pontoise verlassen und werde dann vielleicht einige Zeit in Aix verbringen. Bevor ich diese Reise antrete, komme ich, wenn Du mir zu jener Zeit schreibst, um einige Tage bei Euch zu verbringen.

Ich drücke Dir aufs herzlichste die Hand und empfehle mich Madame Zola – und schöne Seebäder!

Ganz der Deine.

PAUL CÉZANNE

XC

AN EMILE ZOLA

Pontoise, den 15. Oktober 1881

Mein lieber Emile!

Der Zeitpunkt, da ich nach Aix aufbrechen soll, nähert sich. Bevor ich abfahre, möchte ich Dir noch guten Tag sagen kommen. Da jetzt schlechtes Wetter ist, schreibe ich Dir nach Médan, in der Annahme, daß Du von Grandcamp[186] zurück bist. Wenn Du also nichts dagegen hast, werde ich Dich so gegen den 24. oder 25. dieses Monats besuchen. Wenn Du mir diesbezüglich ein Wort schreiben könntest, würdest Du mir Freude machen.

Ich bitte Dich, mich Madame Zola zu empfehlen, in der Hoffnung, daß Ihr in guter Gesundheit heimgekehrt seid, und drücke Dir herzlich die Hand.

Dein ergebener

PAUL CÉZANNE

[186] Kleiner Hafen am Ärmelkanal, wo Seurat im Jahr 1885 viel gemalt hat. Nach Zolas Rückkehr aus Grandcamp besuchte Cézanne ihn tatsächlich für eine Woche in Médan und fuhr dann in den Süden.

1882

XCI AN PAUL ALEXIS

L'Estaque, den 15. Februar 1882

Mein lieber Paul!

Ich bin gewiß sehr im Rückstand mit meinem Dank für die Zusendung Deines biographischen Buches[187], denn ich befinde mich in L'Estaque, der Heimat der Seeigel. Das Exemplar, das Du mir freundlicherweise zukommen ließest, ist in Aix in die Hände der Unreinen unter meinen Verwandten gefallen. Dieselben haben sich wohl gehütet, mir davon Mitteilung zu machen. Sie haben den Schutzumschlag abgenommen, es aufgeschnitten, es in allen Richtungen durchstöbert, und ich, ich wartete unter der harmonischen Pinie. – Doch schließlich erfuhr ich davon. – Ich habe reklamiert, bin jetzt in seinen Besitz gelangt und lese.

Ich danke Dir also recht herzlich für die angenehmen Empfindungen, die Du mir durch die Heraufbeschwörung vergangener Dinge verschaffst. Was soll ich Dir weiter sagen? Ich teile Dir nichts Neues mit, wenn ich Dir sage, welch herrlicher Stoff sich in den schönen Versen desjenigen befindet, der die Güte hat, unser Freund zu bleiben[188]. Du weißt ja, was ich davon halte. Sag es ihm nicht. Er würde meinen, daß ich nicht ganz bei Troste bin. – Dies unter uns und ganz leise.

Infolgedessen, mein lieber Alexis, sende ich Dir meine landsmännischen und freundschaftlichen Grüße.

Vale

PAUL CÉZANNE

[187] Alexis hatte gerade ein Buch über Zola veröffentlicht: *Emile Zola, notes d'un Ami*, in dem die gemeinsam verbrachten Jugendjahre des Malers und des Schriftstellers ausführlich geschildert sind.

[188] Alexis hatte im Anhang zahlreiche Jugendverse Zolas veröffentlicht, darunter ein Gedicht von 1858, das Cézanne gewidmet ist.

XCII AN EMILE ZOLA

L'Estaque, den 28. Februar 1882

Mein lieber Emile!

Vorgestern erhielt ich den Band der literarischen Kritiken, den Du mir freundlicherweise gesandt hast. Ich schreibe Dir also, um Dir zu danken, und gleichzeitig auch, um Dir mitzuteilen, daß ich in acht Tagen nach Paris zurückkehren werde, nachdem ich vier Monate im Süden verbracht habe. Und wenn Du, wie ich annehme, in Médan bist, werde ich zu Dir kommen, um Dir guten Tag zu sagen. Doch werde ich vorher in der Rue de Boulogne vorbeigehen, um zu erfahren, ob Du nicht dort bist.

Ich lasse Madame Zola grüßen und drücke Dir freundschaftlich die Hand.

Ich bin voller Dankbarkeit

PAUL CÉZANNE

XCIII AN EMILE ZOLA

[*Paris,*] den 2. September 1882

Mein lieber Emile!

Nach dem, was Du mir im April gesagt hast, nehme ich an, daß Du in Deinem Landhaus bist. – Deshalb sende ich Dir auch diese wenigen Zeilen dorthin. Ich habe nur noch einen Monat in Paris zu verbringen; kann ich Dich in Médan besuchen? Wenn Du, so wie Du es vor zwei Jahren tatest, gegen den Zehnten oder Zwölften nach Paris kommst, laß es mich bitte wissen. Dann werde ich mich zu Dir begeben, um Dir die Hand zu schütteln und zu erfahren, ob ich mich nach Deiner Landresidenz aufmachen kann[189].

Das ist alles. Ich hoffe, daß mein Brief Dich bei guter Gesundheit antreffen wird.

Ich schließe, indem ich mich Madame Zola empfehle und Dich bitte, meine herzlichsten Grüße entgegenzunehmen.

PAUL CÉZANNE

189 Cézanne verbrachte anschließend mehrere Wochen in Médan.

XCIV AN EMILE ZOLA

[*Aix*,] Jas de Bouffan
Dienstag, den 14. November 1882

Mein lieber Emile!

Gestern erhielt ich den Band, den Du mir gesandt hast, und möchte Dir dafür danken. Seit ich hier ankam, habe ich mich nicht vom Lande fortgerührt, und habe nur Gibert, den Direktor des Museums, getroffen, den ich besuchen soll.

Ich traf ebenfalls den dicken Dauphin, mit dem wir im Gymnasium waren, und den kleinen Baille – beide sind Anwälte, letzterer scheint ein hübscher kleiner juristischer Gauner zu sein. – Doch hier gibt's nichts Neues, nicht den geringsten Selbstmord [190].

Wenn Du etwas von hier brauchen solltest, so schreibe mir. Ich wäre glücklich, Dir gefällig sein zu können. Ich arbeite immer ein wenig, obwohl ich eigentlich nichts anderes tue.

Ich empfehle mich Madame Zola; und Mama hat mir aufgetragen, Euch die besten Grüße auszurichten. Ich grüße Euch herzlich, und einen festen Händedruck!

Ich bin ganz der Eure

PAUL CÉZANNE

Ich habe den guten Alexis nicht gesehen; da Du Gelegenheit hast, ihn zu sehen, grüß ihn bitte von mir.

XCV AN EMILE ZOLA

[*Aix*,] Jas de Bouffan
den 27. November [*1882*]

Mein lieber Emile!

Ich habe beschlossen, mein Testament zu machen, da es scheint, daß ich eins machen kann, denn die mir zukommenden Rententitel sind auf

190 Zweifellos eine Anspielung auf den Selbstmord ihres Jugendfreundes, des Anwaltes Marguery, der sich im August 1881 auf tragische Weise getötet hatte.

meinen Namen ausgestellt[191]. Deshalb also möchte ich Dich um einen Rat bitten. Könntest Du mir sagen, in welcher Form ich dieses Schriftstück abfassen muß? Ich wünsche, im Falle meines Abscheidens, eine Hälfte meiner Renten meiner Mutter zu hinterlassen und die andere dem Kleinen. – Wenn Du irgend etwas darüber weißt, so unterrichte mich bitte davon. Denn wenn ich binnen kurzem sterben sollte, würden meine Schwestern mich beerben, und ich glaube, daß meine Mutter leer ausginge. Der Kleine (der von mir anerkannt wurde, als ich ihn auf dem Standesamt anmeldete) hätte, glaube ich, immer Anrecht auf die Hälfte meines Nachlasses, doch vielleicht nicht, ohne daß dies angefochten werden könnte.

Für den Fall, daß ich ein eigenhändig geschriebenes Testament machen könnte, möchte ich Dich fragen, ob Du etwas dagegen einzuwenden haben würdest, wenn ich Dich bäte, eine Abschrift davon in Verwahrung zu nehmen? – Falls dies keinerlei Unannehmlichkeiten für Dich mit sich bringt, denn hier könnte man das besagte Schriftstück unterschlagen.

Das also wollte ich Dir unterbreiten. Ich grüße Dich und wünsche Dir alles Gute, ferner bitte meine Empfehlungen an Madame Zola.

Ganz der Deine

PAUL CÉZANNE

191 Um seinen Kindern die Entrichtung der Erbschaftssteuern zu ersparen, hatte der Bankier Cézanne sein Vermögen auf die Namen seiner beiden Töchter und seines Sohnes eintragen lassen, nachdem er sich 1871 aus dem Geschäft zurückgezogen hatte. Selbstverständlich jedoch verwaltete er das Vermögen und gestattete seinen Kindern keineswegs, darüber zu verfügen.

1883

XCVI **An Numa Coste**

[*Aix*,] den 6. Januar 1883

Mein lieber Coste!

Ich nehme an, daß ich Dir die Übersendung der Zeitung *L'Art Libre* verdanke. Ich habe sie mit lebhaftestem Interesse gelesen, und mit Grund. Deshalb will ich mich auch bei Dir bedanken und Dir sagen, wie sehr ich den großherzigen Elan würdige, mit dem Du die Verteidigung einer Sache ergreifst, die auch mir am Herzen liegt.

Ich bin mit Dankbarkeit Dein Landsmann und möchte sogar sagen, Dein Kollege[192].

Paul Cézanne

XCVII **An Emile Zola**

[*Aix*,] Samstag, den 10. März 1883

Mein lieber Emile!

Ich bin recht im Rückstand mit meinem Dank für die Übersendung Deines letzten Romans. Doch hier ist der mildernde Umstand für diese Verspätung: ich komme eben aus L'Estaque, wo ich einige Tage verbracht habe. Renoir, der nach der Ausstellung von Monet, die zur Zeit stattfindet, eine Gemäldeausstellung veranstalten soll[193], hatte mich gebeten, ihm zwei Landschaften zu senden, die er letztes Jahr bei mir gelassen hatte[194]. Ich habe sie ihm Mittwoch gesandt; ich bin also in

[192] Numa Coste fuhr fort, in seinen freien Stunden zu malen, und stellte mehr oder minder regelmäßig im offiziellen Salon aus. Er hatte die Zeitschrift *L'Art Libre* zusammen mit Zola, Alexis und anderen gegründet.

[193] Da auf Grund verschiedener Zwistigkeiten keine Gruppenausstellung der Impressionisten im Jahre 1883 zustande kam, hatte Durand-Ruel, der Händler der Künstler, beschlossen, eine Reihe individueller Ausstellungen der Maler zu veranstalten (worüber diese übrigens nicht sehr begeistert waren).

[194] Im Anschluß an eine Italien-Reise hatte Renoir Cézanne im Frühjahr 1882 in L'Estaque besucht, wo er krank wurde und wo Cézanne und seine Mutter ihn sehr aufopferungsvoll gepflegt hatten, wie aus einem Brief Renoirs an Chocquet hervorgeht.

Aix, wo es Freitag den ganzen Tag geschneit hat. Heute morgen bot die Landschaft den Anblick eines sehr schönen Schnee-Effekts. Doch es taut.

Wir sind immer noch auf dem Lande. Meine Schwester Rose ist mit ihrem Mann seit Oktober in Aix, wo sie von einem kleinen Mädchen entbunden wurde. Das alles ist nicht sehr heiter. Ich glaube, daß mein Geschimpfe zur Folge haben wird, daß sie diesen Sommer nicht wieder aufs Land kommen. – Das freut meine Mutter. – Ich werde nicht so bald wieder nach Paris zurückkehren können; ich glaube, ich werde hier noch fünf oder sechs Monate verbringen. Ich empfehle mich also Deinem Gedenken und bitte Dich, Alexis von mir zu grüßen.

Ich bitte Dich, Madame Zola meine und meiner Mutter ergebenste Empfehlungen zu übermitteln.

Ich danke Dir herzlichst und verbleibe ganz der Deine

PAUL CÉZANNE

XCVIII AN EMILE ZOLA

L'Estaque, den 19. Mai 1883

Mein lieber Emile!

Ich habe Dich, ich glaube im Dezember 1882, gefragt, ob ich Dir *Testamentum meum* zusenden könnte. Du hattest mir mit Ja geantwortet. Ich möchte Dich jetzt also fragen, ob Du in Médan bist, was wahrscheinlich ist, in welchem Falle ich es Dir eingeschrieben zusenden werde. Ich glaube, daß ich es so machen sollte. Nach mannigfachem Hin und Her hat sich folgendes zugetragen: meine Mutter und ich sind zu einem Marseiller Notar gegangen, der uns zu einem handgeschriebenen Testament geraten hat und, wenn ich es wolle, zu meiner Mutter als Universalerbin. So habe ich es dann auch gemacht. Wenn Du mich, sobald ich wieder in Paris sein werde, zu einem Notar begleiten könntest, werde ich nochmals um Auskunft bitten und mein Testament umändern und werde Dir dann mündlich erklären, was mich dazu veranlaßt.

Nachdem ich hier alles Ernsthafte, was ich Dir zu sagen hatte, ausgebreitet habe, schließe ich meinen Brief, indem ich Dich bitte, mich

Madame Zola zu empfehlen, und Dir die Hand drücke; und wenn Wünsche etwas dazu beitragen könnten, so mögt Ihr bei guter Gesundheit bleiben, denn es kommen Dinge vor, die nicht heiter sind. Diese letzten Worte sind mir durch die Manet zugestoßene Katastrophe diktiert[195], sonst geht es mir selbst gut. Ich bin also am Ende und danke Dir für diese neue Gefälligkeit!

PAUL CÉZANNE

Hier ist meine Adresse, die ich beinahe vergessen hätte: Cézanne, Quartier du Château, oberhalb des Bahnhofs in L'Estaque (Marseille).

IC AN EMILE ZOLA

[*L'Estaque*,] den 24. Mai 1883

Mein lieber Emile!

Da ich jetzt sicher bin, daß Du Dich in Médan befindest, sende ich Dir das besagte Schriftstück, von dem meine Mutter eine Abschrift besitzt. Doch fürchte ich, daß das alles nicht sehr viel nützen wird, denn solche Testamente werden sehr leicht angefochten und annulliert. Eine ernsthafte Prüfung durch die Zivilbehörden wäre im vorliegenden Falle besser.

Ich werde erst nächstes Jahr nach Paris zurückkehren; ich habe in L'Estaque ein kleines Haus mit Garten genau oberhalb des Bahnhofs gemietet, am Fuß des Hügels, wo hinter mir die Felsen mit den Pinien beginnen.

Ich beschäftige mich immer noch mit Malerei. – Ich habe hier sehr schöne Aussichten, doch bilden sie nicht eigentlich Motive. – Nichtsdestoweniger hat man, wenn man bei Sonnenuntergang auf die Höhen steigt, das schöne Panorama der Bucht von Marseille und der Inseln vor sich, das gegen Abend von einer sehr dekorativen Wirkung ist.

Ich spreche nicht von Dir, da ich überhaupt nichts weiß und nur, wenn ich den *Figaro* kaufe, zuweilen auf Neuigkeiten stoße, die Leute

195 Manet war einige Tage, nachdem man ihm ein Bein abgenommen hatte, gestorben.

betreffen, welche ich kenne; so las ich letzthin einen gewichtigen Artikel über den wackeren Desboutins[196]. – Immerhin habe ich erfahren, daß Gaut Deinen letzten Roman sehr hoch einschätzt (doch weißt Du dies sicher). Was mich selbst betrifft, so hat er mir sehr gut gefallen, aber mein Urteil ist sehr wenig literarisch. – Ich danke Dir vielmals, wirklich ganz besonders, und vergiß nicht, mich Madame Zola zu empfehlen, wie ich Dich auch bitte, Alexis und die Lebenden zu grüßen. Ich drücke Dir herzlich die Hand.

Ganz der Deine

PAUL CÉZANNE

Das Testament ist vordatiert, da das amtliche Papier schon voriges Jahr gekauft worden war.

C

AN PHILIPPE SOLARI

L'Estaque, den 10. Juli 1883

Mein lieber Solari!

Ich erhielt den Brief, den Ihr mir anläßlich der Hochzeit Deiner Tochter mit Monsieur Mourain gesandt habt. Ich bitte Dich, den Jungvermählten bei dieser Gelegenheit meine besten Wünsche zu übermitteln und ihnen zu sagen, daß wir ihnen für die Zukunft viel Glück und Wohlergehen wünschen.

Auch Dir und Madame Solari sende ich meine Glückwünsche und Grüße an Baby Emile[197], der gewiß zufrieden ist.

Ich drücke Dir herzlich die Hand, Dein alter Ausflugs-Kamerad

PAUL CÉZANNE

Meine Frau schließt sich mir mit denselben Wünschen an und mein abscheuliches Bürschlein auch.

[196] Der Maler, Grafiker und dramatische Schriftsteller Marcellin Desboutins (1823–1903) war ein besonderer Freund Manets gewesen und hatte viel im Café Guerbois und im Café de la Nouvelle Athènes verkehrt, wo die Impressionisten abends zusammenzukommen pflegten. Dort hatte Cézanne ihn zweifellos kennengelernt.

[197] Emile Solari, Sohn des Bildhauers und Zolas Patenkind, an den Cézanne später mehrere Briefe gerichtet hat.

CI AN EMILE ZOLA

L'Estaque, den 26. November 1883

Mein lieber Emile!

Ich erhielt das Buch, das Du mir freundlicherweise sandtest. Doch der Grund der neuen Verspätung, der mich veranlaßt, Dir erst nach so langer Zeit zu danken, ist, daß ich Anfang November nach L'Estaque zurückgekehrt bin, wo ich bis zum Januar zu bleiben gedenke. Mama ist vor einigen Tagen hierher gekommen; und vergangene Woche hat Rose, die mit Maxime Conil verheiratet ist, ein Kind verloren, das im September oder Oktober, glaube ich, zur Welt gekommen war. Tatsache ist, daß das arme Wesen nicht lange gelebt hat. Sonst geht alles wie bisher. – Falls der wackere Alexis nicht weit von Dir ist, grüße ihn von mir. Andererseits sende ich Euch meine besten Grüße und meine Empfehlungen an Madame Zola.

Ich habe die Ehre, Euch zu grüßen und Dir meinen Dank für Dein freundliches Gedenken zu wiederholen!

Ganz der Deine

PAUL CÉZANNE

1884

CII

An Emile Zola

Aix, den 23. Februar 1884

Mein lieber Emile!

Ich habe das Buch erhalten, das Du mir freundlicherweise letzthin gesandt hast; es ist die *Joie de Vivre*, die im *Gil Blas* erschien, denn ich hatte schon einige Abschnitte in besagter Zeitung gesehen. Infolgedessen danke ich Dir für Deine Sendung und dafür, daß Du mich in der Entfernung, in der ich mich befinde, nicht vergißt. Ich würde Dir nichts mitzuteilen haben, wenn ich nicht in den letzten Tagen, als ich mich in L'Estaque befand, einen eigenhändigen Brief des wackeren Valabrègue Antony erhalten hätte, der mich seine Anwesenheit in Aix wissen ließ, wohin ich gestern sofort geeilt bin und die Freude hatte, ihm heute morgen – Samstag – die Hand zu drücken. Wir sind zusammen durch die Stadt gezogen – wir erinnerten uns dabei an einige, die wir gekannt haben – aber wie weit liegen doch unsere Gefühle auseinander! Ich hatte den Kopf voll vom Charakter dieser Gegend, die mir recht ungewöhnlich scheint. – Andererseits habe ich Monet und Renoir gesehen, die gegen Ende Dezember auf Ferien nach Genua in Italien gefahren sind.

Vergiß nicht, meinen Landsmann Alexis von mir zu grüßen, obwohl ich schon seit endlosen Zeiten nichts mehr von ihm gehört habe.

In der Hoffnung, daß Eure Gesundheit gut ist, sende ich Dir meinen Dank und meine Empfehlungen an Madame Zola.

Ich grüße Dich herzlichst

Paul Cézanne

[Am 29. März 1884 schreibt A. Guillemet an Zola: ›Ich erhielt ein paar Worte von Cézanne, mit denen er mir ein Bildnis empfahl, das er zum Salon eingesandt hatte. Leider ist dieses Bildnis abgewiesen worden.‹]

AN EMILE ZOLA

[*Aix*,] den 27. November 1884

Mein lieber Emile!

Ich erhielt soeben die zwei neuen Bände, die Du mir zu senden die Freundlichkeit hattest. – Ich danke Dir und muß Dir sagen, daß ich Dir nichts Besonderes über die gute Stadt, in der ich das Licht der Welt erblickte, zu berichten habe. Nur (doch wird Dich dies zweifellos nicht sehr berühren) verändert sich die Kunst fürchterlich als äußere Erscheinung und nimmt zu sehr eine kleine, sehr dürftige Form an, während sich gleichzeitig die Unkenntnis der Harmonie mehr und mehr durch den Mißklang der Farben selbst und, was noch schlimmer ist, durch die Klanglosigkeit der Farbtöne offenbart.

Nachdem wir gestöhnt haben, laßt uns rufen: Es lebe die Sonne, die uns ein so schönes Licht gibt!

Ich kann Dir nur noch wiederholen: ich bin ganz der Deine, ohne zu vergessen, mich Madame Zola zu empfehlen.

PAUL CÉZANNE

1885

CIV

An Emile Zola

[*L'Estaque,*] den 11. März 1885

Mein lieber Emile!

Vor etwa zehn Tagen erhielt ich das Buch, das Du so freundlich warst, mir zu senden. Recht heftige neuralgische Schmerzen, die mir nur gelegentliche Augenblicke von Klarheit ließen, haben mich vergessen lassen, Dir zu danken. Doch hat sich der Kopf beruhigt, und ich ergehe mich auf den Hügeln, von wo aus ich den Anblick des schönen Panoramas genieße. Ich wünsche Dir eine gute Gesundheit, da ich annehme, daß Dir der Rest nicht fehlt.

Ich drücke Dir herzlichst die Hand

Paul Cézanne

CV

An eine Dame[198]

Entwurf ohne Datum
[*Frühjahr 1885*]

Ich habe Sie gesehen, und Sie erlaubten mir, Sie zu küssen; von diesem Augenblick an hat mich eine heftige und nicht endenwollende Erregung befallen. Sie werden die Freiheit, Ihnen zu schreiben, die sich ein von Unruhe gepeinigter Freund Ihnen gegenüber herausnimmt, entschuldigen. Ich weiß nicht, wie ich Ihnen diese Freiheit erklären soll, die Ihnen wohl recht groß erscheinen mag; aber konnte ich in dieser Niedergeschlagenheit, die mich bedrückt, verharren? Ist es nicht noch besser, ein Gefühl zu offenbaren, als es zu verheimlichen?

[198] Dieser Entwurf befindet sich auf der Rückseite einer Zeichnung aus der Albertina in Wien. Er endet mitten in einem Satz am unteren Rande des Blattes. Die Identität dieser Frau ist nicht bekannt. Es scheint, daß Cézanne einmal ein Verhältnis mit einer jungen Magd des ›Jas de Bouffan‹ hatte, der er ein um 1885 gemaltes Bild schenkte, doch klingt dieser Brief nicht, als wäre er an eine Magd gerichtet. Auch ist nicht anzunehmen, daß dieselbe heimlich mit ihm korrespondiert haben würde, wie aus den nachfolgenden Briefen an Zola hervorgeht.

Warum verschweigen, sagte ich mir, was dich quält? Bedeutet es nicht eine Linderung des Schmerzes, wenn man ihm erlaubt, sich zu äußern? Und wenn der körperliche Schmerz in den Schreien des Gequälten einige Linderung zu finden scheint, ist es dann nicht natürlich, Madame, daß die seelischen Schmerzen in dem an ein angebetetes Wesen gerichteten Geständnis Erleichterung suchen?

Ich weiß wohl, daß die verwegene und übereilte Sendung dieses Briefes Ihnen zudringlich erscheinen mag, und als einzige Fürbitterin bei Ihnen nur die Güte von .....

CVI An Emile Zola

[*Aix*,] Jas de Bouffan, den 14. Mai 1885

Mein lieber Emile!

Ich schreibe Dir, damit Du die Freundlichkeit hast, mir zu antworten. Ich möchte gerne, daß Du mir einen Dienst erweist, der, wie ich glaube, sehr klein für Dich und bedeutend für mich wäre. Es handelt sich darum, einige Briefe für mich entgegenzunehmen und sie mir mit der Post an die Adresse, die ich Dir später angeben werde, nachzuschicken. Entweder bin ich von Sinnen, oder ich bin vernünftig. *Trahit sua quemque voluptas*[199]*!* Ich nehme meine Zuflucht zu Dir und flehe Dich an, mir Absolution zu erteilen. Glücklich sind die Weisen!

Versage mir nicht diesen Dienst; ich weiß nicht, wie ich mir helfen soll.

Mein lieber Freund, ich drücke Dir kräftig die Hand.

Ganz der Deine

Paul Cézanne

PS. Ich bin wenig und kann Dir keinerlei Dienst erweisen; da ich vor Dir von hier scheiden werde, will ich mich beim Allerhöchsten um einen guten Platz für Dich bemühen.

[199] Ein jeder läßt sich von seiner Neigung fortreißen (Vergil).

CVII

AN EMILE ZOLA

La Roche [-*Guyon*,][200] den 15. Juni 1885

Mein lieber Emile!

Ich bin heute morgen in La Roche eingetroffen. Ich möchte Dich also bitten, wenn irgendein Brief für mich kommt, ihn mir postlagernd nach La Roche-Guyon bei Bonnières (Seine-et-Oise) zu senden.

Gestern abend habe ich mich ein wenig zu sehr mit guten Dingen vollgestopft; ich bitte Dich, meinen Dank und meine Grüße entgegenzunehmen.

PAUL CÉZANNE

Sowie auch an Madame Zola, und gute Besserung!

CVIII

AN EMILE ZOLA

La Roche-Guyon, den 27. Juni 1885

Mein lieber Emile!

Nun nähert sich also das Ende des Juni. Wenn die Stunde Deiner Abfahrt nach Médan gekommen sein wird, und nachdem Du Dich dort installiert hast, willst Du dann so gut sein, es mir mitzuteilen? Das Bedürfnis nach Wechsel bringt mich etwas aus der Fassung.

Glücklich sind die treuen Herzen!

Ich empfehle mich Madame Zola und danke Dir im voraus auch für Deine Freundlichkeit bezüglich meiner Briefe aus Aix.

Ich bin mit den üblichen Floskeln

PAUL CÉZANNE

200 La Roche-Guyon, wo Pissarro zwanzig Jahre zuvor gemalt hatte, ist ein pittoresker Ort nahe Bonnières, der sich direkt gegenüber von Bennecourt – wo Cézanne und Zola 1866 gewesen waren – auf der andern Seite der Seine befindet. Cézanne hat sich vermutlich nach einem kurzen Besuch bei Zola dorthin begeben, wahrscheinlich auf Einladung von Renoir, der den Sommer in La Roche-Guyon verbrachte und sich offenbar für Cézannes Gastfreundschaft in L'Estaque erkenntlich zeigen wollte.

CIX **An Emile Zola**

La Roche-Guyon, den 3. Juli 1885

Mein lieber Emile!

Das Leben wird mir hier auf Grund unvorhergesehener Umstände recht schwierig. Könntest Du mir sagen, ob Du mich bei Dir empfangen kannst?

Sei so gut, für den Fall, daß Du noch nicht in Médan installiert sein solltest, mich dies durch ein paar Zeilen wissen zu lassen.

Ich drücke Dir herzlich die Hand und danke Dir lebhaft!

Paul Cézanne

Emile Zola an Paul Cézanne

Médan, den 4. Juli [18]85

Mein lieber Paul!

Dein Brief bestürzt mich sehr. Was geht denn da vor? Kannst Du Dich nicht noch einige Tage gedulden? Halte mich auf alle Fälle auf dem laufenden und benachrichtige mich, falls Du gezwungen sein solltest, La Roche [-Guyon] *zu verlassen, denn ich möchte wissen, wohin ich Dir schreiben kann, sobald das Haus endlich frei wird. Sei philosophisch; nichts klappt so, wie man es möchte, und ich selbst habe zur Zeit viel Verdruß.*

Auf recht bald, nicht wahr? Sowie ich dies kann, schreibe ich Dir.

Aufs herzlichste

Emile Zola

CX **An Emile Zola**

La Roche [*-Guyon,*] den 6. Juli 1885

Mein lieber Emile!

Ich muß Dich um Verzeihung bitten. – Ich bin ein großer Narr. Stell Dir vor, daß ich vergessen habe, Deine postlagernden Briefe abzuholen. Das erklärt meinen zweiten eindringlichen Brief. Ich danke Dir tausendmal!

Bitte empfiehl mich Madame Zola!

Schreibe mir bitte ein paar Worte, sobald Du es kannst: Grande Rue, Cézanne bei Renoir in La Roche.

Ganz der Deine

PAUL CÉZANNE

Wenn Du jedoch einen Brief aus Aix erhalten solltest, dann sei bitte so freundlich, ihn mir postlagernd zu senden und mich darüber mit einem kurzen Wort ins Domizil zu benachrichtigen, indem Du ein Kreuz in einer Ecke Deines Briefes machst.

CXI AN EMILE ZOLA

[*La Roche-Guyon,*] den 11. Juli 1885

Mein lieber Emile!

Ich fahre heute nach Villennes[201]. Ich werde im Wirtshaus wohnen. Sogleich nach meiner Ankunft werde ich Dich für einen Augenblick besuchen; ich möchte Dich fragen, ob Du mir [*das Boot*] ›Nana‹ zum Malen leihen könntest, ich werde es nach der Arbeit wieder an seinem Platz festmachen[202].

Wenn ich nichts tue, langweile ich mich noch mehr.

Ganz der Deine

PAUL CÉZANNE

Sieh nichts Schlimmes in meinem Entschluß. Ich bin nur gezwungen, den Ort zu wechseln. Und wenn Du dann frei sein wirst, werde ich nur ein paar Schritte zu tun haben, um zu Dir zu kommen.

[201] Ein Dorf an der Seine direkt neben Médan.

[202] Mit diesem Boot konnte Cézanne sich auf die kleine Insel begeben, die sich gegenüber von Zolas Haus befindet. Bei einem seiner Aufenthalte in Médan hat er von dort eine Ansicht des Ortes mit seinem alten Schloß gemalt (Venturi, *op. cit.*, Nr. 325), die von Gauguin erworben wurde.

CXII AN EMILE ZOLA

[*Vernon,*] den 13. Juli 1885

Mein lieber Freund!

Unmöglich, in dieser Festwoche in Villennes unterzukommen. Weder im ›Sophora‹, noch im ›Berceau‹, noch im ›Hôtel du Nord‹. Ich drücke Dir die Hand. Ich bin in Vernon: ›Hôtel de Paris‹. Wenn meine Mal-Leinwände Dir zugesandt werden, so lasse sie bitte abholen und bei Dir aufbewahren.

Ich danke Dir im voraus.

PAUL CÉZANNE

›Hôtel de Paris‹, Vernon (Eure)

CXIII AN EMILE ZOLA

Vernon, den 15. Juli 1885

Mein lieber Emile!

Wie ich es Dir in meinen vom 13. d. M. datierten Zeilen angekündigt habe, bin ich in Vernon. Ich finde dort nicht, was ich unter den Umständen, in denen ich mich befinde, brauche. Ich habe mich entschlossen, so schnell wie möglich nach Aix aufzubrechen. Ich werde in Médan vorbeikommen, um Dir die Hand zu drücken. Ich habe Deiner freundlichen Obhut einige Papiere anvertraut, die ich gern haben möchte. Könntest Du sie, falls sie sich in Paris befinden, eines Tages von Deinem Diener mitbringen lassen, wenn er sich in die Rue de Boulogne begibt[203]?

Auf Wiedersehen und Dank im voraus. Du wirst mich abermals entschuldigen, daß ich unter den augenblicklichen Umständen bei Dir vorsprechen muß, aber noch sieben bis acht Tage zu warten, scheint mir recht lang zu sein.

Gestatte mir, Dir herzlich die Hand zu drücken.

PAUL CÉZANNE

[203] Es handelt sich zweifellos um das Duplikat von Cézannes Testament.

CXIV

An Emile Zola

[*Vernon*,] den 19. Juli 1885

Mein lieber Emile!

So wie Du es mir sagst, werde ich Mittwoch nach Médan kommen. Ich werde versuchen, in der Frühe aufzubrechen. Ich hätte mich gerne noch der Malerei gewidmet, aber ich war in der größten Ratlosigkeit, denn wenn ich schon in den Süden hinunterfahren soll, schien es mir, als geschähe dies je eher desto besser. Andererseits ist es vielleicht besser, daß ich noch etwas warte. Ich bin noch unentschlossen. Vielleicht finde ich einen Ausweg.

Ich grüße Dich herzlich

Paul Cézanne

CXV

An Emile Zola

[*Aix*,] Jas de Bouffan, den 20. August 1885

Mein lieber Emile!

Ich habe am letzten Samstag Deine [*Ferien-*] Adresse erhalten. Ich hätte Dir sogleich antworten sollen, aber die Kieselsteine, die sich auf meinem Weg befinden und die für mich zu Bergen werden, haben mich davon abgehalten.

Bitte entschuldige mich! Ich bin in Aix und gehe jeden Tag nach Gardanne[204].

Ich bitte Dich, mich Madame Zola zu empfehlen und mir ein gutes Andenken zu bewahren.

Ganz der Deine

Paul Cézanne

204 Gardanne ist ein kleines, etwa zehn Kilometer von Aix entferntes Städtchen von recht seltsamem Aussehen. Es lehnt sich an einen Hügel, auf dem eine Kirche mit hohem Turm steht. Cézanne hat mehrere Ansichten des Städtchens und seiner Umgebung gemalt.

CXVI An Emile Zola

[*Aix*,] Jas de Bouffan, den 25. August 1885

Mein lieber Emile!

Das ist der Anfang der Komödie. Ich schrieb nach La Roche-Guyon am gleichen Tage, an dem ich Dir ein paar Worte sandte, um Dir dafür zu danken, an mich gedacht zu haben. Seither habe ich keinerlei Nachricht erhalten. Übrigens gibt es für mich nur vollständigste Abgeschiedenheit. Das Bordell in der Stadt, oder was Ähnliches, aber sonst nichts. Ich zahle, das Wort ist schmutzig, aber ich brauche Ruhe, und für diesen Preis sollte ich sie haben können.

Ich möchte Dich also bitten, nicht zu antworten, mein Brief muß zur gegebenen Zeit angekommen sein.

Ich danke Dir und bitte Dich, mich zu entschuldigen!

Ich beginne zu malen, aber nur, weil ich ungefähr ohne Sorgen bin. Ich gehe jeden Tag nach Gardanne und komme abends aufs Land bei Aix zurück.

Wenn ich nur eine gleichgültige Familie hätte, wäre alles gut gewesen.

Ich drücke Dir die Hand

Paul Cézanne

Julien Tanguy an Paul Cézanne

Paris, den 31. August 1885

Mein lieber Monsieur Sézanne [*sic*]*!*

Ich beginne, indem ich Ihnen guten Tag sage und Ihnen gleichzeitig meine Notlage mitteile. Stellen Sie sich vor, daß mein idiotischer Hausbesitzer mir eine Aufforderung geschickt hat, ihm die sechsmonatige Voranzahlung für die Miete zu senden, die ich ihm dem Mietvertrag entsprechend schulde, andernfalls er mich gerichtlich verfolgen will. Da es mir aber unmöglich ist, ihn zu befriedigen, wende ich mich an Sie, lieber Monsieur Sézanne, und bitte Sie, alles zu tun, was Sie können, um mir einen kleinen Teil Ihrer Rechnung zu zahlen. In diesem Zusammenhang überreiche ich Ihnen einliegend die Aufstellung, welche Sie erbeten hatten, die sich nach Abzug Ihrer Zahlung von 1442,50 Francs (entsprechend der beigefügten Abrechnung) auf 4015,40 Francs beläuft.

Cézanne: Das Haus des Gehängten in Auvers.
(Dieses berühmte Bild, das heute im Louvre hängt, war im Jahre 1874 in der ersten Gruppenausstellung der Impressionisten gezeigt worden, wo Graf Doria es für 300 Francs erworben hatte.)

Paul Cézanne: L'Estaque.
(Während des Krieges von 1870 lebte Cézanne mit Hortense Fiquet in L'Estaque am Mittelmeer.)

Ich habe eine Verschreibung über zweitausendeinhundertvierundsiebzig Francs und achtzig Centimes (2174,80), die von Ihnen am 4. März 1878 unterschrieben worden ist. Sie müßten mir also eine Verschreibung über 1840,60 ausstellen, um die Summe von 4014,40 zu begleichen, die Sie mir schulden. Sollten Sie vorziehen, daß der ganze Betrag auf demselben Papier erscheint, so unterzeichnen Sie bitte eine neue Verschreibung, sowie Sie die alte erhalten; ich werde Ihnen die im Jahr 1878 ausgestellte zurücksenden.

Ich würde Ihnen sehr dankbar sein, wenn Sie mir in diesem kritischen Augenblick helfen könnten.

In der Hoffnung, daß Sie die Güte haben werden, meine Bitte zu erfüllen, drücke ich Ihnen im voraus meinen Dank aus und verbleibe

Ihr sehr ergebener

JULIEN TANGUY

1886

CXVII AN DEN PRÄFEKTEN VON PARIS

[*Entwurf* [205]]

Ohne Datum
[*Vermutlich Frühjahr 1886*]

Der Unterzeichnete hat die Ehre, Sie um die Güte zu bitten, die Unterschrift des Herrn Bürgermeisters des vierten Arrondissements bestätigen zu wollen; diese Unterschrift befindet sich auf dem Sittenzeugnis, welches meinem Gesuch beigelegt ist.

Hochachtungsvoll PAUL CÉZANNE[206]

CXVIII AN EMILE ZOLA

Gardanne, den 4. April 1886

Mein lieber Emile!

Ich erhielt soeben *L'Œuvre*, das Du mir freundlicherweise gesandt hast. Ich danke dem Autor der *Rougon-Macquart* für diesen gütigen Beweis seines Gedenkens und bitte ihn, mir zu gestatten, ihm in Erinnerung an die vergangenen Jahre die Hand zu drücken.

Ganz der Deine unter dem Impuls der verflossenen Zeiten

PAUL CÉZANNE[207]
in Gardanne, Arrondissement d'Aix.

[205] Dieser Briefentwurf befindet sich am Rande eines Aquarells.

[206] Wahrscheinlich wurde dieser Brief im Zusammenhang mit den Vorbereitungen für Cézannes Hochzeit geschrieben. Nachdem es der Mutter und Schwester des Malers gelungen war, den Widerstand seines bereits achtundachtzigjährigen Vaters zu brechen, vermählte Cézanne sich am 28. April 1886 in Aix, in Gegenwart seiner Eltern, mit Hortense Fiquet, Mutter seines 1872 geborenen Sohnes. Am 28. Oktober 1886 starb der alte Bankier und hinterließ dem Künstler ein beträchtliches Vermögen.

[207] Dieser Brief ist nicht nur der letzte, der unter den Papieren Zolas gefunden wurde, sondern es scheint auch, als sei er tatsächlich der letzte, den Cézanne an ihn gerichtet hat. Übrigens ist auch sein Ton recht verschieden von dem der anderen Briefe. Man darf annehmen, daß der Grund dieses Bruches gerade in der Veröffent-

An Victor Chocquet

Gardanne, den 11. Mai 1886

Monsieur Chocquet!

Von Ihrem letzten Brief gerührt, wollte ich Ihnen recht bald antworten, doch obgleich infolge schwindender Gesundheit oder Serien schlechten Wetters recht wenig beschäftigt, verschiebt man es immer auf den nächsten Tag!

Deshalb will ich also nicht zu schwerfällig auf Sie eindringen, ich meine das im moralischen Sinne, aber da Delacroix schließlich als Vermittler zwischen Ihnen und mir gedient hat, werde ich mir erlauben, folgendes zu sagen: daß ich gewünscht hätte, dieses geistige Gleichgewicht zu besitzen, das Sie auszeichnet und das Ihnen erlaubt, das ge-

lichung des *Œuvre* bestand, des einzigen Romans der Serie der *Rougon-Macquart*, der einen autobiographischen Charakter hat. Tatsächlich findet man dort die Freunde Zolas wie Baille, Valabrègue, Alexis, Solari, Zola selbst und schließlich auch sehr viele Züge Cézannes wieder, der unschwer in der Hauptgestalt, dem Maler Claude Lantier, wiederzuerkennen ist. Diese offensichtliche Ähnlichkeit mit dem als genialer, doch unvollkommener Künstler dargestellten Lantier, der am Ende als Verrückter und Mißratener charakterisiert ist und sich schließlich das Leben nimmt, hat Cézanne zweifellos gezeigt, wie wenig Zola seine Bemühungen verstand. Das Buch bedeutete deshalb für ihn eine tiefe und schmerzliche Enttäuschung, und nach einem mehr als dreißigjährigen innigen Freundschaftsverhältnis zog er den Bruch einer zur Oberflächlichkeit verurteilten Fortsetzung ihrer Beziehungen vor.

Wie aus Cézannes Briefen an ihn deutlich hervorgeht, war Zola in dieser Freundschaft stets der Gebende gewesen, der dem Maler nicht nur Geld vorstreckte, sondern ihm auch unermüdlich Gefälligkeiten erwies. Da Cézanne durch seine bevorstehende Heirat der Notwendigkeit entging, sein Privatleben verheimlichen zu müssen, und nun offenbar auch in den Besitz eines Teils des väterlichen Vermögens kam (in seinem Brief an Chocquet vom 11. Mai, siehe Nr. CXIX, spricht er bereits fünf Monate vor dem Tod des alten Bankiers von seinen eigenen Weinbergen), fand der Bruch mit Zola in einem Augenblick statt, in dem Cézanne auch aus Gründen, die nichts mit Zolas Roman *L'Œuvre* zu tun hatten, auf die moralische Stütze verzichten konnte, die sein Jugendgenosse ihm für so viele Jahre geboten hatte.

Es ist anzunehmen, daß Cézanne nun in der Lage war, seine Schulden an Zola abzuzahlen, obwohl sich unter der Korrespondenz Zolas kein darauf hinweisendes Papier befindet. Weder Zola noch Cézanne haben später versucht, sich einander wieder zu nähern, doch hat jeder von ihnen eine aufrichtige Zuneigung und ein gewisses Interesse für den andern bewahrt.

setzte Ziel sicher zu erreichen. Ihr guter Brief, der dem von Madame Chocquet beigefügt war, beweist ein großes Gleichgewicht der Lebensfähigkeiten. Und da ich von dieser Notwendigkeit beeindruckt bin, rede ich mit Ihnen darüber. Der Zufall hat mich nicht mit einem ähnlichen Gleichgewicht ausgestattet, und das ist das einzige, was ich unter den Dingen dieser Welt bedaure. Was das übrige anbetrifft, habe ich mich nicht zu beklagen. Der Himmel und die unvergänglichen Dinge der Natur ziehen mich immer an und bieten mir Gelegenheit, mit Freude zu sehen.

Was die Verwirklichung der Wünsche anbetrifft, die sich auf die einfachsten Dinge beziehen und sich zum Beispiel ganz von allein erfüllen sollten, scheint ein unglückseliges Verhängnis es sich zur Aufgabe gemacht zu haben, dem Erfolg zu schaden, denn ich hatte einige Weinberge, aber unzeitgemäße Fröste sind gekommen und haben den Faden der Hoffnung durchschnitten. Und der Wunsch wäre doch ganz im Gegenteil gewesen, ein schönes Treiben der Gewächse zu erleben; so kann ich denn für Sie nur hoffen, daß Ihre Pflanzungen gedeihen und Ihre Pflanzen sich gut entwickeln mögen: denn Grün ist eine der heitersten und den Augen angenehmsten Farben. Zum Schlusse sage ich Ihnen, daß ich mich immer noch mit der Malerei beschäftige und daß es aus dieser Gegend, die noch keinen Darsteller gefunden hat, der den von ihr entfalteten Reichtümern gewachsen wäre, wahre Schätze heimzutragen gäbe.

Monsieur Chocquet, ich wünsche, daß dieser Brief Gnade vor Ihnen finden und Sie nicht zu sehr langweilen wird; daraufhin erlaube ich mir, Ihnen unsere ergebensten Grüße zusammen mit unseren Wünschen, daß Sie immer bei guter Gesundheit bleiben mögen, zu übersenden, und Madame Chocquet daran teilhaben zu lassen.

Ich bin wie bisher Ihr dankbarer

PAUL CÉZANNE

Der Kleine ist in der Schule, und seiner Mutter geht es gut.

ALTERSJAHRE
BRIEFE AN JUNGE FREUNDE
BRIEFE ÜBER MALEREI
1889–1906

Da er seit 1877 nicht mehr in Paris ausgestellt hatte, war Cézanne dort vollkommen unbekannt. Nur einige Eingeweihte kamen in den kleinen Laden des Père Tanguy, um dort die Bilder des einsamen Aixers zu bewundern. Doch langsam vergrößerte sich der Kreis dieser Eingeweihten. Huysmans, der Cézanne bei Zola kennengelernt hatte, veröffentlichte 1888 einen ersten Artikel über ihn; Kunstkritiker wie Roger Marx und Gustave Geffroy begannen sich für sein Werk zu interessieren, und Octave Maus, der Sekretär der Künstlervereinigung ›Les Vingt‹, bat ihn, mit dieser Gruppe in Brüssel auszustellen. Im Jahr 1895 gab Ambroise Vollard den dringenden Ratschlägen Camille Pissarros und seiner Freunde nach und veranstaltete in seiner neu eröffneten Galerie in der Rue Laffitte die erste große Ausstellung von Bildern Cézannes. Dieser folgten bald weitere Ausstellungen in derselben Galerie, die alle die heftigsten Diskussionen hervorriefen. Während sich die einen als hemmungslose Gegner der Kunst Cézannes erwiesen, fand sich unter der jungen Malergeneration eine kleine Minderheit der aufrichtigsten und leidenschaftlichsten Bewunderer, die bald den Künstler in Aix aufzusuchen begannen, um seine Freundschaft und seine Ratschläge zu suchen. Diesen jungen Malern und auch einigen Schriftstellern – darunter vor allem dem Sohn seines Jugendfreundes Gasquet – hat Cézanne jene Briefe geschrieben, die seine künstlerischen Ideen und Grundsätze enthalten.

[*Aus den Jahren 1887 und 1888 gibt es keinerlei Briefe Cézannes. Seit dem Tod seines Vaters nicht mehr von Familienstreitigkeiten bedroht, verbrachte er das Jahr 1887 in Aix und blieb überhaupt forthin oft und lange dort, wobei er mit seiner alten Mutter im ›Jas de Bouffan‹ lebte. 1888 fuhr er nach Paris zurück und mietete bis 1890 eine Wohnung 15, Quai d'Anjou, dicht neben dem Atelier von Guillaumin. Im Sommer 1889 besuchte er kurz Chocquet in Hattenville in der Normandie und fuhr später nach Aix zurück, wo Renoir sich zu ihm gesellte und den Landsitz von Cézannes Schwager, Maxime Conil, für eine gewisse Zeit mietete. Nach einem Brief von Pissarro zu urteilen (siehe die Fußnote zum Brief* CXXXI*), scheint Cézanne sich diesmal mit Renoir entzweit zu haben.*]

1889

CXX AN GRAF ARMAND DORIA

Paris, den 30. Juni 1889

Monsieur le Comte,

Sie waren so freundlich, Monsieur Chocquet zu versprechen, daß das *Haus des Gehängten* ausgestellt werden kann; dies ist die Bezeichnung, die man einer von mir in Auvers gemalten Landschaft gegeben hat[208]. Soeben erfahre ich, daß Monsieur Antonin Proust[209] das Werk zur Ausstellung zugelassen hat, und bitte Sie, die Güte zu haben, das kleine Bild zum Palais des Beaux-Arts der Weltausstellung zu senden[210].

Indem ich Ihnen vielmals danke, verbleibe ich
hochachtungsvoll PAUL CÉZANNE

CXXI AN ROGER MARX[211]

Paris, den 7. Juli 1889

Sehr geehrter Herr!

Ich habe Ihnen geschrieben, um Ihnen dafür zu danken, daß Sie so freundlich waren, sich mit mir zu beschäftigen. Ich bedaure, daß mein

[208] Dieses jetzt im Louvre befindliche berühmte Gemälde war im Jahre 1874 in der ersten Gruppenausstellung der Impressionisten gezeigt worden, wo Graf Doria es für 300 Francs erworben hatte (siehe Venturi, *op. cit.*, Nr. 133). Cézanne selbst bezeichnete dieses Bild im Katalog als *Hütte in Auvers-sur-Oise*.

[209] Ein Freund Manets und ehemaliger Minister.

[210] Cézannes Bild konnte nur dank einer Finte, von der er selbst vermutlich nichts wußte, auf der Weltausstellung erscheinen. Chocquet hatte sich geweigert, einige kostbare Möbel zu leihen, falls nicht ein Werk Cézannes in die Ausstellung aufgenommen würde, und hatte hierfür das *Haus des Gehängten* seines Freundes Doria gewählt. Es war ihm gelungen, das Einverständnis von Roger-Marx, Inspektor der ‚Beaux Arts', und von Antonin Proust zu erlangen. Nach Schluß der Ausstellung bewog Chocquet den Grafen Doria, ihm dieses Bild auf dem Tauschwege zu überlassen.

[211] Roger Marx (1859–1913), Schriftsteller und Kunstkritiker, war einer der ersten Verteidiger Cézannes, über dessen Kunst er zahlreiche Aufsätze veröffentlichte. Auf der Jahrhundertausstellung von 1900 wies er den Werken Cézannes, zur großen Empörung der offiziellen Künstler, einen Ehrenplatz zu.

Brief Sie nicht erreichte! Ich wiederhole Ihnen meinen aufrichtigen Dank und bitte Sie, Monsieur Antonin Proust meine große Dankbarkeit zum Ausdruck zu bringen.

Ich gestatte mir, Monsieur, Sie meiner ergebensten Gefühle zu versichern.

PAUL CÉZANNE

CXXII AN OCTAVE MAUS, BRÜSSEL[212]

Paris, den 27. November 1889

Sehr geehrter Herr!

Nachdem ich Ihren schmeichelhaften Brief zur Kenntnis genommen habe, danke ich Ihnen zunächst und werde mit Vergnügen Ihrer liebenswürdigen Einladung Folge leisten.

Es sei mir jedoch gestattet, die Anschuldigung der Geringschätzung zurückzuweisen, mit der Sie mich hinsichtlich meiner Weigerung, an Gemäldeausstellungen teilzunehmen, bedenken.

Ich will Ihnen diesbezüglich sagen, daß ich, weil die zahlreichen Studien, denen ich mich gewidmet habe, nur negative Resultate eingebracht haben, und aus Furcht vor nur zu berechtigten Kritiken beschlossen hatte, bis zu jenem Tage in der Stille zu arbeiten, da ich mich fähig fühlen würde, die Ergebnisse meiner Versuche theoretisch zu verteidigen.

Doch angesichts des Vergnügens, mich in so guter Gesellschaft zu befinden, zaudere ich nicht, meinen Entschluß abzuändern, und ich bitte Sie, Monsieur, den Ausdruck meines Dankes und meiner kollegialen Grüße entgegenzunehmen.

PAUL CÉZANNE

212 Octave Maus, Sekretär der belgischen avantgardistischen Künstlergruppe der ›Vingt‹. Cézanne sandte drei Bilder zu deren Ausstellung von 1890, die dort neben Werken von Renoir, Sisley, Signac, Toulouse-Lautrec, Van Gogh usw. zu sehen waren. Cézanne hatte offenbar zunächst die Einladung von Maus abgelehnt. Als dieser ihm einen neuen, dringlichen Brief schrieb und die andern eingeladenen Künstler erwähnte, gab er schließlich nach.

CXXIII An Victor Chocquet

Paris, den 18. Dezember 1889

Sehr geehrter Herr Chocquet!

Ich möchte Sie um eine Gefälligkeit bitten, falls überhaupt der Gedanke, den ich gehabt habe, Ihnen annehmbar erscheint. Von der ›Vereinigung der Zwanzig‹ aus Brüssel aufgefordert, an deren Ausstellung teilzunehmen, und keineswegs darauf vorbereitet, möchte ich es wagen, Sie um *Das Haus des Gehängten* zu bitten, um dieses Bild dorthin zu senden. Ich erlaube mir, diesen Zeilen den ersten Brief, den ich aus Brüssel erhalten habe, beizulegen, woraus Sie meine Stellung gegenüber dieser Vereinigung ersehen werden, zumal wenn ich hinzufüge, daß ich der liebenswürdigen Bitte stattgegeben habe.

Bitte nehmen Sie meine besten Grüße entgegen und übermitteln Sie Madame Chocquet den Ausdruck meiner Hochachtung.

Die Mutter und der Kleine schließen sich mir bei dieser Gelegenheit an.

Ihr dankbarer Paul Cézanne

CXXIV An Octave Maus

Paris, den 21. Dezember 1889

Lieber Herr Maus!

Ich habe mich an Tanguy gewandt, um zu erfahren, welche meiner Studien er an Monsieur de Bonnières verkauft hatte. Er konnte mir nichts Genaueres angeben. Ich bitte Sie deshalb, dieses Bild als ›Landschaftsstudie‹ im Katalog anzuführen. Da ich ganz unvorbereitet bin, habe ich mich andererseits an Monsieur Chocquet gewandt, der sich augenblicklich außerhalb Paris befindet und mir sofort das Bild *Eine Hütte in Auvers-sur-Oise* zur Verfügung gestellt hat. Doch hat diese Leinwand keinen Rahmen, da der von Monsieur Chocquet bestellte (holzgeschnitzte) noch nicht fertig ist. Wenn Sie irgendeinen alten Rahmen dafür hätten, so würden Sie mir damit einen großen Gefallen tun. Es ist eine Fünfzehner-Leinwand mit den üblichen Maßen[213]. Schließlich sende ich Ihnen ein Bild: *Studie von Badenden*, dessen Rahmen ich Monsieur Petit übergeben lassen werde.

Bitte nehmen Sie meine herzlichsten Grüße entgegen

P. CÉZANNE

[213] [55 × 66 cm]

1890

CXXV AN OCTAVE MAUS

Paris, den 15. Februar 1890

Lieber Herr Maus!

Ich möchte mich bei Ihnen für die Übersendung des Kataloges der ›Ausstellung der Zwanzig‹ bedanken, und dies um so herzlicher, als ich mir vorgenommen hatte, von Ihrer Gefälligkeit die Zusendung eines Exemplars zu ersuchen.

Gestatten Sie mir bitte, Ihnen meine Glückwünsche für die pittoreske und sehr gelungene Aufmachung auszudrücken, die Sie diesem charmanten Heftchen gegeben haben.

Bitte nehmen Sie den Ausdruck meines aufrichtigen Dankes sowie meine herzlichsten Grüße entgegen!

P. CÉZANNE

[Von 1890 bis zum Frühjahr 1894 besteht abermals eine Lücke in der Korrespondenz von Cézanne. Während des Sommers 1890 verbrachte er fünf Monate mit Frau und Sohn in der Schweiz (Bern, Freiburg, Vevey, Lausanne, Genf und Neuenburg, wo er die längste Zeit verbrachte). Zu Beginn 1891 war er in Aix, wo er Alexis und Coste häufig sah; später zog er nach Paris und richtete sich dort in einer neuen Wohnung, 2, Rue des Lions-Saint-Paul, ein. Er malte damals oft im Wald von Fontainebleau, wohin er auch im folgenden Jahr zurückkehrte. Sowohl 1892 wie auch 1893 und 1894 verbrachte er einen Teil des Jahres in Paris und einen andern in Aix.

1894 starb Caillebotte, mit dessen Sammlung einige Bilder Cézannes später im Luxembourg-Museum Aufnahme fanden. Auch Père Tanguy starb 1894; bei der Versteigerung seines Nachlasses erzielten Cézannes Werke Preise zwischen 45 und 215 Francs, während Monet damals bereits Tausende für die seinen verlangen konnte.

Um diese Zeit begann Cézanne an Zuckerkrankheit zu leiden, wodurch er oft äußerst reizbar war. Gleichzeitig wandte er sich unter dem Einfluß seiner älteren Schwester Marie der Katholischen Kirche zu und besuchte regelmäßig die Gottesdienste.

Zola hatte offenbar alle gemeinsamen Freunde gebeten, ihn über Cézannes Ergehen auf dem laufenden zu halten. So besitzen wir zwei Briefe, der eine von Paul Alexis, der andere von Numa Coste, die detaillierte Auskünfte über den Maler enthalten. Im Februar 1891 berichtete Alexis aus Aix an Zola:

›Diese Stadt ist tot, trostlos und paralysierend. Coste, der einzige, mit dem ich ein wenig verkehre, ist nicht jeden Tag genießbar... Glücklicherweise bringt Cézanne, den ich seit einiger Zeit wiedergefunden habe, ein wenig Atem und Leben in meinen Verkehr. Er wenigstens vibriert, ist expansiv und lebendig. Er ist wütend auf die ‚Kugel' (Hortense Fiquet), die ihm im Anschluß an einen einjährigen Aufenthalt in Paris im vergangenen Sommer fünf

Monate Schweiz und Table d'hôte auferlegt hat... wo er nur bei einem Preußen einer gewissen Sympathie begegnet ist. Nach der Schweiz ist die von ihrem Herrn Sohn begleitete ‚Kugel' nach Paris abgezogen. Doch indem ihr die Hälfte ihrer Einkünfte entzogen wurde, ist sie gezwungen worden, nach Aix zurückzukommen.

Gestern, Donnerstag abend, um sieben Uhr, verließ Cézanne uns, um sie am Bahnhof abzuholen... Und das Mobiliar, für vierhundert Francs von Paris hierher transportiert, wird ebenfalls eintreffen. Paul beabsichtigt, das Ganze in einem Lokal, das er an der Rue de la Monnaie gemietet hat und wo er ihnen ihre Pension ausrichten wird, unterzubringen... Trotzdem hat er selbst nicht vor, seine Mutter und seine ältere Schwester zu verlassen, bei denen er in der Vorstadt (im ‚Jas de Bouffan') installiert ist; er fühlt sich dort sehr wohl und zieht sie entschieden seiner Frau vor. Wenn sich nun, wie er hofft, die ‚Kugel' und der Knirps hier einleben, wird ihn nichts mehr daran hindern, von Zeit zu Zeit für ein halbes Jahr nach Paris zu gehen. ‚Es lebe die schöne Sonne und die Freiheit!' ruft er aus...

Übrigens keinerlei Geldverlegenheiten. Dank seinem Vater, den er heute verehrt und der ihm zu sagen pflegte: ‚Bei allem, was Du unternimmst, bedenke das Ende' und: ‚Sei nicht zu eifrig, nimm Dir Zeit und schone Dich', hat er genug zum Leben. Er hat sein Einkommen zunächst in zwölf Monatsraten eingeteilt und dann jede von diesen in drei Teile unterteilt: für die ‚Kugel', für das ‚Kügelchen' und für ihn selbst! Doch hat die ‚Kugel', die, wie es scheint, schwer zu befriedigen ist, ständig die Tendenz, ihren persönlichen Anteil zu überschreiten. Auf seine Mutter und seine Schwester gestützt ... fühlt er sich jetzt stark genug, Widerstand zu leisten.

Während des Tages malt er im ‚Jas de Bouffan', wo ihm ein Arbeiter als Modell dient und wo ich ihn dieser Tage besuchen werde, um zu sehen, was er macht. – Schließlich, um seine Psychologie zu vervollständigen: Er ist bekehrt, glaubt und geht zur Messe.‹

Dieser Bericht wurde durch einen gleichzeitigen Brief von Numa Coste komplettiert:

›Wie ist es zu erklären, daß ein habgieriger und harter Bankier ein Wesen wie unsern armen Freund Cézanne erzeugen konnte, den ich letzthin gesehen habe? Es geht ihm gut, und physisch ist alles in Ordnung, aber er ist schüchtern, primitiv und jünger als je geworden. Er wohnt im ‚Jas de Bouffan' mit seiner Mutter, die übrigens mit der ‚Kugel' verzankt ist, welche ihrerseits nicht gut mit ihren Schwägerinnen steht, noch diese unter sich. So kommt es, daß Paul hier lebt, seine Frau dort. Und es gehört zum Rührendsten, was ich kenne, zu sehen, wie dieser wackere Junge seine kindliche Naivität bewahrt, seine Enttäuschungen aus dem Lebenskampf vergißt und – resigniert und leidend – hartnäckig das Werk verfolgt, das ihm zu vollbringen nicht gelingen will.‹]

1894

CXXVI An Gustave Geffroy

Alfort, den 26. März 1894

Sehr geehrter Herr!

Ich las gestern die lange Studie, die Sie verfaßt haben, um die von mir in der Malerei gemachten Versuche ins rechte Licht zu setzen. Ich möchte Ihnen meine Dankbarkeit für die bei Ihnen angetroffene Sympathie zum Ausdruck bringen[214]!

Paul Cézanne

CXXVII An einen Farb- und Malartikelhändler in Melun

[*Entwurf*[215]]

21. September 1894

Gestern, am 20. d. M., habe ich bei Ihnen vier Mal-Leinwände gekauft, davon drei im Zwanziger-Format und eine Fünfundzwanziger. – Die drei ersten kosten 2 Fr. 50 das Stück und die Fünfundzwanziger 2 Fr. 80. Demnach wäre die Gesamtsumme 10 Fr. 30 und nicht 11 Fr. 50, wie ich versehentlich gezahlt habe.

Ich nehme an, daß Sie mir diese Differenz bei meiner nächsten Reise nach Melun gutschreiben werden.

[*Als Cézanne im Herbst desselben Jahres Monet in Giverny besuchte, das dicht bei La Roche-Guyon liegt, schrieb dieser am 25. November an seinen Freund Geffroy: ›... Also abgemacht für Mittwoch. Ich hoffe, daß Cézanne noch hier sein und sich zu uns gesellen wird, doch ist er so sonderbar und scheut sich derart vor neuen Gesichtern, daß ich fürchte, er wird uns trotz seines Verlangens, Sie kennenzulernen, im Stich lassen. Welch ein Unglück, daß dieser Mann keine bessere Stütze in seinem Dasein gehabt hat! Er ist ein wirklicher Künstler, aber so weit gekommen, daß er allzusehr an sich zweifelt. Er hat nötig, aufgemuntert zu werden; so war er denn auch sehr empfänglich für Ihren Artikel.‹*

Tatsächlich blieb Cézanne für die geplante Vereinigung in Giverny, zu der Monet nicht

[214] Der Schriftsteller und Kunstkritiker Geffroy (1855–1926) hatte einen Artikel über die Versteigerung der Sammlung von Théodore Duret geschrieben, in der sich drei Werke Cézannes befanden, die zwischen 600 und 800 Francs erzielt hatten. Der Artikel erschien am 25. März im *Journal*.

[215] Dieser Briefentwurf befand sich in einem Skizzenbuch von Cézanne.

nur Geffroy, sondern auch Clemenceau, Rodin und Zolas Freund, den Schriftsteller Octave Mirbeau, eingeladen hatte. Entsprechend den Erinnerungen von Geffroy kam Cézanne ihnen allen ›sofort als eine merkwürdige Person vor, schüchtern, heftig und in außerordentlichem Grade erregbar. Hat er uns nicht unter anderm eine Vorstellung von seiner Naivität oder seiner Verwirrtheit gegeben, als er Mirbeau und mich zur Seite nahm, um uns mit Tränen in den Augen zu erklären: ‚Monsieur Rodin ist gar nicht stolz, er hat mir die Hand gedrückt! Ein mit der Ehrenlegion ausgezeichneter Mann!' Noch besser: Hat er sich nach dem Mittagessen nicht mitten in einer Allee vor Rodin auf die Knie gelassen, um ihm nochmals dafür zu danken, daß er ihm die Hand geschüttelt hatte? Angesichts solcher Dinge konnte man nur Sympathie für die primitive Seele Cézannes empfinden, der in jenem Moment so gesellig war, wie er es überhaupt nur sein konnte, und durch sein Lachen und seine Späße bewies, daß er sich in der ihn umgebenden Gesellschaft wohl fühlte. Clemenceau, zu dem er sich nachher gesellte, besaß besonders die Gabe, ihn durch die Scherze, mit denen er ihn ergötzte, mit Wohlbehagen zu erfüllen. Er sagte mir dennoch später einmal, daß er sich nicht Clemenceau anschließen könne, wozu ich ihn übrigens keineswegs aufgefordert hatte. Und er gab mir dann diese erstaunliche Erklärung: ‚Ich bin nämlich zu schwach!... Und Clemenceau könnte mich nicht in Schutz nehmen!... Es gibt nur die Katholische Kirche, die mich in Schutz nehmen kann!'‹ (Monet, Clemenceau und Geffroy waren Freidenker.)

Bei diesem Aufenthalt in Giverny lernte Cézanne auch die amerikanische Malerin Mary Cassatt kennen, die eine ›Schülerin‹ von Degas war und damals im selben Gasthof wohnte wie Cézanne. In einem Brief an eine Freundin hat sie ihn folgendermaßen beschrieben:

›Unser Kreis ist durch eine Celebrität in der Person des ersten Impressionisten, Monsieur Cézanne – den Erfinder des Impressionismus, *wie Madame D. ihn nennt – ergänzt worden... Monsieur Cézanne stammt aus der Provence und ähnelt den Männern aus dem Süden, die Daudet beschreibt. Als ich ihn zuerst sah, schien mir, er sähe wie ein Halsabschneider aus, mit großen, roten Augäpfeln, die in sehr furchterregender Weise aus seinem Kopf hervorstechen, mit einem recht grimmigen, ziemlich grauen Spitzbart und einer erregten Art zu reden, daß die Teller buchstäblich davon klappern. Ich entdeckte jedoch später, daß er – weit davon entfernt, grimmig oder ein Halsabschneider zu sein – das erdenklichst sanfteste Wesen hat; ‚wie ein Kind', sagt er selbst. Seine Manieren haben mich zunächst etwas überrascht: er kratzt seinen Suppenteller aus und hebt ihn dann hoch, um die letzten übriggebliebenen Tropfen in seinen Löffel fließen zu lassen; er nimmt sogar sein Kotelett in die Finger und zerrt das Fleisch vom Knochen. Er ißt mit dem Messer und begleitet jede Geste, jede Bewegung der Hand mit diesem Instrument, das er zu Beginn der Mahlzeit energisch ergreift und nicht niederlegt, bevor er den Tisch verläßt. Doch trotz dieser vollkommenen Mißachtung guter Manieren zeigt er uns gegenüber eine Höflichkeit, die uns kein anderer Mann hier erwiesen hätte. Er gestattet Louise nie, ihn in der gegebenen Anordnung, in der wir bei Tisch sitzen, vor uns zu bedienen; er ist sogar dieser dämlichen Magd gegenüber ehrerbietig und nimmt das Käppchen, mit dem er seinen kahlen Schädel bedeckt, stets ab, sowie er in den Raum tritt... Beim Mittagessen und beim Abendbrot dreht sich das Gespräch meist um Kunst und Kochen. Cézanne ist einer der tolerantesten Künstler, denen ich begegnet bin. Er setzt jeder Bemerkung die Worte:* für mich *ist es so und so, voran, gibt aber zu, daß jedermann seiner Überzeugung entsprechend ebenso aufrichtig und der Natur ebenso getreu sein kann. Er glaubt nicht, daß alle Welt auf die gleiche Art sehen sollte.‹]*

CXXVIII

An Gustave Geffroy

Paris, den 31. Januar 1895

Sehr geehrter Herr!

Ich habe weiter in den Studien gelesen, die Ihr Buch *Le Cœur et l'Esprit* bilden, das Sie freundlicherweise mit einer so sympathischen Widmung für mich versehen haben. Doch bei der Fortsetzung der Lektüre erfaßte ich erst ganz die Ehre, die Sie mir damit erwiesen haben[216]. Ich möchte Sie bitten, mir auch fernerhin diese mir so wertvolle Sympathie zu bewahren.

Paul Cézanne

CXXIX

An Gustave Geffroy

Paris, den 4. April 1895

Lieber Herr Geffroy!

Die Tage werden länger, und die Temperatur ist milder geworden. Ich bin jeden Vormittag bis zur Stunde, da sich der zivilisierte Mensch zu Tisch setzt, ohne Beschäftigung. Ich habe die Absicht, bis nach

[216] Dies mag als ein etwas unbeholfenes Kompliment gemeint sein, wonach Cézanne sich durch die Widmung um so mehr geschmeichelt gefühlt hätte, als er Geffroys Buch bei der Lektüre mehr zu schätzen lernte. Doch ist es nicht ausgeschlossen, daß diese Worte sich auf einen Absatz beziehen, in dem Geffroy einen alternden Mann Ansichten äußern läßt, die sich sehr wohl mit Dingen decken mögen, welche Cézanne selbst in Giverny gesagt hatte (und die er später ähnlich in eigenen Briefen ausdrückte). Der betreffende Absatz lautet:

›... Ich habe mich gefragt, ob die kurze Frist, die uns gegeben ist, um den Dingen der Welt näherzukommen, besser zu einem Versuch, das ganze Universum zu verstehen, verwendet werden sollte, oder dazu, uns das, was in Greifweite liegt, zu assimilieren. Das Hirn, das zuviel denkt, stellt ein für den Körper zu schweres Gewicht dar... In mir bedauert die Jugend das Leben, das nun im Abnehmen begriffen ist; sie gebietet den Kräften, die mir noch bleiben; sie will sich der letzten Sonnen erfreuen und alles dessen, was es eines Tages zu verlassen gilt: des grünen Laubs, des Wassers, des Windes, des Morgens, des Abends. Sie will noch sehen und noch lieben, bevor sie verschwindet.‹

Belleville hinaufzusteigen, Ihnen die Hand zu drücken und Ihnen ein Projekt zu unterbreiten, mit dem ich zuweilen liebäugle, das ich zuweilen aufgebe und manchmal wieder aufnehme[217]...

Recht herzlich der Ihre

PAUL CÉZANNE, Maler aus Neigung

CXXX AN GUSTAVE GEFFROY

Paris, den 12. Juni 1895

Lieber Herr Geffroy!

Ich beende [*diese Worte sind ausgestrichen*]. Da ich im Begriff bin, abzufahren, und die Arbeit, welche ich zu Unrecht unternahm und die meine Kräfte übersteigt, nicht zu einem befriedigenden Abschluß bringen kann, möchte ich Sie bitten, mich zu entschuldigen und dem Boten, den ich Ihnen schicken werde, die Sachen zu übergeben, die ich in Ihrer Bibliothek gelassen habe.

Bitte nehmen Sie den Ausdruck meines Bedauerns und meiner Hochachtung an.

P. CÉZANNE[218]

[217] Dieses Projekt war, ein Bildnis von Geffroy zu malen; es gelangte in der Folge zur Ausführung. Allerdings wurde das Bild nicht ganz vollendet (Venturi, *op. cit.*, Nr. 692).

[218] Geffroy hat später erzählt, daß es ihm gelang, den Maler dazu zu bewegen, noch während einer weiteren Woche an seinem Bildnis zu arbeiten. Vor seiner Abfahrt versprach ihm Cézanne, das Porträt nach seiner Rückkehr zu beenden, doch hat er dies Versprechen nicht eingelöst und später durch einen Boten tatsächlich seine Malutensilien usw., die bei Geffroy geblieben waren, abholen lassen. Über Cézannes Verhältnis zu Geffroy siehe J. Rewald: Cézanne, Geffroy et Gasquet, Paris, 1959.

CXXXI An Francisco Oller[219]

[*Aix,*] Jas de Bouffan, den 5. Juli 1895

Lieber [*ausgestrichen*] Monsieur!

Der autoritäre Ton, den Sie seit einiger Zeit mir gegenüber anschlagen, und die etwas ungezwungene Art, die Sie sich mir gegenüber im Augenblick Ihres Weggangs erlaubten, sind nicht dazu angetan, mir zu gefallen.

Ich bin entschlossen, Sie nicht im Hause meines Vaters zu empfangen.

Die Lehren, die Sie sich mir zu erteilen erlauben, werden auf diese Weise ihre Früchte getragen haben. Leben Sie also wohl.

P. Cézanne

[219] Cézanne hatte Oller (1831–1917) um 1864 durch Pissarro bei Suisse kennengelernt. Oller war jetzt aus Porto-Rico zurückgekehrt, um im Salon auszustellen.

Ein Brief von Camille Pissarro an seinen Sohn Lucien erwähnt, was sich zwischen den beiden Jugendfreunden zugetragen hatte: ›Oller hat mir ganz ungewöhnliche Dinge erzählt, die ihm mit Cézanne zugestoßen sind und die bei diesem letzteren einen offensichtlichen Knax verraten... Nach starken Freundschaftsbezeugungen von ganz meridionalem Überschwang glaubte der völlig vertrauensvolle Oller, daß er dem Freund Cézanne nach Aix-en-Provence folgen könnte; sie verabreden sich für den nächsten Tag am Zug des PLM, vor den Drittklaßwagen, sagt Gevatter Cézanne. Am nächsten Tage also befindet sich Oller auf dem Bahnsteig, schaut sich die Augen aus, sieht sich nach allen Seiten um – kein Cézanne. Die Züge fahren ab – niemand! Oller sagt sich schließlich: er ist abgefahren ... entschließt sich und fährt los. In Lyon angekommen, stiehlt man ihm im Hotel 500 Francs, die er in seinem Portemonnaie hatte. Nicht wissend, wohin er sich wenden soll, sendet er auf alle Fälle ein Telegramm an Cézanne; dieser war bei sich daheim, er war erste Klasse gefahren! ... Oller erhält einen derartigen Brief, daß Du ihn lesen müßtest, um Dir eine Idee davon zu machen. Er setzt ihn vor die Tür, indem er ihn fragt, ob er ihn für einen Dummkopf halte usw., mit einem Wort, ein abscheulicher Brief. Weiß Gott, das ist eine Variante dessen, was Renoir zugestoßen ist. Es scheint, daß er auf uns alle wütend ist, sogar auf Monet, der im Grunde sehr nett zu ihm war.‹

Aus den wenigen weiteren Einzelheiten, die über diesen seltsamen Zwischenfall bekannt sind, geht hervor, daß Oller aus Lyon nicht an Cézanne selbst, sondern an dessen Sohn nach Paris telegraphiert hatte, von dem er dann erfuhr, daß sein Vater bereits in Aix war. Seinerseits in Aix angekommen, hatte Oller Cézanne mitgeteilt, daß er in der Stadt sei, und daraufhin von diesem ein Billett erhalten: ›Wenn dem so ist, komme sofort. Ich erwarte Dich. P. Cézanne.‹

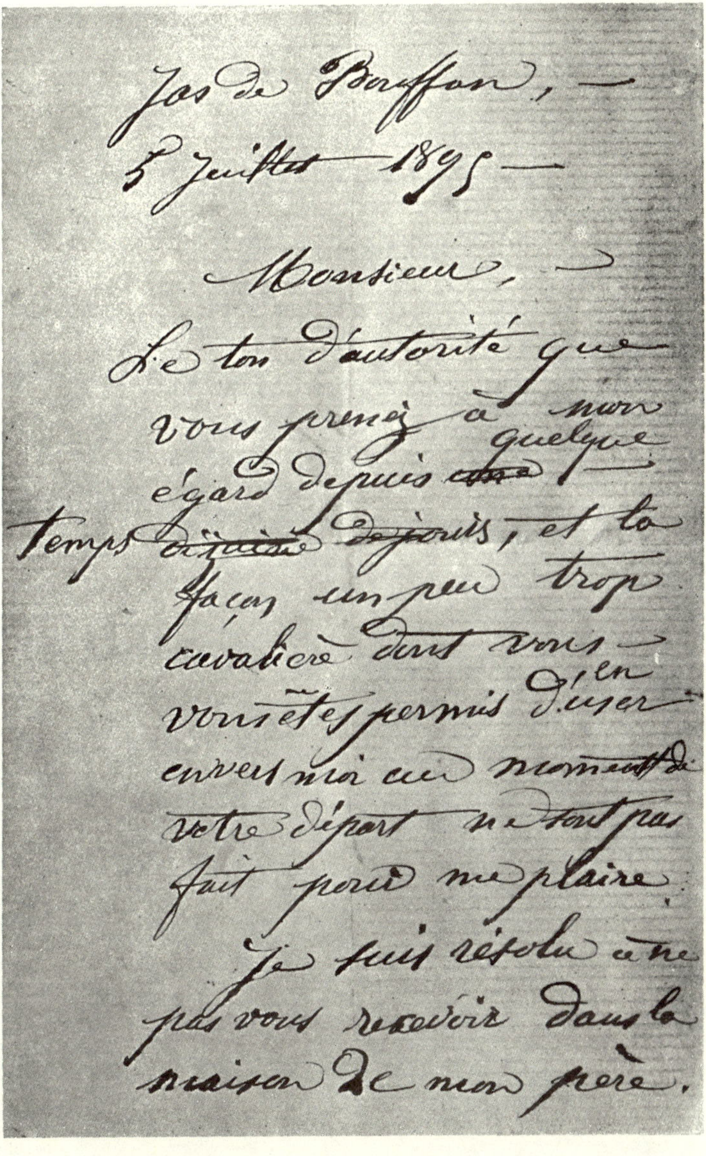

Jos de Bouffon, —
5 Juillet 1895 —

Monsieur, —

Le ton d'autorité que vous prenez à mon égard depuis ~~être~~ quelque temps ~~depuis~~, et la façon un peu trop cavalière dont vous vous êtes permis d'en user envers moi au moment de votre départ ne sont pas fait pour me plaire.

Je suis résolu à ne pas vous recevoir dans la maison de mon père.

Faksimile des Briefes an Francisco Oller vom 5. Juli 1895.

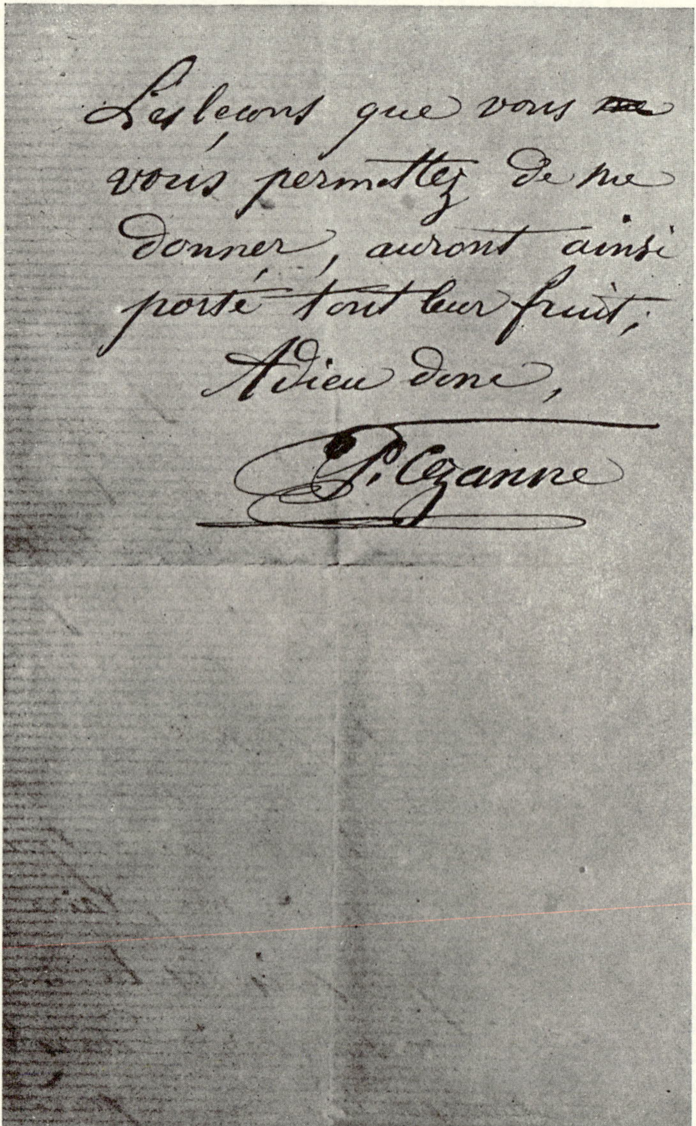

Les leçons que vous
vous permettez de me
donner, auront ainsi
porté tout leur fruit;
Adieu donc,

P. Cézanne

Faksimile des Briefes an Francisco Oller vom 5. Juli 1895 (Rückseite).

CXXXII AN CLAUDE MONET

Aix, den 6. Juli 1895

Mein lieber Monet …

Da der für meine Reise nach Aix festgesetzte Zeitpunkt herangekommen war, mußte ich Paris verlassen. Ich bin hier bei meiner Mutter, deren Alter schon recht hoch ist und die ich gebrechlich und einsam vorfand.

Ich mußte vorübergehend die Studie aufgeben, die ich bei Geffroy begonnen hatte, der sich mir so freigebig zur Verfügung stellte, und ich bin ein wenig beschämt über das bescheidene Resultat, das ich erzielte, besonders nach so vielen Sitzungen und nach abwechselnden Anfällen von Begeisterung und Entmutigung. So bin ich also wieder in den Süden zurückgeraten, aus dem ich mich vielleicht niemals hätte entfernen sollen, um die chimärische Verfolgung der Kunst aufzunehmen.

Zum Schluß möchte ich Ihnen sagen, wie glücklich ich über die moralische Stützung war, die ich bei Ihnen angetroffen habe und die mir als Ansporn für die Malerei dient. Also bis zu meiner Rückkehr nach Paris, wohin ich mich begeben muß, um meine Aufgabe fortzusetzen, denn ich habe es Geffroy versprochen!

Indem ich mein Bedauern darüber zum Ausdruck bringe, daß ich abgefahren bin, ohne Sie wiedergesehen zu haben, betrachte ich mich herzlichst als der Ihre

PAUL CÉZANNE

CXXXIII AN FRANCISCO OLLER

[*Aix*,] Jas de Bouffan, den 17. Juli 1895

Monsieur!

Ihr etwas komischer Brief überrascht mich keineswegs. – Doch vor allem, da ich angeblich noch etwas mit Ihnen zu verrechnen hätte –

Einige Monate später schrieb Oller an Pissarro: ›Mein Lieber, Monsieur Paul Cézanne ist entweder ein Schurke oder verrückt. Er hat mir die fürchterlichste Schweinerei angetan, die Du Dir nur vorstellen kannst…‹ Woraufhin er Pissarro berichtete, was vorgefallen war.

hätten Sie nicht gewisse Rechnungen vergessen sollen, die ich für Sie beim Père Tanguy begleichen mußte. – Schweigen wir lieber über den mißglückten Versuch bei Madame Ch.[220] Endlich verstehe ich nicht recht, in wieweit ich für den Geldverlust verantwortlich sein soll, den Sie während Ihres Aufenthaltes in Lyon erlitten zu haben behaupten.

Sie können von jetzt an bis zum kommenden fünfzehnten Januar Ihre Leinwand im Atelier der Rue Bonaparte abholen lassen.

Ich erlasse Ihnen das Geld, das ich Ihnen vorgeschossen habe, und den Rest.

Ich hoffe, daß Sie dank der Änderung Ihrer Haltung Ihren Aufenthalt beim Doktor Aguiar[221] verlängern können.

Adieu!

PAUL CÉZANNE

220 Mme Chocquet?

221 Dieser Arzt und Amateurmaler aus Kuba war ein Freund von Pissarro, Oller und Dr. Gachet, mit dem auch Cézanne bekannt war. Als Oller ihm von den Vorgängen in Aix berichtete, versicherte er ihm, daß er selbst ähnlichen Szenen beigewohnt habe und als Mediziner Cézanne für krank halte, so daß man sein Verhalten entschuldigen müsse, da er nicht ganz verantwortlich sei. Dies veranlaßte Pissarro zu dem Ausruf: ›Ist es nicht traurig und schade, daß ein mit einem so schönen Temperament begabter Mensch über so wenig Gleichgewicht verfügt!‹

Übrigens hatte Cézanne sich Oller gegenüber höchst abfällig über seine alten Freunde geäußert: ›Pissarro ist ein altes Vieh, Monet ein Schlauberger; mit ihnen ist nichts los… [*ils n'ont rien dans le ventre*…] nur ich allein habe Temperament, nur ich allein verstehe, ein Rot zu malen!…‹

1896

CXXXIV AN JOACHIM GASQUET[222]

Aix, den 15. April 1896

Lieber Herr!

Ich fahre morgen nach Paris[223]. Bitte, empfangen Sie den Ausdruck meiner vorzüglichen Hochachtung.

P. CÉZANNE

[222] Der Dichter Joachim Gasquet (1873–1921) war der Sohn eines Schulkameraden von Cézanne. Er hatte sich kurz zuvor sehr mit dem Maler befreundet. Seine allerdings reichlich ›gefärbten‹ Erinnerungen an Cézanne sind kurz vor des Autors Tod in einem auch ins Deutsche übertragenen Buch erschienen. Über sein Verhältnis zu dem Künstler siehe J. Rewald: Cézanne, Geffroy et Gasquet, Paris, 1959.

Gasquet lernte Cézanne einige Monate nach dessen erster Ausstellung bei Vollard kennen, die im November–Dezember 1895 stattgefunden hatte und aus deren Anlaß Geffroy abermals einen sehr wohlwollenden Artikel über den Künstler veröffentlicht hatte. Dennoch ließ Cézanne am 3. April 1896 sein Malgerät bei Geffroy abholen und gab somit trotz aller Versprechen die Weiterarbeit an dessen Bildnis auf. Im selben Monat schrieb Numa Coste aus Aix an Zola: ›Ich habe kürzlich Cézanne und Solari gesehen und sehe sie jetzt ziemlich oft... Cézanne ist sehr deprimiert und häufig die Beute düsterer Gedanken. Sein Selbstbewußtsein erfährt übrigens einige Genugtuung, und seine Werke erzielen bei Versteigerungen Erfolge, an die er nicht gewohnt ist...‹

Die jugendliche Begeisterung Gasquets scheint Cézanne in diesem Augenblick sehr gerührt zu haben, und als der Dichter sich von einer Ansicht des Sainte-Victoire hingerissen erwies, die er auf einer Aixer Ausstellung bewundert hatte, schenkte der Maler ihm das Bild (Venturi, *op. cit.*, Nr. 454). Ihrer ersten Begegnung folgten viele lange Spaziergänge und endlose Gespräche, bei denen vermutlich vor allem Gasquet das Wort führte.

[223] Cézanne hatte keineswegs die Absicht, nach Paris zurückzureisen, wie aus dem folgenden Brief, Nr. CXXXV, hervorgeht. Da er offenbar aber nicht wußte, wie er sich der etwas aufdringlichen Freundschaft des jungen Gasquet entledigen könne, benutzte er diese allerdings recht schwache Ausrede, um sich in seine gewohnte Einsamkeit zurückzuziehen.

An Joachim Gasquet

[*Aix, den 30. April 1896*]

Lieber Herr Gasquet!

Ich habe Sie heute abend am unteren Ende des *Cours* getroffen. Sie waren in Begleitung von Madame Gasquet. Wenn ich mich nicht irre, schienen Sie recht aufgebracht gegen mich zu sein.

Wenn Sie mein Inneres sehen könnten, den inneren Menschen, dann wären Sie es nicht. Sehen Sie denn nicht, in was für einen traurigen Zustand ich geraten bin! Nicht Herr meiner selbst, der Mensch, der nicht existiert, und gerade Sie, der Sie Philosoph sein wollen, wollen mich ganz zur Strecke bringen? Doch ich verwünsche die Geffroys und die paar Schlauköpfe, die, um einen Artikel von fünfzig Francs zu machen, die Aufmerksamkeit des Publikums auf mich gelenkt haben. Während meines ganzen Lebens habe ich gearbeitet, um es so weit zu bringen, mir mein Leben zu verdienen; aber ich dachte, daß man gute Malerei machen könne, ohne die Aufmerksamkeit auf sein Privatleben zu lenken. Sicherlich wünscht ein Künstler, sich intellektuell so hoch wie nur möglich zu erheben, doch soll der Mensch im Dunkeln bleiben. Das Vergnügen soll im Studium bestehen. Wenn es mir gegeben gewesen wäre, zu realisieren, wäre ich mit den paar Atelier-Kameraden, mit denen wir einen Schoppen trinken gingen, in meinem Winkel geblieben. Ich habe noch einen braven Freund [224] aus jener Zeit, nun ja, er hat es nicht weit gebracht, was jedoch nicht hindert, daß er verflucht viel mehr Maler ist als alle diese Pfuscher mit Medaillen und Orden, daß einem ganz heiß davon wird; und da wollen Sie, daß ich in meinem Alter noch an irgend etwas glauben soll? Übrigens bin ich wie tot. Sie sind jung, und ich verstehe, daß Sie erfolgreich sein wollen. Doch mir, was bleibt mir in meiner Lage noch zu tun, als klein beizugeben, und wenn es nicht so gewesen wäre, daß ich die Landschaft meiner Heimat so ungeheuerlich liebe, wäre ich nicht hier.

Doch ich habe Sie schon genug gelangweilt, und nachdem ich Ihnen

[224] Vermutlich eine Anspielung auf Achille Emperaire, mit dem Cézanne damals wieder viel verkehrt zu haben scheint.

meine Lage erklärt habe, hoffe ich, daß Sie mich nicht mehr so ansehen werden, als hätte ich irgendein Attentat gegen Ihre persönliche Sicherheit begangen.

In Anbetracht meines großen Alters nehmen Sie bitte, lieber Herr, den Ausdruck meiner besten Wünsche und Gefühle entgegen.

PAUL CÉZANNE[225]

CXXXVI An Joachim Gasquet

Aix, den 21. Mai 1896

Lieber Herr Gasquet!

Da ich gezwungen bin, mich heute abend zeitig in die Stadt zu begeben, werde ich nicht im ›Jas‹ [*de Bouffan*] sein können.

Gestern nachmittag um fünf Uhr hatte ich weder *Le Cœur et l'Esprit* von Geffroy noch den Artikel aus dem *Figaro* erhalten. Ich habe deswegen nach Paris telegraphiert[226].

225 Gasquet hat später berichtet, daß er sich nach Erhalt dieses Briefes sofort zum ›Jas de Bouffan‹ begab, wo Cézanne ihn mit offenen Armen empfangen haben soll und gesagt hätte: »Reden wir nicht mehr davon. Ich bin ein alter Esel. Setzen Sie sich dorthin. Ich werde Ihr Porträt malen.« Tatsächlich nahmen Maler und Dichter nach diesem Zwischenfall ihre Freundschaft wieder auf.

226 Es handelt sich um ein Buch Geffroys, das Ende 1894 herausgebracht worden war und von dem der Autor Cézanne ein gewidmetes Exemplar gesandt hatte, für welches dieser ihm dankte (siehe den Brief Nr. CXXVIII). Der Artikel des *Figaro* war eine Besprechung des Salons von Zola, die am 2. Mai 1896 erschienen war. In diesem Aufsatz schien Zola Abschied von den Überzeugungen zu nehmen, mit denen er in seiner Jugend so leidenschaftlich für die neue Malerei Manets und seiner Gefährten eingetreten war. Im Zusammenhang mit der Rolle, die er vor dreißig Jahren in der Impressionisten-Gruppe gespielt hatte, schrieb Zola darin: ›Ich war fast in der gleichen Wiege mit meinem Freund, meinem Bruder Paul Cézanne aufgewachsen, von dem man erst jetzt beginnt, die genialen Seiten eines großen, gescheiterten Malers zu erkennen.‹

Warum Cézanne so viel daran lag, schnell für Gasquet in den Besitz dieses unerfreulichen Aufsatzes von Zola zu kommen, mit dem er seit Erscheinen des *Œuvre* im Jahre 1886 entzweit war, und warum er das Buch von Geffroy haben wollte, über den er sich Gasquet gegenüber mehrfach höchst abschätzig geäußert hatte, ist nicht bekannt.

Also bis auf morgen, Freitag, falls Ihnen dies paßt, zur gewohnten Stunde[227].

Recht herzlich

P. Cézanne

CXXXVII An Joachim Gasquet

Vichy, den 13. Juni 1896

Mein lieber Gasquet!

Sie wollen eine Zeitschrift gründen[228]. Ich sehe von meiner Persönlichkeit ab. Wenden Sie sich für Unterstützung an jene beiden Personen, die in Beantwortung Ihrer Initiative an Herrn d'Arbaud geschrieben haben[229]. Der Beitrag dieser Personen, ich möchte fast sagen, deren Situation, ist notwendig – ist sogar die Grundlage Ihrer Zeitschrift. Beide haben gelebt und verfügen schon allein dadurch über Erfahrung. Man verringert sich nicht dadurch, daß man Tatsachen anerkennt. Sie selbst sind jung, voller Lebenskraft, und werden Ihrer Veröffentlichung

[227] Bei der ›gewohnten Stunde‹ meinte Cézanne offenbar die Zeit, um die Gasquet regelmäßig zum ›Jas de Bouffan‹ kam, um für sein Porträt zu sitzen. Die Sitzungen wurden im folgenden Monat unterbrochen, als Cézanne nach Vichy fuhr, und sind dann offenbar nicht wieder aufgenommen worden (siehe Venturi, *op. cit.*, Nr. 694).

[228] Gasquet hatte Cézanne die erste Nummer seiner neugegründeten Zeitschrift *Les mois dorés* gesandt. Vorher hatte der Dichter bereits für kurze Zeit eine andere Zeitschrift herausgegeben, *La Syrinx*, an der der junge Paul Valéry, der damals noch Student in Montpellier war, mitgearbeitet hatte. Gasquets Zeitschrift war hauptsächlich der Verherrlichung der Provence und allem, was mit ihr zu tun hatte, gewidmet. Er war ein leidenschaftlicher Lokalpatriot, obgleich er nicht, wie sein Freund Frédéric Mistral, die provenzalische Sprache neu zu beleben suchte.

[229] Um sich Cézannes Unterstützung zu versichern, hatte Gasquet ihm offenbar mitgeteilt, bei wem sein neues Unternehmen bereits Anklang gefunden hatte. José d'Arbaud gehörte mit Joseph und Charles Maurras, Xavier de Magallon, Louis Bertrand, Georges Dumesnil, Emmanuel Signoret, Paul Souchon, Edmond Jaloux und Jean Royère zu dem Freundeskreis Gasquets; Cézanne hatte einige von ihnen durch den Dichter kennengelernt. Der damals siebenundfünfzigjährige Maler hielt sich jedoch für zu alt, um sich dieser jugendlichen Gruppe anzuschließen, und wies deshalb in etwas umständlicher, obschon durchaus freundschaftlicher Weise zurück, sich an Gasquets Plänen zu beteiligen.

einen Impuls verleihen können, den nur Sie und Ihre Freunde, die noch die Zukunft vor sich haben, ihr zu geben vermögen. Mir scheint, daß diese Rolle schön genug ist, um stolz auf sie zu sein, und daß Ihnen viel daran liegt. Sammeln Sie um sich all den Unternehmungsgeist, der sich bereits bewährt hat. Es ist nicht möglich, daß ein Mensch, der kümmerlich sein Leben fristet und der, bewußt oder nicht, bereits den Gipfel des Daseins erklommen hat, den Fortschritt jener, die zum Leben erwachen, hindert. Der Weg, den diese Jugend schon hinter sich hat, ist eher ein Hinweis auf die Richtung, die einzuschlagen ist, als eine Begrenzung ihrer Schritte.

Mein Sohn hat Ihre Zeitschrift mit dem größten Interesse gelesen. Er ist jung und kann deshalb nicht umhin, sich Ihren Hoffnungen anzuschließen.

Vor etwa acht Tagen bin ich hier in Vichy gelandet. Das Wetter, das bei unserer Ankunft grau und regnerisch war, hat sich wieder aufgehellt. Die Sonne strahlt, und die Hoffnung lacht dem Herzen zu. – Ich gehe bald an die Arbeit.

Falls Sie meinen Freund Solari sehen, grüßen Sie ihn bitte von mir. Guten Mut! Ich bezweifle nicht, daß Sie ihn haben. Bitte glauben Sie mir, daß ich von ganzem Herzen mit Ihnen bin. Mit besten Grüßen Ihr

PAUL CÉZANNE

Vichy, Hôtel Molière (Allier).

JULI

[*Artikel von Joachim Gasquet, der im Juli 1896 in seiner Zeitschrift,* Les mois dorés, *erschien*[230].]

Dies ist der Monat des Lichtes ... Ich habe es während der großen Sommerabende betrachtet, wenn es sich wollüstig verspätet, um uns allen zuzulächeln, hinter den Hügeln der Provence, die dafür der göttlichst melancholische Altar

230 Dieser erste Artikel Gasquets über Cézanne ist lange unbekannt geblieben. Er zeigt, wie literarisch des Dichters Einstellung zur Kunst des Malers war und mit welchem Wortschwall er seine Begeisterung auszudrücken pflegte. Der Brief, den Cézanne ihm offenbar nach Erhalt dieses Aufsatzes schrieb, Nr. CXXXVIII, scheint sogar von dieser Verbosität beeinflußt zu sein.

sind, den die Dämmerung der Erde beschert hat ... Dort betet der alte Meister Cézanne, dessen Herz und dessen Leinwände von diesem Licht durchdrungen sind, es mit Entzücken und Schlichtheit an.

Unter dem Laub des ›Jas de Bouffan‹, nahe den Brunnen, widmet er sich den geduldigsten Studien, und es ist wundervoll zu sehen, wie plötzlich die ganze Seele einer Landschaft die farbigen Linien verklärt, um für immer an der ruhigen Tätigkeit unseres Geistes teilzunehmen. Der Maler hat soeben ein Bild vollendet, das ein wahres Meisterwerk ist[231]*. In ihrer blauen Kleidung völlig niedergedrückt, am Ende ihres Duldens angelangt, das Antlitz von zu zahlreichen Tagen verzehrt, läßt eine alte Frau, eine Magd, mit Inbrunst und Resignation einen Rosenkranz durch ihre alten Hände gleiten. Ein Lichtstrahl fällt auf ihr demütiges Gesicht. Sie ist in Erinnerungen versunken. Vor diesem letzten Bild von Monsieur Cézanne hat mich eine unbeschreibliche Ergriffenheit erfaßt. Ich beabsichtige, später einmal, wie es sich gehört, das ganze Leben des edlen Aixer Meisters zu berichten und von dem tiefen Sinn zu sprechen, der sich von den tausend Leinwänden loslöst, die in seinem lichten Atelier aufgestapelt sind. Nur in diesen Bildern, wie in der Landschaft des* Mont-Sainte-Victoire[232]*, in dem die leuchtende Luft alle Sehnsucht der Ebene und der Hügel mit solch köstlicher Schönheit beschwichtigt, wie in jenem Bild, wo rötliche und starke Felsen sich unter Pinien aufrichten – nur in diesen Werken habe ich das Leben unseres Lichtes gegenwärtig und verwirklicht gefunden, nur dort ist die einfache, rauhe und zärtliche Schönheit unserer Provence anzutreffen ...*

Die Studien, die Monsieur Cézanne zum Beispiel aus L'Estaque zurückgebracht hat, halten die strahlende Harmonie der Küsten fest, und ich lasse oft vor meinen Augen die kleine Stadt aufsteigen, wie sie in seinen Gemälden erscheint, um den Kirchturm kauernd, der aufrecht in zitternder Klarheit steht, und deren ganzes Dasein von den unvergeßlichen Liebkosungen des Lichtes und des Meeres ernährt wird. Die Ebene, die bläulichen Hügel, die fernen Horizonte, die natür-

[231] Es handelt sich um *Die Alte mit dem Rosenkranz* (jetzt in der National Gallery, London), ein Gemälde, das der Maler später Gasquet schenkte (Venturi, *op. cit.*, Nr. 702).

[232] Dieses Bild hatte Cézanne anscheinend kurz nach ihrem ersten Treffen dem jungen Dichter gegeben. Gasquet veräußerte es bereits zwei Jahre nach dem Tode des Malers. Es ist heute im Courtauld Institute of Art in London (Venturi, *op. cit.*, Nr. 454).

liche Schönheit der Landschaft, die sich um Aix ausdehnt, die golden-grüne Frische, in der der Fluß schlummert, sie leben in hundert Bildern wieder, und der Meister hat auch in ihrer stämmigen Biederkeit die erhabenen und naiven Gestalten der Bauern dargestellt, die diese Erde bearbeiten, welche die göttliche Güte unseres Lichtes mit ihren Strahlen verherrlicht...

CXXXVIII An Joachim Gasquet

Talloires[233], den 21. Juli 1896

Mein lieber Gasquet!

Hier bin ich also für einige Zeit von unserer Provence entfernt. Nach allerhand Hin und Her hat meine Familie, in deren Händen ich mich zur Zeit befinde, mich dazu bewogen, mich vorübergehend an dem Ort niederzulassen, wo ich jetzt weile. Es ist eine wohltemperierte Gegend. Die Höhe der umliegenden Berge ist recht erheblich. Der See, der an dieser Stelle von zwei Landzungen eingeengt wird, scheint sich sehr für die zeichnerischen Übungen junger Engländerinnen zu eignen. Es ist zwar immer die Natur, sicherlich, aber doch ein wenig so, wie wir gewohnt sind, sie in den Reisealben junger Damen zu sehen.

Stets unternehmungslustig, arbeiten Sie gewiß weiterhin mit Ihrer großartigen geistigen Kraft, und dies, ohne sich zu sehr zu ermüden. Ich bin zu entfernt von Ihnen, durch mein Alter sowohl als durch die Kenntnisse, die Sie mit jedem neuen Tag erwerben; dennoch empfehle ich mich Ihnen und Ihrem freundlichen Gedenken an, damit die Bande, welche mich mit der so vibrierenden, so herben Erde meiner Heimat verbinden, die das Licht zurückwirft, daß man davon blinzeln muß, und die damit unsere Augenlider bezaubert, in denen sich alle Eindrücke sammeln, nicht zerreißen und mich sozusagen von dem Boden loslösen, wo ich, sogar ohne es zu wissen, so viel empfunden habe. Es wäre deshalb ein Zeichen wirklicher Teilnahme und gleichzeitig eine Stärkung, wenn Sie die Güte haben würden, mir auch weiterhin Ihre Zeitschrift

233 Cézanne war aus Vichy nach Aix zurückgekehrt und von dort nach Talloires am See von Annecy gefahren. Er hat dort ein Bild des Sees gemalt, das jetzt im Courtauld Institute of Art in London ist (Venturi, *op. cit.*, Nr. 762).

zu senden, die mich sowohl an das ferne Vaterland gemahnt als an Ihre liebenswürdige Jugend, an deren Seite zu schreiten mir vergönnt war. Während meines letzten Aufenthaltes in Aix habe ich sehr bedauert, Sie nicht zu treffen. Aber ich erfuhr mit Freude, daß Madame Gasquet und Sie einer Reihe von regionalen und meridionalen Kundgebungen vorsaßen[234].

Ich schulde Ihnen wirklich vielen Dank für die freundlichen Wünsche, die Sie die Güte hatten, in Ihrem letzten Brief für meine Frau auszudrücken. Und ich muß Ihnen auch für die Zusendung der zweiten Nummer Ihrer Zeitschrift danken, die so reichhaltig und voll ist[235]. Ich wage deshalb zu hoffen, daß ich Sie und Ihre feurigen Mitarbeiter weiter werde lesen können.

Zum Schluß bitte ich Sie, mich der Königin der Provence empfehlen zu wollen, Ihren Vater und die anderen Mitglieder Ihrer Familie von mir zu grüßen und mir zu gestatten, daß ich mich Ihnen aufs freundschaftlichste empfehle. PAUL CÉZANNE

Adresse: Hôtel de l'Abbaye, Talloires par Annecy (Haute-Savoie). Es bedürfte der beschreibenden Feder von Château[*briand*], um Ihnen einen Begriff des alten Klosters zu geben, in dem ich wohne.

CXXXIX An Philippe Solari

Talloires, den 23. Juli 1896

Mein lieber Solari!

Als ich in Aix war, schien es mir, daß ich mich andernorts besser fühlen würde, und nun, da ich hier bin, sehne ich mich nach Aix. Das Leben beginnt für mich von einer tödlichen Monotonie zu sein. – Ich bin vor drei Wochen durch Aix gekommen; ich sah den Vater Gasquet, sein

234 Während des Jahres 1896 fanden viele Festlichkeiten statt, die von der Vereinigung der provenzalischen Dichter, der *Félibres*, veranstaltet waren. Eine solche wurde am 23. Januar abgehalten, als Gasquet Marie Girard, ›Königin des Félibrige‹, heiratete; eine andere fand am 26. Juli in Saintes-Maries-de-la-Mer statt.

235 Cézanne vermied es aus unbekannten Gründen, sich ausdrücklich zu Gasquets Aufsatz über ihn zu äußern.

Sohn war in Nîmes. Im Juni habe ich eine Monatskur in Vichy gemacht, man ißt dort gut. Hier ißt man auch nicht schlecht. – Ich wohne im Hôtel de l'Abbaye. – Welch herrlicher Überrest der alten Zeiten: eine fünf Meter breite Freitreppe, ein großartiges Tor, ein Innenhof mit Säulen, die eine Galerie rundherum bilden; man steigt eine große Treppe hinauf, die Zimmer liegen alle an einem immensen Korridor, alles das ganz klosterhaft. – Dein Sohn wird sicherlich bald in Aix sein. Grüße ihn von mir und erinnere ihn an unsere Ausflüge nach Peirières, auf den Ste-Victoire. Und wenn Du Gasquet siehst, der gewiß in der Freude der wiedergefundenen Vaterschaft schwimmt, so grüße auch ihn herzlich.

Empfiehl mich respektvoll Deinem Vater!

Um mich nicht zu langweilen, male ich, das ist nicht sehr drollig, doch ist der See mit den großen Hügeln rundherum sehr schön; man sagte mir, daß sie zweitausend Meter hoch seien; das wiegt unsere Gegend nicht auf, obwohl es, ohne Übertreibung, schön ist. – Doch wenn man dort unten geboren ist, dann ist man erledigt, nichts gefällt einem mehr. Man müßte einen guten Magen haben, sich einen guten Rausch antrinken, ›der Weinstock ist der Vater des Weins‹, erinnerst Du Dich noch daran? Und sich sagen müssen, daß ich Ende August wieder nach Paris hinauffahren werde! Wann werde ich Dich wiedersehen? Sollte Dein Sohn auf dem Rückweg in Annecy vorbeikommen, so laß es mich wissen.

Ein herzhafter Händedruck.

Dein alter PAUL CÉZANNE

Jo[236] hat mir gegen Ende Juni, als ich noch in Vichy war, die Nummer 2 der Zeitschrift gesandt. Mein Lieber, es macht Freude, Nachrichten von dort unten zu erhalten.

Meine Adresse ist hier: Hôtel de l'Abbaye, Talloires par Annecy (Haute-Savoie).

Gasquet hat mir gesagt, daß Du sehr gut gelungene Sachen gemacht habest – um so besser!

[236] Es handelt sich um Joachim Gasquet.

CXL An Joachim Gasquet

Paris, den 29. September 1896

Mein lieber Gasquet!

Ich komme mit großer Verspätung dazu, Ihnen für den Empfang der zwei letzten Nummern der *Mois dorés* zu danken, die Sie die Freundlichkeit hatten, mir zukommen zu lassen. Aber nachdem ich von Talloires nach Paris zurückgekehrt bin, habe ich viele Tage damit verbracht, ein Atelier zu suchen, in dem ich den Winter verbringen kann. Ich fürchte sehr, daß verschiedene Umstände mich einige Zeit in Montmartre zurückhalten werden, wo sich meine Arbeitsstätte befindet. Ich bin ein paar Schritte vom Sacré-Cœur entfernt, dessen Campanile und Glockentürmchen zum Himmel aufragen[237].

Zur Zeit vertiefe ich mich wieder einmal in Flaubert, dessen Lektüre ich gelegentlich unterbreche, um Ihre Zeitschrift zu durchblättern. Ich laufe Gefahr, mich oft zu wiederholen: Sie ist vom Duft der Provence durchdrungen. Ich sehe Sie vor mir, während ich sie lese, und wenn sich meine Gedanken sammeln, denke ich an die brüderliche Sympathie, die Sie mir bewiesen haben. Ich kann nicht gerade sagen, daß ich Sie um Ihre Jugend beneide, denn das ist unmöglich, wohl aber um Ihr inneres Feuer, Ihre unerschöpfliche Lebenskraft.

Ich danke Ihnen deshalb sehr lebhaft dafür, daß Sie mich auch jetzt nicht vergessen, da ich von Ihnen fern bin.

Bitte grüßen Sie Ihren Vater, meinen alten Mitschüler, von mir und empfehlen Sie mich der Königin, die so prächtig über die Erneuerung der Kunst herrscht, welche in der Provence erwacht. Ihnen selbst sende ich beste Grüße und wünsche Ihnen auch weiterhin Erfolg.

Ganz der Ihre

Paul Cézanne

PS. Leider muß ich Ihnen mitteilen, daß die Bemühungen Vollards, die Zeichnungen von Monsieur Heiriès[238] unterzubringen, gescheitert

[237] Der Bau von Sacré-Cœur, 1875 begonnen, wurde erst 1914 beendet.

[238] Gustave Heiriès gehörte zum Freundeskreis Gasquets in Aix, doch ist über ihn nichts Weiteres bekannt.

sind. Er behauptet, mehrere Versuche gemacht zu haben, welche wegen der Schwierigkeit, Absatz für Buchillustrationen zu finden, für die keine Nachfrage besteht, keinen Erfolg gezeitigt hätten. Ich werde mir die Zeichnungen zurückgeben lassen und sie Ihnen zu meinem Bedauern zurücksenden.

PAUL CÉZANNE

CXLI

AN EMILE SOLARI

Paris, den 30. November 1896

Mein lieber Solari!

Ich bedaure lebhaft, mich nicht Rue des Dames befunden zu haben, als Sie dorthin gekommen sind. Es gibt nur ein Mittel, dies wiedergutzumachen, und das wäre, ein Rendezvous festzusetzen, für morgen zum Beispiel. – An einem bestimmten Ort und zu einer bestimmten Stunde, deren Wahl ich Ihnen überlasse. Ich bin ab vier Uhr nachmittags frei. – Also bitte ein paar Zeilen! Herzlichst der Ihre

PAUL CÉZANNE

CXLII

AN EINEN JUNGEN KÜNSTLER, FREUND VON JOACHIM GASQUET

[*Datum unbekannt*]

[*Fragment*]

... Ich bin vielleicht zu früh gekommen. Ich war mehr der Maler Ihrer Generation als der meinigen. ... Sie sind jung, voll Lebenskraft; Sie werden Ihrer Kunst einen Antrieb geben, den nur jene ihr zu geben vermögen, die tief empfinden. Ich jedoch werde alt. Ich werde nicht die Zeit haben, mich auszudrücken ... Arbeiten wir! ...

Die Erfassung des Modells und seine Realisation stellen sich zuweilen nur sehr langsam ein.

CXLIII

An Antoine Guillemet

Paris, den 13. Januar 1897

Mein lieber Guillemet!

Da ich durch eine hartnäckige Grippe seit etwa vierzehn Tagen an mein Zimmer gefesselt bin, erhielt ich erst vorgestern den Brief, in dem Du mir ein Rendezvous gabst, sowie auch die Karte, die mir Deinen freundlichen Besuch bestätigte. Ich schreibe Dir jetzt also, um Dir mein großes Bedauern darüber auszudrücken, daß ich mich nicht in meinem Atelier habe befinden können, als Du mich dort besuchen kamst, und um Dir zu sagen, wie sehr ich über dieses dumme Ereignis verärgert bin, das mich einerseits daran hinderte, Dir mitzuteilen, in welchem Zustand ich mich befinde, und andererseits daran, ins Atelier gehen zu können.

Nimm bitte meine diesbezüglichen Entschuldigungen entgegen und glaube mir, daß ich herzlichst ganz der Deine bin

P. Cézanne

CXLIV

An Philippe Solari

Paris, den 30. Januar 1897

Mein lieber Solari!

Ich erhielt gerade Deinen netten Brief. Es ist wohl unnötig, Dir zu sagen, daß ich jenen nicht erhalten habe, den Du, wie Du mir sagst, Ende Dezember geschrieben hast. Ich habe Emile seit dem Ende des letzten Monats nicht mehr gesehen, und das mit Grund, denn seit dem vergangenen Einunddreißigsten mußte ich wegen einer Grippe daheim bleiben, und Paul hat meinen Umzug aus Montmartre übernommen. Ich bin noch nicht ausgegangen, doch geht es immerhin schon besser. Sowie ich kann, werde ich ein paar Zeilen wegen eines Rendezvous an Emile richten.

Doch laß uns jetzt zu Gasquet übergehen. Seine Bitte rührt mich zutiefst; teile ihm bitte mit, wie sehr ich wünsche, daß die besagten beiden

Bilder von Monsieur Dumesnil angenommen werden möchten[239]! Zu diesem Zweck bitte ich Dich, Dich Gasquet anzuschließen und zu meiner Schwester, 8, Rue de la Monnaie, zu gehen und sie zu bitten, Euch in den ›Jas‹ zu führen, wo sich die erwähnten Bilder befinden. – Ich werde meiner Schwester diesbezüglich schreiben.

Außer ein wenig Katerstimmung, die mit der Situation zusammenhängt, geht es mir eigentlich nicht schlecht, doch wenn ich mein Leben so einzurichten verstünde, um dort unten zu leben, hätte mir das besser gepaßt. Aber eine Familie zwingt zu nicht geringen Konzessionen.

Ich umarme Dich von ganzem Herzen und grüße alle Freunde, die Dich umgeben!

Recht herzlich der Deine

PAUL CÉZANNE

PS. Du triffst meine Schwester am besten entweder gegen zehn Uhr morgens, zur Zeit ihres Frühstücks, oder gegen sechs Uhr abends, zur Zeit des Abendessens, bei ihr zu Hause an.

CXLV AN JOACHIM GASQUET

Paris, den 30. Januar 1897

Mein lieber Gasquet!

Solari hat mir gerade von Ihrem Vorhaben berichtet. Gestatten Sie mir bitte, Sie zu ersuchen, keinen der Umwege zu vermeiden, die der Lage angemessen sind, damit Monsieur Dumesnil die beiden in Frage stehenden Bilder annimmt. Ich wäre sehr glücklich, wenn der Professor der Philosophie an der Aixer Fakultät sich herablassen würde, mein ehrerbietiges Geschenk in Empfang zu nehmen. – Ich kann den Umstand geltend machen, daß ich in meiner Heimat eher ein Freund der Künste als ein Fabrikant von Bildern bin und daß es andererseits eine Ehre für mich wäre, zwei meiner Studien an solch hohem Ort aufgenommen zu

239 Georges Dumesnil war der Professor Gasquets an der Aixer Universität gewesen. Um welche beiden Bilder Cézannes es sich in diesem Falle handelte, ist nicht bekannt.

wissen, usw., usf. Bitte fügen Sie diesen Ausführungen noch einige weitere hinzu, deren Wahl ich Ihnen völlig überlasse, da ich überzeugt bin, daß Sie sich dieser Aufgabe aufs trefflichste entledigen werden.

Ich bin also mit allem einverstanden. Und ich danke Ihnen für die Ehre, die mir in dieser Angelegenheit durch Ihre Vermittlung zuteil wird.

Bitte empfehlen Sie mich Madame Gasquet – damit meine ich die Königin – und grüßen Sie Ihren Vater bestens.

Ihr sehr dankbarer

Paul Cézanne

Vielen Dank für die dicke letzte Nummer Ihrer Zeitschrift.

Und lang lebe die Provence!

CXLVI

An Emile Solari

Mennecy, den 24. Mai 1897

Mein lieber Solari!

Ich muß bald nach Aix reisen. Die Abfahrt wird vermutlich in der Nacht vom Montag, dem 31. Mai, zum ersten Juni stattfinden, wenn Gott will. – Am Samstag, dem 29. d. M. werde ich nach Paris kommen; wenn Sie frei sind und wünschen, daß wir uns vor meiner Abreise wiedersehen, so stellen Sie sich bitte zur festgesetzten Stunde in der Rue St.-Lazare Nr. 73 ein.

Herzlichst der Ihre

Paul Cézanne

Hôtel de la Belle Etoile, Mennecy près Corbeil (Seine-et-Oise).

CXLVII

An Joachim Gasquet

Tholonet, den 18. Juli 1897

Mein lieber Gasquet!

Im Anschluß an große Anstrengungen hat mich eine derartige Müdigkeit überkommen, daß ich Ihre freundliche Einladung nicht annehmen kann. Ich muß mir eingestehen, daß ich am Ende meiner Kräfte bin, und bitte Sie deshalb, mich zu entschuldigen und Ihrer Familie mein Bedauern auszudrücken. Ich sollte eigentlich mehr Vernunft haben und einsehen, daß mir in meinem Alter keine Illusionen mehr erlaubt sind und daß sie mir immer verderblich sein werden.

Bitte übermitteln Sie meine Empfehlungen und den Ausdruck meines Bedauerns an Madame Gasquet sowohl als an Madame und Monsieur Girard.

Freundschaftlichst Ihr

PAUL CÉZANNE

CXLVIII AN PHILIPPE SOLARI

Ohne Datum
[*Tholonet, Ende August 1897*]

Mein lieber Solari!

Komm Sonntag, wenn Du frei bist und wenn es Dir Spaß machen sollte, ins Tholonet frühstücken, im Restaurant Berne! Wenn Du morgens kommst, findest Du mich gegen acht Uhr beim Steinbruch[240], wo Du das vorletztemal, als Du dorthin kamst, eine Studie gemacht hast.

Herzlichst PAUL CÉZANNE

CXLIX AN EMILE SOLARI

Tholonet, den 2. September 1897

Mein lieber Solari!

Ich erhielt Ihren Brief vom vergangenen 28. August. Ich habe zunächst nicht darauf geantwortet. Sie kündigten mir nämlich darin die Übersendung einer Zeitschrift an, die mir den verheißungsvollen Ge-

[240] Der Steinbruch Bibémus befindet sich oberhalb des Dorfes Le Tholonet und nahe dem Stausee F. Zola. Cézanne hat dort zeitweise ein kleines Häuschen gemietet, um zu arbeiten. Er hat dort mehrere Landschaften mit gelbroten Felsblöcken und vereinzelten Pinien gemalt.

nuß einiger Ihrer Gedichte versprach. Ich habe mehrere Tage gewartet, doch kam keine Zeitschrift.

Soeben las ich Ihren Brief wieder durch und stelle fest, daß ich Sie nicht richtig verstanden hatte und daß das, was Sie mir ankündigten, ein Bericht über die Festtage in Orange war.

Sie nennen die Zeitschrift, in der Sie geschrieben haben, unbekannte Zeitschrift. Ist das ihr wirklicher Name und soll ich sie unter diesem Titel auf der Post reklamieren, da sie mir ja nicht zugestellt wurde?

Übrigens sind Sie wirklich sehr liebenswürdig, sich inmitten all Ihrer Pariser Beschäftigungen und Beanspruchungen der wenigen, zu kurzen Stunden zu erinnern, die Sie in der Provence verbracht haben; es ist allerdings wahr, daß der große Zauberer, damit meine ich die Sonne, damals mit dabei war. Doch haben gewiß Ihre Jugend und Ihre Hoffnungen noch dazu beigetragen, Ihnen unser Land in einem günstigen Licht erscheinen zu lassen. – Vergangenen Sonntag ist Ihr Vater gekommen und hat den Tag mit mir verbracht – der Unglückliche, ich habe ihn mit Theorien über die Malerei vollgestopft. Er muß wirklich ein gutes Temperament haben, daß er das ausgehalten hat. – Doch ich sehe, daß ich mich ein wenig zu sehr auslasse, und drücke Ihnen herzlich die Hand, indem ich Ihnen viel Glück wünsche und auf Wiedersehn sage.

P. Cézanne

CL

An Emile Solari

Tholonet, den 8. September 1897

Mein lieber Solari!

Ich erhielt soeben *L'Avenir Artistique et Littéraire*, das Sie mir zu senden die Freundlichkeit hatten. Ich danke Ihnen dafür!

Ihr Vater wird nächsten Sonntag kommen und einen Enterich mit mir essen. Er wird mit Oliven zubereitet sein (der Enterich, wohlverstanden). – Ach, könnten Sie doch mit dabei sein! Erhalten Sie mir in der Zukunft Ihr gutes Gedenken und erlauben Sie mir, mich herzlichst den Ihrigen zu nennen.

P. Cézanne

CLI

An Joachim Gasquet

Tholonet, den 26. September [*1897*]

Mein lieber Gasquet!

Zu meinem großen Bedauern kann ich Ihrer vortrefflichen Einladung nicht nachkommen. Aber da ich Aix heute früh um fünf Uhr verlassen habe, kann ich nicht vor Tagesende heimkehren. Ich nehme mein Abendmahl bei meiner Mutter ein, und der Zustand der Müdigkeit, in dem ich mich am Ende des Tages befinde, gestattet mir nicht, in angemessener Verfassung vor andern Leuten zu erscheinen. Bitte entschuldigen Sie mich deshalb.

Die Kunst ist eine Harmonie, die parallel zur Natur verläuft; was soll man von den Dummköpfen halten, die behaupten, daß der Künstler immer der Natur unterlegen ist?

Herzlichst der Ihre, und ich verspreche Ihnen, daß ich bald kommen werde, Ihnen die Hand zu schütteln.

P. Cézanne[241]

CLII

An Emile Solari

[*Aix,*] Jas de Bouffan, den 2. November 1897

Mein lieber Solari!

Ich erhielt den Brief, in dem Sie mir Ihre baldige Verheiratung mitteilten. Ich zweifle nicht daran, daß Sie in Ihrer künftigen Gefährtin den für jeden Mann, vor dem sich eine lange und oft schwierige Karriere öffnet, ganz unentbehrlichen Rückhalt finden werden. Ich wünsche Ihnen die Verwirklichung Ihrer berechtigten Hoffnungen!

241 Einen Monat, nachdem dieser Brief geschrieben wurde, verlor Cézanne am 25. Oktober 1897 seine zweiundachtzigjährige Mutter, deren Tod ihn sehr erschütterte. Da der Nachlaß zwischen dem Maler und seinen zwei Schwestern zu teilen war und diese verlangten, daß der ›Jas du Bouffan‹ verkauft werde, mußte Cézanne in der Folge den Flecken seiner heimatlichen Erde aufgeben, mit dem er am tiefsten verbunden war. Er malte daraufhin viel in der Besitzung des Château Noir, die sich auf dem Weg von Aix in das kleine Dorf Le Tholonet befindet und von der man einen besonders schönen Blick auf den nahen Berg des Sainte-Victoire hat.

Sie sprechen auch von den Schwierigkeiten, die Sie finden, um durchzudringen und Ihre Arbeiten auf die Bühne zu bringen. Wenn ich darüber nachdenke, kann ich wohl sagen, daß ich mir Rechenschaft gebe über die Schwierigkeiten, die Sie empfinden. Was soll ich hinzufügen, wenn nicht, daß ich mit Ihren Bemühungen sympathisiere, doch indem ich Sie gleichzeitig auffordere, recht tapfer zu sein, denn das ist unentbehrlich, um ans Ziel zu gelangen.

Wenn diese Zeilen Sie erreichen, werden Sie den Tod meiner armen Mutter erfahren haben.

Indem ich Sie von neuem dazu anhalte, mutig zu sein und zu arbeiten, verbleibe ich herzlichst Ihr

PAUL CÉZANNE

Vor einigen Tagen hatte ich das Vergnügen, Ihren Vater zu sehen, der mir versprach, in den ›Jas‹ zu kommen.

1898

CLIII

An Louis Le Bail[242]

Montgeroult, Montag abend [*1898*]

Lieber Herr!

Ich bin soeben aufgewacht und entsinne mich, daß ich in Umständen, die denen ähnlich sind, welche sich vor einigen Tagen ereigneten[243], den Besuch erwidert habe, den man mir zu machen die Freundlichkeit gehabt hatte. Ich bin sehr verärgert über die falsche Position, in die ich mich gebracht habe. Obwohl ich nicht die Ehre habe, Ihnen seit langer Zeit bekannt zu sein, wage ich doch, Sie zu bitten, mir zu Hilfe zu kommen, um meinen Schnitzer wieder gutzumachen. Sagen Sie mir, was ich tun soll; ich werde Ihnen sehr dankbar dafür sein!

Bitte, nehmen Sie den Ausdruck meiner besten Gefühle entgegen.

P. Cézanne

CLIV

An Louis Le Bail

Marines [*1898*]

Monsieur!

Die etwas zu ungezwungene Art, mit der Sie sich erlauben, bei mir zu erscheinen, ist nicht dazu angetan, mir zu gefallen. Bitte, lassen Sie sich in Zukunft anmelden[244].

[242] Der junge Maler Louis Le Bail, der damals in Marines wohnte, hatte durch Camille Pissarro erfahren, daß Cézanne nicht weit von dort arbeitete. Er hatte ihn mehrmals besucht, und Cézanne hatte sich mit seinem jungen Kollegen befreundet.

[243] Der Kunstsammler Baron Denys Cochin hatte auf einem seiner Spazierritte Cézanne in Montgeroult malend angetroffen. Dieser, der nicht wußte, daß es sich um einen Bewunderer seiner Kunst handelte, hatte ihn nicht gerade liebenswürdig empfangen. Louis Le Bail teilte ihm etwas später mit, wer der Reiter war und daß derselbe mehrere Werke von Cézanne besitze.

[244] Folgendes hatte sich zugetragen: Cézanne hatte Louis Le Bail gebeten, ihn täglich gegen drei Uhr nachmittags nach seiner Siesta aufzuwecken. Den Anordnungen getreu war dieser, als er ihn schlafend vorfand und nachdem er mehrmals an der Tür geklopft hatte, in das Zimmer Cézannes eingetreten, um ihn zu wecken.

Bitte, übergeben Sie der Person, die bei Ihnen vorsprechen wird, das Glas und die Leinwand, die in Ihrem Atelier geblieben sind.

Bitte nehmen Sie, Monsieur, meine verbindlichen Grüße entgegen.

PAUL CÉZANNE

DAS PROVENZALISCHE BLUT

[*Auszüge aus einer Buchbesprechung von Joachim Gasquet, die dem Werk von Charles de Ribbe:* La Société provençale à la fin du moyen-âge *gewidmet ist und im März/April 1898 in Gasquets Zeitschrift,* Les mois dorés, *erschien:*]

Der Gedanke der Provence schlummert unter den Olivenbäumen, die kräftige Landschaft umringt ihn, der Duft der Pinien strahlt ihn aus, die Sonne preist ihn. ... Doch eines Tages habe ich diesen Gedanken, den die rote Erde, die Felsen, die leuchtenden Pinien, die Ebenen und die Hügel an tausend Stellen zerstreut und verworren verbergen, eines Tages habe ich ihn plötzlich wahrgenommen, als ich die Gemälde Cézannes betrachtete. Aus ihnen sprang er auf einmal in starker Ganzheit hervor, in seiner einzigartigen Pracht, die zugleich ländlich und mystisch ist, denn er herrscht in großartiger Wirklichkeit über das ganze Werk dieses von der Klarheit ergriffenen Malers. Die provenzalische Seele, die Charles de Ribbe als unermüdlicher Historiker fern von unsern stummen Städten für uns heraufbeschworen hat, der Glaube, den er uns durch patriotische Beispiele eingeflößt hat, werden uns ebenfalls von Paul Cézanne vermittelt, indem er uns in seine Betrachtungen einweiht und uns diese Seele und diesen Glauben in einer Art leuchtenden Heiligkeit enthüllt, von der seine Landschaften durchdrungen sind. Die gequälte oder beschauliche Gestalt der Felsen, das rote Blut, das er leidenschaftlich über die zerrissene Erde fließen läßt, die gewichtvolle Schwere der Horizonte, die Flammen des Meeres, die Träume der Gewässer, die Sanftmut und Keuschheit der Linien, die sich in seinen Bildern mit herber Zärtlichkeit verflechten, die Ernten, die von der Sonne verbrannt werden, der Fluß, dem badende Kinder entsteigen, und endlich die Luft, die Luft, die sich erinnert, die denkt, die weiß, die will .... [*und so weiter und so fort*], *alle diese edlen, von ihm erweckten Formen rufen in uns so etwas wie ein religiöses Gefühl hervor, denn sie lassen uns ahnen, daß, wie in biblischen Zeiten, Worte von den Bäumen und den Steinen springen werden, daß alles den Retter erwartet, daß die Welt einen Meister ersehnt, daß die provenzalische Seele in einen von uns hinabsteigen will.*

Es gibt im ›Jas de Bouffan‹ einige Leinwände, auf denen robuste Bauern sich von der Arbeit ausruhen; ihre Gesichtsfarbe ist von der Sonne genährt, ihre Schultern sind kräftig und ihre Hände sind von schwerster Mühsal geweiht. Einer besonders, in blauem Kittel mit einem roten Halstuch, der die Arme hängen läßt. Er ist großartig in seiner Grobheit, wie der Gedanke eines Erdfleckens, der sich plötzlich in dieses plumpe und prächtige Fleisch verwandelt hätte, das von der Sonne verbrannt und vom Wind gepeitscht ist. Andere spielen Karten in einem ländlichen Raum und rauchen dabei. Noch andere sind nackt. Alle sind gesund, voll Gleichgewicht; man fühlt, daß sie gradlinig denken, daß sie ruhig sind, daß sie keine anderen Sorgen haben als die Erde zu lieben und zu befruchten ... Von ihnen habe ich gelernt, meine Rasse völlig zu kennen. ...

Ein Berg ist ein Wesen von Kraft und Freude, das unsere schwache Vorstellungskraft stützt. ... Dies hat mich das Werk des großen Meisters gelehrt. Von seinen Leinwänden strahlt die Seele der gegenwärtigen Provence mit allem, was noch schön, kräftig und gesund an ihr ist. Diese Bauern, diese Felsen, diese Bäume sind viel mehr wert als die kummerlosen und freudlosen Menschen unserer Städte. Einige seiner Landschaften, so leuchtend sie auch sind, muten traurig an; das liegt daran, daß sie zu verstehen scheinen, daß niemand mehr, der ihrer würdig ist, sie aufsucht. Sie sind verschwunden, jene Menschen, die diesen Landschaften entsprechen.

Die ländliche und edle Malerei Paul Cézannes bietet unserer Einbildungskraft dieselben Erkenntnisse dar, die Charles de Ribbe unserer Vernunft zuteil werden läßt. Diese beiden Männer vervollständigen einander aufs beste. Voll Begeisterung sowohl als voll Güte sagen sie uns, was sie wissen. Durch die ständige Nachbildung der Wesen ihrer eigenen Rasse haben sie, in Handlungen und auch versuchsweise in ihrem speziellen Gebiet, fast eine ebenso großartige und aufrichtige Tat vollbracht, wie sie auf dem Gebiet des Heldengedichtes, des Lyrismus und des Dramas der Verfasser des Rhône *und des* Calendal *verwirklicht hat*[245].

245 Anspielung auf den provenzalischen Dichter Frédéric Mistral. Es ist bezeichnend für den maßlosen Lokalpatriotismus von Gasquet, daß er in Cézanne vor allem einen provenzalischen Künstler sah, dessen Werke er mit literarischen Ausdeutungen belastete und von dem er hier behauptet, er habe auf dem Gebiet der Malerei ›fast‹ das erreicht, was Mistral auf dem Gebiet der Poesie gelungen sei.

CLV An Joachim Gasquet

Paris, den 22. Juni 1898[246]

Mein lieber Gasquet!

Nachdem ich die wundervollen Zeilen gelesen habe, in denen Sie das provenzalische Blut so begeistert preisen, kann ich mich nicht entschließen, die Stille zu wahren, als wäre ich etwa in der unseligen Gegenwart eines vulgären Geffroy[247].

Es gibt nur eines zu sagen, nämlich, daß das erreichte Resultat nicht der Lobrede gleichkommt, die Sie darüber anstimmen. Aber Sie sind daran gewohnt und betrachten alle Dinge mit solcher Leidenschaft, daß jedes Wort des Dankes daneben verblaßt.

Würden Sie die Güte haben, Paul [*dem Sohn des Künstlers*] zu sagen, an welchem Tag ich Sie wiedersehen kann[248]?

Indem ich Ihnen meinen lebhaften Dank ausspreche, bitte ich Sie, Madame Gasquet meine besten Empfehlungen zu übermitteln.

Paul Cézanne

[246] Nachdem Cézanne die März/April-Nummer der Zeitschrift Gasquets erhalten hatte, scheint er mehrere Wochen gezaudert zu haben, bevor er sich für die ihm gewidmeten Zeilen bedankte.

[247] Es ist nicht klar, weshalb Cézanne sich in diesem Zusammenhang nochmals so abfällig über Geffroy äußert, dessen Artikel über den Maler viel mehr Verständnis bekundet hatten als die schwülstigen Phrasen von Gasquet. Doch war Geffroy ein bekannter Liberaler, was ihn automatisch bei dem Royalisten Gasquet und dem zur Katholischen Kirche zurückgekehrten Cézanne verdächtig machte.

[248] Gasquet war offenbar damals ebenfalls in Paris, wo Cézanne ihn aber noch nicht gesehen hatte. Es ist nicht unwahrscheinlich, daß die beiden Männer im Anschluß an diesen Brief wieder zusammenkamen und damals einige Male gemeinsam jene Besuche im Louvre machten, von denen Gasquet später – allerdings mit erheblicher dichterischer Freiheit – eingehend berichtete. Gasquet hat damals offenbar auch einen Versuch gemacht, Cézanne zu veranlassen, ihn für einen Besuch bei Zola zu begleiten, der seit dem Erscheinen seines berühmten Artikels *J'accuse* im Januar 1898 im Mittelpunkt der Dreyfus-Affäre stand. Doch weigerte der Maler sich heftig, auf diese Weise ein Wiedersehen mit dem Freund herbeizuführen.

CLVI

An Henri Gasquet[249]

Paris, den 23. Dezember 1898.

Mein lieber Henri!

Ich habe eben die freundlichen Grüße erhalten, die Du mir hast zukommen lassen, und kann Dir dafür nur aufs lebhafteste danken. Sie stellen für mich die Heraufbeschwörung einer mehr als vierzigjährigen Vergangenheit dar. Darf ich sagen, daß die Vorsehung mich Dich hat kennenlernen lassen? Wenn ich jünger wäre, würde ich sagen, daß dies für mich eine Stütze und ein Trost ist. Jemand, der in seinen Prinzipien und Auffassungen beständig ist, das ist wirklich großartig! Ich bitte Dich auch, Deinem Sohn zu danken, dessen Bekanntschaft mir der Himmel beschert hat und dessen Freundschaft mir sehr wertvoll ist.

Ich hoffe, daß ich ihn bald wiedersehen werde, sei es, daß ich in den Midi hinunterkomme oder daß seine Studien und seine literarischen Interessen ihn wieder hierher zurückbringen. Er, Madame Gasquet und seine Freunde haben die Zukunft vor sich. Ich schließe mich von ganzem Herzen der Kunstbewegung an, die sie vertreten und deren Charakter sie bestimmen. Du hast keine Ahnung, wie belebend es ist, um sich herum eine Jugend zu finden, die noch nicht bereit ist, einen sofort zu beerdigen; deshalb kann ich nur den aufrichtigsten Wunsch für ihren Triumph ausdrücken.

Ich will mich hier nicht länger darüber verbreiten; es ist vorzuziehen, sich direkt zu unterhalten – man erklärt sich und versteht sich dabei immer besser.

Zum Schluß bitte ich Dich, mich Deiner Mutter zu empfehlen, die im Hause die Mutter jener Weisheit ist, die Du vertrittst. Ich weiß, daß sie sich noch an die Rue Suffren erinnert, die unsere Wiege war. Es ist unmöglich, nicht tief gerührt zu sein, wenn man an jene schöne, vergangene Zeit denkt, an jene Atmosphäre, die wir eingeatmet haben,

[249] Der Vater des Dichters, ein angesehener und wohlhabender Bäckermeister in Aix, war ein Schulfreund Cézannes; für ein etwa 1896 gemaltes Bildnis von Henri Gasquet siehe Venturi, *op. cit.*, Nr. 695.

ohne uns dessen bewußt zu sein, und die zweifellos die Ursache des Geisteszustandes ist, in dem wir uns gegenwärtig befinden.

Mein lieber Henri, indem ich Dich bitte, Deine Angehörigen bestens zu grüßen, erlaube ich mir, Dich von ganzem Herzen zu umarmen.

Dein alter Kamerad

Paul Cézanne

1899

CLVII

An Emile Solari

Paris, den 25. Februar [*1899?*]

Mein lieber Emile!

Zwei Modellsitzungen pro Tag bringen mich leicht ans Ende meiner Kräfte. Und dieser Zustand währt schon seit mehreren Wochen[250]. Morgen – Sonntag – Ruhe.

Würden Sie mich wohl im Laufe des Nachmittags in meinem Atelier besuchen wollen? Ich werde dort von zwei bis vier Uhr sein.

Herzlichst der Ihre

Paul Cézanne

CLVIII

An Fräulein Marthe Conil

Paris, den 16. Mai 1899

Meine liebe Nichte!

Ich erhielt gestern Deinen Brief, in dem Du uns einlädst, Deiner ersten Kommunion beizuwohnen. Tante Hortense, Dein Vetter Paul und ich sind sehr gerührt über Deine nette Einladung. Doch hindert uns zu unserm großen Bedauern die beträchtliche Entfernung, die uns von Marseille trennt, daran, zu Dir zu kommen und bei dieser schönen Zeremonie zugegen zu sein.

Ich bin zur Zeit durch eine recht langwierige Arbeit in Paris zurückgehalten[251], doch hoffe ich, im Laufe des kommenden Monats in den Süden hinunterzufahren.

Ich werde also bald das Vergnügen haben, Dich zu umarmen. Ich empfehle mich Deinen Gebeten an, denn wenn uns einmal das Alter er-

[250] Es handelt sich wahrscheinlich um das Bildnis von Ambroise Vollard, das 1899 gemalt wurde und für das Cézanne mehr als hundert Sitzungen benötigte (siehe Venturi, *op. cit.*, Nr. 696). Vollard spricht von diesem Porträt in seiner auch ins Deutsche übertragenen Cézanne-Biographie.

[251] Vermutlich eine Anspielung auf das Porträt von Vollard.

reicht hat, dann finden wir nur noch in der Religion eine Stütze und einen Trost.

Indem ich Dir also für Dein freundliches Gedenken danke, sende ich Dir Grüße von Tante Hortense und von Deinem Vetter Paul, sowie viel Zärtlichkeiten von Deinem alten Onkel

PAUL CÉZANNE

Grüße auch Deine Schwestern Paulette und Cécile!

EGISTO FABBRI AN CÉZANNE[252]

Paris, den 28. Mai 1899

Sehr geehrter Herr!

Ich habe das Glück, sechzehn Ihrer Werke zu besitzen. Ich kenne ihre aristokratische und strenge Schönheit – sie sind für mich das Edelste, was es in der modernen Kunst gibt. Und oft, wenn ich sie ansehe, wünsche ich Ihnen mündlich sagen zu können, welche Ergriffenheit ich verspüre.

Ich weiß jedoch, daß Sie von vielen Leuten belästigt werden, und indem ich Sie frage, ob Sie mir erlauben würden, Sie zu besuchen, könnte ich Ihnen wohl sehr zudringlich erscheinen. – Dennoch möchte ich zu hoffen wagen, daß ich vielleicht eines Tages die Ehre und das Vergnügen haben werde, Ihre Bekanntschaft zu machen. Wie dem auch sei, bitte ich Sie, Monsieur, diesen Ausdruck meiner tiefen Bewunderung entgegenzunehmen!

EGISTO FABBRI

[252] Der italienische Maler und Sammler E. P. Fabbri (1866–1933) hatte schon vor 1899 eine bedeutende Gruppe von Werken Cézannes vereinigt, die er zweifellos von Vollard erworben hatte, und wandte sich nun direkt an den von ihm bewunderten Künstler.

CLIX AN EGISTO PAOLO FABBRI

Paris, den 31. Mai 1899

Sehr geehrter Herr!

Die Zahl der von mir stammenden Studien, die bei Ihnen gastliche Aufnahme gefunden haben, verbürgt mir die große künstlerische Sympathie, die Sie mir freundlicherweise bezeugen.

Ich kann mich schwer dem von Ihnen geäußerten und so schmeichelhaften Wunsch, mich kennenzulernen, entziehen. Die Besorgnis, dem weit unterlegen zu scheinen, was man von einem Menschen erwartet, den man auf der Höhe aller Situationen vermutet, ist gewiß eine Entschuldigung für die Notwendigkeit, in der Zurückgezogenheit zu leben.

Bitte nehmen Sie, mein Herr, den Ausdruck meiner Hochachtung entgegen.

PAUL CÉZANNE

15, Rue Hégésippe Moreau
Villa des Arts

CLX AN HENRI GASQUET

Paris, den 3. Juni 1899

Mein lieber Henri!

Vorigen Monat habe ich eine Nummer des *Mémorial d'Aix* erhalten, der an der Spitze seiner Artikel einen prachtvollen Aufsatz von Joachim über die uralten Rechte unserer Heimat veröffentlichte[253]. Ich war sehr von seiner Aufmerksamkeit gerührt und möchte Dich bitten, ihm gegenüber die Gefühle zum Ausdruck zu bringen, die er in mir, Deinem alten Schulkameraden des Pensionats Saint-Joseph, erweckt hat. Denn

[253] Joachim Gasquet hatte gerade in der weitverbreiteten Aixer Wochenschrift seine Vaterstadt leidenschaftlich gegen den Vorwurf verteidigt, daß sie ›tot‹ sei. Als Beweis ihrer Lebendigkeit zitierte er die Namen einiger ihrer bedeutendsten Söhne wie Malherbe, Vauvenargues, Mirabeau, Mignet, Thiers und Frédéric Mistral, die jedoch alle, mit Ausnahme des letztgenannten, der Vergangenheit angehörten. Die beiden größten lebenden Aixer, Cézanne und Zola, wurden jedoch nicht von Gasquet erwähnt: der Maler offenbar, weil er von den meisten seiner Mitbürger nicht ganz ›ernst genommen‹ wurde, und der Schriftsteller wegen seiner Stellungnahme zu der damals tobenden Dreyfus-Affäre, während welcher der Monarchist Gasquet auf seiten der Militaristen stand.

in uns sind noch nicht die Empfindungen eingeschlummert, die von der guten Sonne der Provence, von unsern alten Jugenderinnerungen, von jenen Horizonten, jenen Landschaften, jenen unglaublichen Linien, die in uns so viele tiefe Eindrücke hinterlassen haben, zurückgestrahlt werden.

Sowie ich nach Aix hinunterreise, werde ich Dich umarmen kommen. Gegenwärtig fahre ich fort, den Ausdruck jener wirren Wahrnehmungen zu suchen, die wir bei unserer Geburt mit auf die Welt bringen. Wenn ich sterben sollte, wird alles zu Ende sein; doch was macht das!

Sei es, daß ich als erster in den Midi hinabfahre oder daß Ihr nach Paris kommt, bevor ich es verlasse, empfehle ich mich auf jeden Fall Deinem freundlichen Gedenken. Laß es mich wissen, damit wir uns wieder treffen können.

Bitte übermittle Deiner Mutter meine ergebenen Empfehlungen und mein Angedenken und drücke Deinem Sohn und seiner Frau meine besten Gefühle aus. Dir selbst sende ich meine tiefempfundenen Grüße. In der Hoffnung, daß ich Dich bald wiedersehen werde, Dein alter Freund

PAUL CÉZANNE

[*Im Herbst 1899 kehrte Cézanne nach Aix zurück, wo er bis 1904 bleiben sollte. Er mußte nun in den Verkauf des ›Jas de Bouffan‹ einwilligen und versuchte daraufhin, den auf halbem Wege zwischen Aix und Le Tholonet gelegenen Besitz von Château Noir zu erwerben, doch wurde sein Angebot abgeschlagen. In Aix selbst mietete er 23, Rue Boulegon eine Wohnung und ließ sich dort unter dem Dach ein kleines Atelier einrichten. Da seine Frau und sein Sohn vorzogen, meist in Paris zu bleiben, führte ihm eine ältere Frau, Madame Brémond, den Haushalt, während seine Schwester Marie es übernahm, seine Finanzangelegenheiten zu verwalten.*

Auf zwei Auktionen des Jahres 1899 brachten Werke Cézannes zum erstenmal beachtliche Preise. Bei der Versteigerung der Sammlung von Victor Chocquet, die nach dem Tod von dessen Witwe stattfand, erzielten fünfunddreißig Werke Cézannes, darunter das Haus des Gehängten, *ein Total von 54555 Francs, während Monet bei dem Verkauf der Sammlung von Comte Doria eine Schneelandschaft aus Fontainebleau für den ungewöhnlich hohen Preis von 6750 Francs erwarb.*

1899 hatte Cézanne auch zum erstenmal drei Gemälde auf den juryfreien ›Salon des Indépendants‹ gesandt; Im nächsten Jahr wies Roger Marx zwei Landschaften und einem Stilleben von Cézanne einen Ehrenplatz auf der Pariser Jahrhundert-Ausstellung an. Der nachfolgende Brief enthält die erbetenen Auskünfte für den Katalog.]

1900

CLXI

An Roger Marx

Aix, den 10. Juli 1900

Sehr geehrter Herr!

Ich habe die Ehre, Ihnen die Auskünfte zu übersenden, um die Sie mich freundlichst gebeten hatten:

Geboren in Aix-en-Provence im Jahre 1839.

Ich bitte Sie, Monsieur, den Ausdruck meiner Hochachtung entgegenzunehmen.

Paul Cézanne

CLXII

An Joachim Gasquet

Aix, Sonntag, August 1900

Mein lieber Gasquet!

Ich sende Ihnen den Artikel zurück, den Sie mir geliehen haben und den ich mit großem Vergnügen gelesen habe. Er stellt die Verse, die Sie der Darstellung des ländlichen Lebens widmeten, wie Sie es in Ihren schönen Gedichten schildern, in ein vorzügliches Licht. Und nun, da Sie die *Meisterschaft* des *Ausdruckes* Ihrer Empfindungen errungen haben, glaube auch ich, daß es Ihnen durch Werke dieses Schlages gelingen wird, öffentliche Anerkennung für Ihr Talent zu gewinnen.

Paul Cézanne

CLXIII

An Joachim Gasquet

Aix, 11. August 1900

Mein lieber Gasquet!

Ich bin krank und kann Sie deshalb nicht, wie ich es gern getan hätte, besuchen, um Ihnen zu danken. Ich werde Ihnen so bald als möglich die Hand schütteln kommen.

Mit besten Grüßen

P. Cézanne

CLXIV

An Joachim Gasquet

Aix, den 4. Januar 1901

Mein lieber Gasquet!

Ich möchte Ihnen für den freundlichen Brief danken, den Sie mir geschrieben haben. Er beweist mir, daß Sie mich nicht fallenlassen. Die Einsamkeit erhärtet wohl die Starken; sie ist jedoch ein Hindernis für die Unsicheren. Ich muß Ihnen gestehen, daß es immer traurig ist, sozusagen das Leben aufzugeben, während wir noch auf Erden weilen. Da ich mich moralisch mit Ihnen verbunden fühle, werde ich bis zum Schluß Widerstand leisten.

P. Cézanne

CLXV

An Maurice Denis[254]

Aix, den 5. Juni 1901

Monsieur!

Ich habe durch die Presse von dem im Salon der ›Société Nationale des Beaux-Arts‹ ausgestellten Manifest Ihrer künstlerischen Sympathie für mich vernommen.

Ich möchte Sie bitten, den Ausdruck meines lebhaftesten Dankes entgegenzunehmen und diesen auch den andern Künstlern zu übermitteln, die sich bei dieser Gelegenheit um Sie geschart haben.

Paul Cézanne

[*Denis beantwortete diesen Brief mit dem folgenden Schreiben, das vom 13. Juni 1901 datiert ist.*]

[254] Der junge Maler Maurice Denis (1870-1943) hatte unter dem Titel *Hommage á Cézanne* ein großes Bild ausgestellt (das heute im Musée d'Art Moderne in Paris ist). Darauf sind um ein Stilleben Cézannes folgende Personen gruppiert: Odilon Redon, Vuillard, K. X. Roussel, Ambroise Vollard, Denis selbst, Sérusier, Mellerio, Ranson, Bonnard und Madame Denis. Als Denis dieses Bild malte, kannte er Cézanne noch nicht persönlich. Das Werk wurde damals von André Gide erworben.

Maurice Denis: Hommage à Cézanne, 1901.
(Von links nach rechts: Redon, Vuillard, Mellerio, Vollard, Denis, Sérusier, Ranson, Roussel, Bonnard und Madame Maurice Denis.)

Paul Cézanne: Apotheose Delacroix', 1894.

Maurice Denis an Paul Cézanne

Monsieur!

Ich bin zutiefst von dem Brief gerührt, den Sie die Güte hatten, mir zu senden. Nichts konnte mir größere Freude bereiten, als zu erfahren, daß das Aufsehen, welches das Hommage à Cézanne *erregt hat, sogar bis in Ihre Einsamkeit gedrungen ist. Vielleicht werden Sie dadurch eine Ahnung erhalten von dem Platz, den Sie in der Malerei unserer Zeit einnehmen, von der Bewunderung, die Sie auslösen, und von der aufgeklärten Begeisterung einiger junger Leute, zu denen ich gehöre und die sich mit Recht als Ihre Schüler bezeichnen können, da sie Ihnen alles verdanken, was sie von der Malerei begriffen haben. Es wird uns niemals gelingen, dies genügend anzuerkennen*[255].

CLXVI An Joachim Gasquet

Aix, den 17. Juni 1901

Mein lieber Gasquet!

Ich habe Ihre Sendung, *L'ombre et les vents*, erhalten. Wie gütig ist es doch von Ihnen, daß Sie sich desjenigen erinnert haben, dem Sie das Buch schickten. Ich werde es allmählich lesen, aber bereits beim Durchblättern sind ihm sanfte und starke Düfte entstiegen.

Ich zweifle nicht daran, daß Sie damit den großen Erfolg haben werden, zu dem Sie berechtigt sind.

Gestern, Sonntag, habe ich Ihren Vater und seine Mutter gesehen, die Sie grüßen lassen.

Bitte übermitteln Sie Ihrer Gattin meine Hochachtung, und Ihnen wünsche ich, daß Ihr Erfolg noch von vielen andern begleitet sein wird.

Mit herzlichen Grüßen, Ihr

Paul Cézanne

[255] 1905 besuchte Denis mit seinem Freund K. X. Roussel den Künstler in Aix.

CLXVII An Louis Aurenche[256]

Ohne Datum
[*vermutlich Aix, Oktober 1901*]

Lieber Monsieur Aurenche!

Wenn ich mich nicht unter der gewaltigen Fuchtel des Dichters Larguier[257] befände, würde ich hier einige tiefgefühlte Sätze niederschreiben. Aber ich bin nur ein armer Maler, und der Pinsel ist zweifellos eher das Ausdrucksmittel, welches der Himmel mir in die Hände gelegt hat. Ideen zu haben und sie zu entfalten ist dementsprechend nicht meine Angelegenheit. Deshalb werde ich mich kurz fassen: Ich wünsche Ihnen, daß Sie bald ans Ende Ihrer Proben gelangen und daß Ihre Befreiung uns gestatten wird, Ihnen kräftig und freundschaftlich die Hand zu drücken.

Derjenige, der Ihnen in der Laufbahn des Lebens vorangegangen ist und Ihnen besseres Glück wünscht.

P. Cézanne

CLXVIII An Louis Aurenche

Aix, den 20. November 1901.

Lieber Monsieur Aurenche!

Meine Feder ist verschmutzt – bitte entschuldigen Sie die Kalligraphie, die hoffentlich nicht die Freude verhüllen wird, welche ich bei Empfang Ihres Briefes empfunden habe.

256 Der junge Schriftsteller Louis Aurenche war im Herbst 1900 nach Aix gekommen und hatte Cézanne dort durch Gasquet kennengelernt. Der Maler nahm ihn in den kleinen Kreis von jungen Freunden auf, die ihn in seinen letzten Jahren in Aix umgaben und unter denen sich außer Gasquet auch Léo Larguier und Charles Camoin befanden. Im Herbst 1901 verließ Aurenche Aix, um eine Anstellung in Pierrelatte, in einer etwas mehr nördlich gelegenen Provinz, anzunehmen. Seine Erinnerungen an Cézanne sind 1960 als Anhang zu J. Rewald: *Cézanne, Geffroy et Gasquet* erschienen.

257 Der junge Dichter Léo Larguier verbrachte damals seine militärische Dienstzeit in Aix und lernte dort den Maler durch Gasquet kennen. Während seiner Freizeit besuchte er ihn regelmäßig jeden Sonntag und wurde dann von Cézanne oft in die Rue Boulegon zum Abendessen eingeladen. Er hat seine Erinnerungen an den Künstler 1925 unter dem Titel: *Les dimanches avec Paul Cézanne* veröffentlicht.

Gestern abend, den 19. dieses Monats, haben Léo Larguier und der Unterzeichnete gemeinsam das Nachtmahl eingenommen. Wir haben von vielen Dingen gesprochen. Wie Sie sich wohl vorstellen können, sind Sie in unserer Unterhaltung nicht vergessen worden, im Gegenteil. Da Ihre tief menschlichen Empfindungen uns wohlbekannt sind, konnten wir nicht umhin, mit Ihnen zu sympathisieren. *Homo sum: nihil humani a me*, etc.[258]

Ich habe das Vergnügen gehabt, Monsieur Léris[259] kennenzulernen, der sich durch die Liebenswürdigkeit, die seinem Alter entspricht, und durch die erlesenen Eigenschaften, mit denen die gütige Natur ihn versehen hat, auszeichnet.

Sie erinnern mich in Ihrem Brief an Monsieur de Taxis. Er ist, glaube ich, ein ausgezeichneter Mann, dessen Umgang gepflegt werden sollte, weil die Vernunft, dieses Licht, das uns gestattet, die Fragen, welche uns vorgelegt werden, zu durchdringen, mir das Leitmotiv seines Lebens und seiner sozialen Studien zu sein scheint. Wie Sie sagen, wir werden nicht weit voneinander entfernt sein, und weder Sie noch wir werden einander vergessen.

Gestern abend habe ich Nachricht von dem Faulpelz, meinem Sohn, erhalten, der seine Tage angenehm verbringt, bis endlich ein gesetzter Mann aus ihm werden wird[260]. Er wird Freitag in acht Tagen [*aus Paris*] abfahren, das heißt am 29., um am 30. dieses Monats in Aix anzukommen. Wenn Sie mich den Tag Ihrer Ankunft wissen lassen könnten, werden wir es so einzurichten suchen, daß wir alle zusammen bei mir in Aix Abendbrot essen können.

Ich hoffe, daß dieser Brief Sie in einer guten Geistesverfassung antreffen wird. Haben Sie guten Mut, und wir werden versuchen, noch einige angenehme Abende miteinander zu verbringen und bis ins Endlose dabei zu philosophieren. Die beiden Jo[261] haben *(nescio cur*[262]*)* an-

258 Ich bin ein Mensch: Nichts, das menschlich ist, ist mir fremd.

259 Pierre Léris, ein junger Freund von Aurenche aus Aix.

260 Der Sohn Cézannes war damals fast dreißig Jahre alt.

261 Anspielung auf Joachim Gasquet und seine Frau.

262 Ich weiß nicht, weshalb. Aus diesem Satz scheint hervorzugehen, daß Cézannes Freundschaft für Gasquet sich damals bereits abgekühlt hatte.

scheinend ihren übrigens nicht sehr gefährlichen Hochmut ein wenig gedämpft.

Herzlichst der Ihre. Einer, der Ihnen im Leben vorangegangen ist und der sich – bald so, bald so – vermutlich ungefähr aus der Affäre ziehen wird.

Ihr alter

PAUL CÉZANNE

1902

CLXIX AN AMBROISE VOLLARD[263]

Aix, den 23. Januar 1902

Lieber Monsieur Vollard!

Wir erhielten schon vor einigen Tagen die Kiste mit Wein, die Sie uns zu senden die Freundlichkeit hatten. Inzwischen hat mich Ihr letzter Brief erreicht. Ich fahre fort, an dem Blumenstrauß zu arbeiten, was mich zweifellos bis zum fünfzehnten oder zwanzigsten Februar beschäftigen wird[264]. Ich werde das Bild dann sorgfältig verpacken lassen und Ihnen in die Rue Laffitte senden. Ich bitte Sie, es bei seiner Ankunft in einen Rahmen zu stecken und eintragen zu lassen[265].

Das Wetter ist sehr veränderlich; zuweilen schöner Sonnenschein, dem ganz unerwartet schweres graues und bleiernes Wetter folgt, das die Fortsetzung der Landschaftsmalerei vereitelt.

Paul und meine Frau schließen sich mir an, um Ihnen zu danken, und ich tue es für mein Teil noch besonders für das herrliche Geschenk, das Sie mir in Form eines Werkes des großen Meisters machten[266].

Bitte nehmen Sie den Ausdruck meiner besten Grüße entgegen.

PAUL CÉZANNE

[263] Der seit 1895 in Paris etablierte Kunsthändler Ambroise Vollard (1865–1939) war seit dem Tod von Père Tanguy der erste, der sich für das Werk Cézannes, auf das Pissarro und Degas ihn aufmerksam gemacht hatten, interessierte. Er hat später seine Erinnerungen an den Künstler veröffentlicht.

[264] Es ist bekannt, daß Cézanne nach künstlichen Blumen arbeitete, was ihm erlaubte, mehrere Wochen lang an einem Stilleben zu malen.

[265] Cézanne beabsichtigte, dieses Blumenstilleben zum Salon zu senden, und beauftragte Vollard mit den Formalitäten. Er konnte das Bild jedoch nicht rechtzeitig beenden (siehe den Brief an Vollard, CLXXVIII) und teilte dem Händler schließlich nach einjähriger Arbeit im Januar 1903 mit, daß er es völlig aufgegeben habe (siehe CLXXV).

[266] Es handelt sich um ein Aquarell von Delacroix, das Vollard auf der Versteigerung der Sammlung Chocquet für Cézanne erworben hat und das dieser später kopierte.

CLXX An Charles Camoin[267]

Aix, den 28. Januar 1902

Lieber Monsieur Camoin!

Nun sind schon eine ganze Anzahl Tage verflossen, seit ich das Vergnügen hatte, Ihren Brief zu lesen. Ich habe Ihnen nur wenig zu sagen; man spricht in der Tat mehr und wohl auch besser über Malerei, wenn man sich vor dem Motiv befindet, als wenn man sich in rein spekulativen Theorien ergeht, in denen man sich recht häufig verirrt. Mehr als einmal habe ich in meinen langen Stunden der Einsamkeit an Sie gedacht. Monsieur Aurenche ist zum Steuereinnehmer in Pierrelatte in der Dauphinée ernannt worden. Monsieur Larguier, den ich recht häufig sehe, vor allem sonntags, hat mir Ihren Brief übermittelt. Er lechzt nach dem Augenblick seiner Entlassung, die in sechs bis sieben Monaten fällig sein wird. Mein Sohn, der hier ist, hat seine Bekanntschaft gemacht, und sie gehen zusammen aus und verbringen oft den Abend gemeinsam; sie sprechen ein wenig über Literatur und die Zukunft der Kunst. Wenn sein Militärdienst vorbei ist, wird Larguier wahrscheinlich nach Paris zurückkehren, um seine Studien (Geistes- und Staatswissenschaft) Rue Saint-Guillaume[268], wo namentlich Monsieur Hanoteaux lehrt, fortzusetzen, ohne jedoch die Poesie aufzugeben. Auch mein Sohn wird dorthin zurückkehren; er wird also das Vergnügen haben, Ihre Bekanntschaft zu machen, wenn Sie sich wieder in die Hauptstadt begeben werden.

[267] Der Maler Camoin (geb. 1879), der wie Larguier seinen Militärdienst in Aix absolvierte, war Cézanne durch Vollard empfohlen worden. Cézanne befreundete sich ganz besonders mit dem jungen Künstler, der ihn, wie Aurenche und Larguier, oft besuchte. Der bedeutsamste Brief, den Cézanne Camoin geschrieben hat, ist leider nicht mehr erhalten; der junge, unbemittelte Künstler hatte ihn einer wohlhabenden Tante nach Venedig gesandt, in der Hoffnung, daß die hohe Meinung, die der alte Meister darin über ihn zum Ausdruck brachte, sie günstig beeindrucken würde. Sie aber maß dem Schreiben des ihr unbekannten Malers keine allzugroße Bedeutung bei und warf es nach der Lektüre fort. Nachdem er Aix verlassen hatte, verkehrte der aus Marseille stammende Camoin brieflich mit Cézanne.

[268] Sitz der *Ecole des Sciences Politiques.*

Vollard ist vor etwa vierzehn Tagen durch Aix gekommen. Ich habe Nachrichten von Monet erhalten und eine Karte von Louis Leydet, dem Sohn des Senators aus dem Aixer Wahlkreis. Dieser ist Maler; er ist augenblicklich in Paris und hat dieselben Ansichten wie Sie und ich. Sie sehen, eine neue Kunst-Ära bereitet sich vor. Sie haben das vorausgefühlt; fahren Sie fort, unablässig zu studieren, Gott wird das übrige tun. Ich schließe, indem ich Ihnen guten Mut und gute Studien wünsche, und der Erfolg wird nicht verfehlen, Ihre Bemühungen zu krönen.

Glauben Sie mir, ich bin Ihnen aufrichtig zugetan. Es lebe das Vaterland, unser aller Mutter und Land der Hoffnung, und empfangen Sie meinen lebhaften Dank für Ihr gutes Gedenken!

Ihr ergebener

PAUL CÉZANNE

CLXXI AN CHARLES CAMOIN

Aix, den 3. Februar 1902

Lieber Monsieur Camoin!

Ich habe Ihren letzten Brief erst Samstag erhalten und habe meine Antwort nach Avignon gerichtet. Heute, am Dritten, finde ich in meinem Kasten Ihren Brief vom 2. Februar, der aus Paris kommt. Larguier war letzte Woche krank und mußte im Spital bleiben, was die Verspätung in der Übermittlung Ihres Briefes erklärt.

Da Sie nun also in Paris sind und da die Meister des Louvre Sie anziehen, machen Sie, wenn Ihnen das zusagt, Studien nach den großen dekorativen Meistern Veronese und Rubens, doch so, als wenn Sie nach der Natur arbeiteten – wozu ich nur unzureichend imstande war. – Aber Sie tun vor allem gut daran, nach der Natur zu studieren. Nach dem, was ich von Ihnen zu sehen bekam, werden Sie rasch vorwärts kommen.

Es freut mich zu erfahren, daß Sie Vollard schätzen, der ein aufrichtiger und zugleich seriöser Mensch ist. Ich beglückwünsche Sie herzlichst, daß Sie sich bei Ihrer Frau Mutter befinden, die in Augenblicken der Traurigkeit und der Niedergeschlagenheit für Sie die sicherste moralische Stütze und die lebendigste Quelle sein wird, aus der Sie neuen Mut für Ihr künstlerisches Arbeiten schöpfen können; das sollten Sie zu erreichen versuchen, und zwar nicht spannkraftlos und schlapp, sondern auf eine ruhige und stetige Art, die unfehlbar zu einem Zustand klaren Sehens führen wird, was sehr nützlich ist, damit Sie Ihr Leben mit Festigkeit weiterführen können. – Ich danke Ihnen für die so brüderliche Art, mit der Sie die Bemühungen betrachten, die ich unternommen habe, um zu einem klaren Ausdruck in der Malerei zu gelangen[269].

In der Hoffnung, daß ich eines Tages das Vergnügen haben werde, Sie wiederzusehen, drücke ich Ihnen herzlich und freundschaftlich die Hand.

Ihr alter Kollege

Paul Cézanne

CLXXII An Louis Aurenche

Aix, den 3. Februar 1902

Lieber Monsieur Aurenche!

Vor einigen Tagen bereits habe ich Ihren freundlichen Brief erhalten und mich sehr darüber gefreut. Alle die angenehmen Erinnerungen, die Sie darin erwähnen, werden wieder in mir wach. Ich habe Ihre Abfahrt außerordentlich bedauert, aber das Leben ist eine ständige Reise. Daß mir soviel daran lag, mit Ihnen beisammen zu sein, beruhte auf Egoismus, weil ich mich dadurch in den Steppen der guten Stadt Aix in der Gesellschaft neuer Freunde befand. Ich habe mich hier niemandem von Herzen anschließen können[270]. Heute, da der Himmel von grauen Wolken verhängt ist, scheinen mir die Dinge noch schwärzer als üblich zu sein.

[269] Camoin hatte Cézanne geschrieben, daß in dem Gedicht von Baudelaire, *Les Phares*, in dem dieser die Schönheit der Werke von Rubens, Leonardo, Rembrandt, Michelangelo, Puget, Watteau, Goya und Delacroix preist, von nun ab eine Strophe fehle (nämlich eine über Cézanne).

[270] Es ist bemerkenswert, daß der Maler nun Gasquet nicht mehr zu seinem Freundeskreis zählte.

Ich sehe Léris nur sehr selten. Mein Sohn, der oft ausgeht, hat ihn mehrmals getroffen. Larguier, der über ein vollkommenes Gleichgewicht verfügt, macht mir die Freude, Sonntag abends hier im Hause mit meiner Frau und Paul das Nachtmahl einzunehmen. Sie fehlen uns dabei.

Larguier ist Korporal geworden. Ich habe einen langen Brief von Camoin erhalten und habe ihm in väterlicher Weise geantwortet, wie es meinem Alter entspricht[271].

Mit der Malerei geht es bald so – bald so. Manchmal lasse ich mich ganz von einer großartigen Begeisterung fortreißen, aber meistens werden meine Hoffnungen aufs schmerzlichste getäuscht. So ist das Leben.

Ich freue mich sehr über die Nachricht, die Sie mir von der Anwesenheit von Madier de Montjau[272] in Pierrelatte geben. Ich zweifle nicht daran, daß er zutiefst Künstler ist, nicht nur was sein Talent betrifft, sondern auch sein Herz. – Als wir ganz jung waren (wir waren damals in der sechsten Klasse beim Vater Brémond, genannt *Pupille*), lebte dort auch Edgar de Julienne d'Arc, der in Gravelotte gefallen ist. Er war bereits ein Virtuose. – Ich möchte Sie bitten, ihm den Ausdruck meiner Dankbarkeit dafür zu übermitteln, daß er sich noch an unsere gemeinsamen Schuljahre im Collège Bourbon erinnert.

Paul, mein Sohn, der Ihre Abfahrt bedauert hat, und meine Frau schließen sich mir an, um Sie zu grüßen. Ich würde mich sehr freuen, wenn Sie im nächsten April nach Aix kommen könnten. Léo [*Larguier*] wird dann noch hier sein, und falls Ihnen dies möglich ist, möchte ich Sie bitten, bei mir, 23, Rue Boulegon, abzusteigen.

Meine besten Wünsche und ein warmer Handdruck. Bitte gedenken Sie in Augenblicken der Traurigkeit Ihrer alten Freunde und geben Sie die Kunst nicht ganz auf; sie ist der intimste Ausdruck von uns selbst.

Ich danke Ihnen, daß Sie mich nicht vergessen, und bin herzlichst Ihr

PAUL CÉZANNE

271 Siehe den Brief an Camoin vom selben Datum, CLXXI.

272 Ehemaliger Kapellmeister der Pariser Oper.

CLXXIII An Louis Aurenche

Aix, den 10. März 1902

Lieber Monsieur Aurenche!

Ich beantworte Ihren letzten Brief mit recht großer Verspätung. Schuld daran ist die *geistige Verwirrung*, an der ich *leide* und die mir nur gestattet, mich in der Malerei vom Modell leiten zu lassen.

Dies wollte ich Ihnen erklären: Können Sie Ihre Ankunft in Aix bis zum Mai verschieben, denn sonst kann ich Sie nicht bei mir aufnehmen, da mein Sohn sein Zimmer bis zu jenem Zeitpunkt bewohnt? Im Mai fährt er mit seiner Mutter, der es nicht allzu gut geht, nach Paris zurück.

Larguier ist seit vierzehn Tagen im Militärhospital mit einer Bindehautentzündung. Die Gasquets des einen und anderen Geschlechts sind nicht wieder vor meinen Augen erschienen. Sie haben ein Schloß in Eguilles erworben, einem Dorf, das zehn Kilometer von Aix entfernt ist. Man wird dort ein fürstliches Leben führen; der Abbé Tardif wird sich ein Auto – ein großes Modell – kaufen, um sich dorthin zu begeben. Er soll ein ausgezeichneter Prediger sein.

Was mich betrifft, so setze ich mühselig meine Malstudien fort. Wäre ich jung, so hätte allerhand Geld dabei herauskommen können, aber das Alter ist ein großer Feind des Menschen.

Als ich auf der Landstraße nach Marseille spazierenging, hatte ich die Ehre, von Madame de Taxis getroffen zu werden. Ich habe sie gegrüßt, und alles hat sich nach den üblichen Gebräuchen abgewickelt.

Ich verbleibe freundschaftlichst Ihr

P. Cézanne,

der gezwungen ist, zuzugeben, daß es keinen unglücklicheren Menschen auf Erden gibt. – Etwas Selbstvertrauen haben und arbeiten! Vergessen Sie niemals Ihre Kunst, *sic itur ad astra*[273].

[273] So erreicht man die Sterne.

CLXXIV

An Charles Camoin

Aix, den 11. März 1902

Lieber Monsieur Camoin!

Ihre erste Frage betreffend, muß ich Ihnen sagen, daß ich Monsieur Louis Leydet, den Sohn des Senators, nur als Maler kenne. Er ist ein sympathischer Mensch, und ich glaube, daß Sie sich unter Berufung auf meinen Namen wohl an ihn wenden können. Ich bedaure, daß er nicht nach Aix gekommen ist, denn wir hätten dann wohl das Band der Kunstkameradschaft, das bereits zwischen uns besteht, noch enger knüpfen können. Er wohnt 85, Boulevard Saint-Michel, bei seinem Vater, dem Senator.

Seit Ihrer Abreise sind die Bernheims[274] und noch ein anderer Händler gekommen, um mich zu besuchen; mein Sohn hat ein paar Geschäfte mit ihnen gemacht. Doch ich bleibe Vollard treu und bedaure lediglich, daß mein Sohn nun den Eindruck bei ihm erweckt, ich könnte meine Bilder jemand anderem geben.

Ich lasse ein Atelier auf einem Grundstück bauen, das ich zu diesem Zweck erworben habe[275]. Vollard – daran zweifle ich nicht – wird auch

[274] Die Brüder Josse und Gaston Bernheim-Jeune (von denen letzterer auch Amateurmaler war) standen damals am Beginn einer glanzvollen Laufbahn als Kunsthändler. Nachdem die meisten der Impressionisten schon seit vielen Jahren mehr oder minder eng mit Durand-Ruel verbunden waren und Vollard – als Nachfolger Tanguys – die Vertretung von Cézanne und kurz darauf auch die von Gauguin und Redon übernommen hatte, bevor er sich für Künstler der jüngsten Generation wie Picasso, Derain, Vlaminck, Rouault, Maillol usw. interessierte, fanden die Brüder Bernheim-Jeune die Mehrzahl der bedeutenden lebenden Maler bereits in ›festen Händen‹. Sie versuchten dennoch, mit Cézanne in Verbindung zu treten, was ihnen offenbar auch insofern gelang, als dessen Sohn, der die ›Geschäfte‹ seines Vaters führte, bereit war, mit ihnen zu verhandeln (worüber der Künstler selbst nicht zu sehr erbaut gewesen zu sein scheint). Die Bernheim-Jeunes haben sich später besonders jüngeren Malern wie Matisse, Signac und Bonnard gewidmet, haben sich aber stets auch für Cézanne, van Gogh, Seurat und die Impressionisten eingesetzt. Nach Cézannes Tod erwarben sie z. B. von Joachim Gasquet die verschiedenen und bedeutenden Werke, die dieser von dem Maler erhalten hatte.

[275] Da Cézanne in der Rue Boulegon nur über ein sehr kleines Atelier verfügte, ließ er sich ein großes Atelier am Chemin des Lauves, an einem Hügel oberhalb der Stadt, errichten. Er hat dort vor allem Bildnisse, Stilleben und die großen

weiterhin der Vermittler zwischen mir und dem Publikum bleiben. Er ist ein Mann, der sehr viel Flair und Haltung besitzt und sich zu benehmen weiß.

Ihr Ihnen herzlich ergebener

P. CÉZANNE

CLXXV AN MAURICE DENIS

Aix, den 17. März 1902

Geehrter Herr und lieber Kollege!

Beim Empfang Ihres Briefes vom Fünfzehnten, über den ich sehr gerührt bin, antworte ich Ihnen, daß ich umgehend an Vollard schreibe, damit er Ihnen die Bilder, von denen Sie glauben, daß sie bei den *Indépendants* ausgestellt werden können, zur Verfügung stellt.

Ich verbleibe herzlichst Ihr

P. CÉZANNE

CLXXVI AN AMBROISE VOLLARD

Aix, den 17. März 1902

Lieber Monsieur Vollard!

Ich erhalte einen Brief von Maurice Denis, der es als eine Desertion betrachtet, daß ich nicht an der Ausstellung der *Indépendants* teilnehme.

Ich antworte Maurice Denis und sage ihm, daß ich Sie bitte, die Bilder, die Sie ihm leihen können, zu seiner Verfügung zu stellen und dabei auszusuchen, was sich am wenigsten schlecht ausnehmen wird.

Ich verbleibe herzlichst Ihr

PAUL CÉZANNE

Es scheint mir, daß ich mich nur schwer von den jungen Leuten absondern kann, die sich mir gegenüber so sympathisch gezeigt haben, und ich denke nicht, daß ich dadurch, daß ich ausstelle, den Verlauf meiner Studien in irgendeiner Weise gefährde.

P. CÉZANNE

Sollten Sie etwas dagegen haben, bitte ich Sie, mir dies mitzuteilen.

Kompositionen der Badenden gemalt, sowie Landschaften in der Umgebung. Dieses Atelier steht jetzt dem Publikum offen.

CLXXVII AN LOUIS AURENCHE

[*Aix*,] März 1902

Lieber Monsieur Aurenche!

Ich habe viel zu arbeiten; so geht es jedem Menschen, der jemand ist. Ich werde deshalb dieses Jahr nicht von hier fort können. Ich empfehle Ihnen dringlich, intellektuell zu arbeiten; das ist die einzige ernsthafte Ablenkung, die wir auf Erden besitzen, um den Sorgen zu entgehen, die uns ständig verfolgen.

Herzlichst der Ihre

PAUL CÉZANNE

CLXXVIII AN AMBROISE VOLLARD

Aix, den 2. April 1902

Lieber Monsieur Vollard!

Ich sehe mich genötigt, den Versand Ihres Bildes mit den *Rosen* auf einen späteren Zeitpunkt zu vertagen. Obwohl ich sehr gewünscht hätte, den Salon von 1902 zu beschicken, verschiebe ich doch noch für dieses Jahr die Ausführung dieser Absicht. Ich bin mit dem erlangten Ergebnis nicht zufrieden. Andererseits verzichte ich nicht darauf, an meiner Studie, die mir Anstrengungen aufgenötigt hat, von denen ich gerne glauben möchte, daß sie nicht vergeblich sind, weiterzuarbeiten. Ich habe ein Atelier auf einem kleinen Grundstück errichten lassen, das ich zu diesem Zweck erworben habe. Ich setze also meine Versuche fort und werde Ihnen über das erreichte Resultat berichten, sobald das Studium mir ein wenig Befriedigung verschafft haben wird.

Wollen Sie mich Ihnen herzlich verbunden glauben.

PAUL CÉZANNE

CLXXIX AN AMBROISE VOLLARD

[*Briefentwurf*]

Aix, den 10. Mai 1902

Lieber Monsieur Vollard!

Monsieur de Montigny, hervorragendes Mitglied der Aixer ›Gesellschaft der Freunde der Kunst‹, Ritter der Ehrenlegion, hat mich soeben aufgefordert, mit seiner Gruppe auszustellen.

Ich möchte Sie deshalb bitten, mir irgendein Bild zu senden, das sich nicht zu schlecht ausnehmen wird, es vor allem, natürlich auf meine Kosten, rahmen zu lassen und es per Eilbahn an die *Société des Amis des Arts d'Aix-en-Provence* (Bouches du Rhône), 2, Avenue Victor-Hugo, zu schicken.

CLXXX AN JOACHIM GASQUET

Aix, den 12. Mai 1902

Mein lieber Gasquet!

Ich bin von Monsieur de Montigny ersucht worden, mit der ›Gesellschaft der Freunde der Kunst‹ auszustellen, doch habe ich nichts fertig dafür. Der erwähnte hervorragende Kollege ist *iterum* bis zu mir gekommen und läßt fragen, ob Sie der Gesellschaft nicht den Kopf der alten Frau, der ehemaligen Magd von Jean Marie Demolins, dem nicht geringsten Mitarbeiter der Zeitschrift, die Sie herausgeben, leihweise zur Verfügung stellen wollen[276]?

[276] Es handelt sich um *Die alte Frau mit dem Rosenkranz*, ein Bild, das Gasquet in seinem ersten Artikel aus dem Jahr 1896 erwähnt und welches der Maler ihm dann geschenkt hatte. Da Cézanne das Modell ausdrücklich als die ehemalige Magd von Demolins bezeichnet, wird damit die Geschichte widerlegt, die Gasquet zwanzig Jahre später bezüglich dieses Bildes erzählte, als er schrieb, daß die alte Frau eine ehemalige Nonne gewesen sei, die der Künstler ›aufgenommen und irgendwie als Magd beschäftigt habe ... bis er sie Modell sitzen ließ. Daraufhin bestahl die aus dem Kloster ausgetretene Alte ihn von hinten und von vorn; sie verkaufte ihm, damit er seine Pinsel darin abwischen könne, die Handtücher und Bettlaken, die sie zuvor in Fetzen zerrissen hatte, und murmelte Litaneien dabei. Er behielt sie trotzdem und schloß aus Barmherzigkeit die Augen.‹

Ich bitte Sie, den Ausdruck meiner tiefen Mitbürgerschaft annehmen zu wollen.

P. Cézanne

23, Rue Boulegon, Aix-en-Provence

Sollte das Bild nicht gerahmt sein, lassen Sie es mich bitte wissen, damit ich mich um das Notwendige kümmern kann.

CLXXXI An Joachim Gasquet

Aix, den 17. Mai 1902

Mein lieber Gasquet!

Ich danke Ihnen für den vortrefflichen Rat, den Sie mir zu geben die Güte hatten[277]. Ich werde ihn befolgen.

Ich glaube, daß es ein weiser Entschluß von Ihnen war, die Einsamkeit auf dem Lande zu suchen. Sie arbeiten dort gewiß vorzüglich.

Sowie ich mich von den letzten Erregungen etwas erholt habe, werde ich Ihnen die Hand schütteln kommen.

Vielen Dank und herzlichst Ihr

P. Cézanne

CLXXXII An Joachim Gasquet

Aix, den 8. Juli 1902

Mein lieber Gasquet!

Gestern ist Solari zu mir gekommen. Ich war abwesend. Aus dem Bericht, den ich von meiner Reinemachefrau erhielt, glaube ich zu entnehmen, daß Sie sich nicht erklären können, warum ich nicht mein Versprechen bezüglich meiner Absicht, nach *Font Laure*[278] zu kommen, halte.

[277] Aus unbekannten Gründen hatte Gasquet offenbar Cézanne abgeraten, das Bild der alten Frau mit dem Rosenkranz in Aix auszustellen (vielleicht weil die Alte dort bekannt war oder er irgendwelche Gerüchte befürchtete). Tatsächlich war Cézanne dann auf der Ausstellung mit einer Landschaft des ›Jas de Bouffan‹ und mit einem Stilleben vertreten, die Vollard anscheinend aus Paris gesandt hatte.

[278] Name des Besitzes von Gasquet in Eguilles.

Ich hoffe, durch meine Arbeit Erfolg zu erringen. Ich verachte alle lebenden Maler, mit Ausnahme von Monet und Renoir, und will durch die Arbeit zum Ziel gelangen.

Sowie sich ein günstiger Augenblick einstellt, werde ich Ihnen die Hand schütteln kommen.

Wenn mit einem etwas los ist, gibt es nichts anderes als arbeiten.

Herzlichst Ihr

PAUL CÉZANNE

Ich hatte eine Studie, die vor zwei Jahren begonnen war; es schien mir angemessen, sie fortzusetzen. Das Wetter ist endlich schön geworden.

CLXXXIII AN LOUIS AURENCHE

Aix, den 16. Juli 1902

Lieber Monsieur Aurenche!

Ich habe Ihren freundlichen Brief erhalten. Gewiß werde ich am 24., 25. und 26. Juli in Aix sein. Ich werde also das Vergnügen haben, Sie wiederzusehen. In der Hoffnung, daß die Götter, die über die Arbeit und die Intelligenz walten, Ihnen zugetan sind, sende ich Ihnen meine besten Grüße.

Bitte empfehlen Sie mich Ihrer Gattin.

PAUL CÉZANNE

CLXXXIV AN FRÄULEIN PAULE CONIL

Aix, den 1. September 1902

Mein liebes Patenkind!

Ich erhielt Deinen lieben Brief am Donnerstag, dem 28. August. Ich danke Dir herzlichst, daß Du an Deinen alten Onkel gedacht hast; dies Gedenken rührt mich und erinnert mich gleichzeitig daran, daß ich mich noch in dieser Welt befinde, was nicht mehr der Fall hätte sein können.

(oben)
Cézanne: Le Château Noir, um 1895.

(unten)
Foto des Château Noir.

(oben links)
Cézanne: Gardanne, 1885–86.

(unten links)
Aufnahme des Städtchens Gardanne.

(oben rechts)
Cézanne: Der Berg Sainte-Victoire, um 1890.

(unten rechts)
Aufnahme des Berges Sainte-Victoire. Im Vordergrund das Arc-Tal mit dem Viadukt.

(oben)
Renoir: Der Berg Sainte-Victoire, 1889

(unten)
Cézanne: Der Berg Sainte-Victoire, 1890

Ich entsinne mich sehr wohl an L'Establon und die ehemals so malerischen Ufer der Bucht von L'Estaque. Leider ist das, was man den Fortschritt nennt, nichts als die Invasion der Zweifüßler, die nicht ruhen, bis sie alles in scheußliche Quais mit Gaslampen und – was noch schlimmer ist – mit elektrischer Beleuchtung verwandelt haben. In welchen Zeiten leben wir!

Der ein Gewitter ankündende Himmel hat die Atmosphäre ein wenig abgekühlt, und ich fürchte, daß das Meer nicht mehr warm genug ist, um Euch zu erlauben, mit viel Vergnügen zu baden, falls es Euch überhaupt noch diese hygienische Zerstreuung gestattet.

Donnerstag bin ich zu Tante Marie[279] gegangen und abends dort zum Essen geblieben. Ich habe Thérèse Valentin dort getroffen, der ich den Brief gezeigt habe, sowie auch meiner Schwester.

Hier ist alles beim alten geblieben. Die kleine Marie hat mein Atelier gesäubert, das jetzt fertig ist und in dem ich mich langsam einrichte. Ich denke mit Freude daran, daß Ihr es nach Eurer Rückkehr mit einem Besuch beehren werdet.

Grüße Deine Schwestern von mir, sowie auch den kleinen Louis. Ich küsse Euch alle herzlich.

Euer Onkel

PAUL CÉZANNE

[*Im Herbst dieses Jahres besuchte Cézanne kurz Larguier und seine Familie in den Cevennen. Am 23. September starb Zola in Paris. Als Cézanne den Tod seines Freundes erfuhr, brach er in Tränen aus und schloß sich für den Rest des Tages in seinem Atelier ein.*

Im Laufe des Jahres 1902 soll Octave Mirbeau sich für die Verleihung der Ehrenlegion an den Künstler beworben haben; sein Gesuch wurde jedoch von Roujon, dem Direktor der ‚Beaux-Arts', abgewiesen.]

279 Die ältere der beiden Schwestern Cézannes, die sich nicht verheiratet hatte.

CLXXXV **An Ambroise Vollard**

Aix, den 9. Januar 1903

Lieber Monsieur Vollard!

Ich arbeite hartnäckig, ich sehe das Gelobte Land vor mir. Wird es mir ergehen wie dem großen Führer der Hebräer, oder werde ich es betreten können?

Wenn ich Ende Februar fertig bin, werde ich Ihnen mein Gemälde senden, damit Sie es einrahmen und irgendeinem gastlichen Hafen zusteuern können.

Ich habe Ihre Blumen, mit denen ich nicht recht zufrieden bin, aufgeben müssen. Ich habe ein großes Atelier auf dem Lande. Ich arbeite dort und fühle mich besser als in der Stadt.

Ich habe einige Fortschritte gemacht. Warum so spät und so mühsam? Sollte die Kunst wirklich ein Priesteramt sein, das reine Menschen erfordert, die ihm ganz angehören? Ich bedaure die Entfernung, die uns trennt, denn ich würde mehr als einmal meine Zuflucht zu Ihnen nehmen, um mich moralisch ein wenig aufrichten zu lassen. Ich lebe einsam, die ..., die ...[280] sind unbeschreiblich, das ist der Clan der Intellektuellen, und von welcher Marke, guter Gott! Wenn ich noch am Leben bleibe, werden wir von alledem sprechen. Danke für Ihr gutes Gedenken!

Paul Cézanne

CLXXXVI **An Charles Camoin**

Aix, den 22. Februar 1903

Lieber Monsieur Camoin!

Sehr müde, vierundsechzig Jahre alt, bitte ich Sie, die sehr große Verspätung, mit der ich Ihnen antworte, zu entschuldigen! Es werden nur ein paar Worte sein.

[280] Es scheint nicht ausgeschlossen, daß Cézanne hier Gasquet nannte, dessen Namen Vollard jedoch fortließ, als er diesen Brief noch zu Lebzeiten des Dichters veröffentlichte.

Mein Sohn, augenblicklich in Paris, ist ein großer Philosoph, womit ich nicht sagen will, daß er Diderot, Voltaire oder Rousseau gleichkommt oder nacheifert. Wollen Sie ihn mit Ihrem Besuch beehren: Rue Ballu 31, nahe der Place Clichy, wo sich die Statue des Generals Moncey befindet. – Wenn ich ihm schreibe, werde ich ihm ein Wort von Ihnen sagen; er ist recht mißtrauisch, ein Gleichgültiger, aber ein guter Kerl. Seine Vermittlung wird mir helfen, die Schwierigkeiten zu überwinden, die ich habe, um mich im Leben zurechtzufinden.

Ich danke Ihnen lebhaft für Ihren letzten Brief. Doch ich muß arbeiten. – Alles ist, besonders in der Kunst, im Kontakt mit der Natur entwickelte und angewandte Theorie.

Wir wollen uns wieder über all dies unterhalten, wenn ich das Vergnügen haben werde, Sie wiederzusehen.

Dies ist der richtigste Brief, den ich Ihnen bisher geschrieben habe. *Credo.*

Sehr herzlich der Ihre

Paul Cézanne

Wenn wir uns sehen, werde ich richtiger als irgend jemand sonst über Malerei mit Ihnen sprechen. In Kunstdingen habe ich nichts zu verheimlichen.

Nur die ursprüngliche Kraft, *id est* das Temperament, kann einen an das zu erreichende Ziel bringen.

CLXXXVII An seinen Sohn

[*Aix, März 1903*]

[*Fragment*]

... Es ist unnötig, ihn mir zu senden[281]; jeden Tag finde ich einige Exemplare davon vor meiner Tür, ohne die Nummern des *Intransigeant* zu zählen, die man mir per Post zuschickt.

281 Es handelt sich um einen Artikel von Henri Rochefort, der am 9. März 1903 anläßlich der Versteigerung der Sammlung Zolas im *Intransigeant* erschienen war. Cézanne war mit zehn Bildern auf dieser Versteigerung vertreten, was Rochefort zu einem sehr gehässigen Angriff auf den Schriftsteller und den Maler veranlaßte,

CLXXXVIII An Joachim Gasquet

Aix, den 25. Juni 1903

Mein lieber Gasquet!

Ich hatte Ihre Adresse nicht, was Ihnen die Verspätung erklären wird, mit der ich Ihnen für Ihre freundliche Sendung danke. Ihr Vater hat sie mir gegeben. Bisher habe ich nur in Ihrem Gedichtband blättern können.

Sie haben sich den Titel eines jungen Meisters erworben; mit ›jung‹ meine ich, daß Sie von wenig Jahren belastet und bereit sind, den Kampf für die gute Sache aufzunehmen, der zur Zeit gefochten wird.

Die künstlerische Bewegung, die Louis Bertrand so gut in seinem schönen Vorwort zu Ihren *Chants séculaires* beschrieben hat, ist verwegen und entschlossen. Setzen Sie Ihren Weg fort, und Sie werden der Kunst eine neue Bahn öffnen, die zum Kapitol führt.

Ihr ergebener Landsmann und Bewunderer

P. Cézanne

CLXXXIX An Joachim Gasquet

Aix, den 5. September 1903

Mein lieber Gasquet!

Ich erfahre soeben, daß Sie mich in der Rue Boulegon mit Ihrem Besuch beehrt haben. Ich werde Ihnen meine Lage erklären: ich muß noch sechs Monate an dem Bild arbeiten, das ich begonnen habe; es wird dann im *Salon des Artistes Français* dem Schicksal entgegengehen, das ihm vorbehalten ist[282]. – Bis dahin werde ich schon einen Tag finden, um Ihnen die Hand schütteln zu kommen. Daß ich meinen Besuch so lange verschoben habe, liegt an der unentwirrbaren Situation, der ich

in dem er übrigens völlig unberechtigterweise Cézanne die politischen und weltanschaulichen Ansichten Zolas unterschob. Der Titel dieses aufsehenerregenden Aufsatzes war ›L'Amour du laid‹ (Die Liebe zum Häßlichen). Dennoch erzielten Cézannes Werke höhere Preise (zwischen 600 und 4200 Francs) als die gleichzeitig versteigerten Gemälde von Pissarro und Monet.

[282] Das Bild wurde offenbar wie immer von der Jury abgelehnt, denn Cézanne war nicht auf der Ausstellung vertreten.

unbedingt entrinnen möchte. Ich benötige zehntausend oder gar nichts [?], sonst müßte ich, wie Bourdelet [?] und die Idioten, deren Umgang er pflegt, Straßen inspizieren und herausfinden, wer die Unglückselige ist, die ein Kind bekam, ohne vorher zum Standesamt zu gehen, und Sie können sich vorstellen, was für ein schönes intellektuelles Niveau das ist[283].

Bitte empfehlen Sie mich Ihrer Gattin. Ihnen ein freundschaftlicher Handdruck.

P. Cézanne

der Roujon zuwider ist[284].

CXC

An Charles Camoin

Aix, den 13. September 1903

Lieber Monsieur Camoin!

Ich freue mich sehr, wieder etwas von Ihnen zu hören, und beglückwünsche Sie dazu, daß Sie jetzt frei sind und sich ganz dem Studium der Malerei widmen können.

Ich glaube, Ihnen gesprächsweise gesagt zu haben, daß Monet in Giverny wohnt; ich würde es begrüßen, wenn der künstlerische Einfluß, den dieser Meister unfehlbar auf seine nähere und fernere Umgebung ausübt, sich in genau dem notwendigen Maße fühlbar machte, den er auf einen jungen und arbeitswilligen Künstler haben kann und soll. Couture sagte zu seinen Schülern: ›Pflegt guten Umgang!‹, das heißt: ›Geht in den Louvre!‹ Doch nachdem man die großen Meister, die dort ruhen, gesehen hat, muß man sich beeilen, wieder herauszukommen und in sich selbst, im Kontakt mit der Natur, die Instinkte und die künstlerischen Empfindungsmöglichkeiten, die in einem stekken, zu verlebendigen trachten.

283 Dieser Satz ist auch im Französischen unklar. Vielleicht war man an den Maler wegen seines Reichtums herangetreten, um ihm nahezulegen, Stadtverordneter zu werden, wie sein Vater es kurz nach dem Kriege von 1870–71 gewesen war.

284 Der staatliche Direktor der ›Beaux-Arts‹, der sich geweigert hatte, Cézanne die Ehrenlegion verleihen zu lassen.

Ich bedaure, nicht mit Ihnen zusammensein zu können. Das Alter würde wenig bedeuten, wenn andere Erwägungen mich nicht hinderten, Aix zu verlassen. Ich hoffe nichtsdestoweniger, daß ich eines Tages das Vergnügen haben werde, Sie wiederzusehen. Larguier ist in Paris. Mein Sohn ist mit seiner Mutter in Fontainebleau.

Was soll ich Ihnen wünschen? Gute Studien angesichts der Natur, das ist noch immer das Beste.

Wenn Sie dem Meister, den wir beide bewundern[285], begegnen sollten, so übermitteln Sie ihm meine besten Grüße. Ich glaube, er liebt es nicht sehr, belästigt zu werden, doch vielleicht ist er der Aufrichtigkeit gegenüber ein wenig zugänglicher.

Glauben Sie mich Ihnen herzlich verbunden.

Paul Cézanne

CXCI An Louis Aurenche

Aix, den 25. September 1903

Lieber Monsieur Aurenche!

Ich bin sehr glücklich, die Geburt Ihres Sohnes zu erfahren; Sie werden sehen, was für einen Wandel er in Ihr Leben bringen wird!

Paul, der in Fontainebleau ist, wird es nach seiner Rückkehr übernehmen, Ihnen mündlich meine Glückwünsche zu überbringen. Wann, kann ich Ihnen nicht sagen! Doch ich arbeite hartnäckig, und wenn die Austerlitz-Sonne der Malerei für mich leuchten sollte, dann kämen wir im Chor, Ihnen die Hand zu drücken.

Bitte übermitteln Sie Madame Aurenche meine Glückwünsche und meine ergebensten Grüße.

P. Cézanne

[285] Es handelt sich um Claude Monet.

1904

CXCII

An Louis Aurenche

Aix, den 25. Januar 1904

Mein lieber Monsieur Aurenche!

Ich danke Ihnen vielmals für die Wünsche, die Sie und die Ihren mir anläßlich des neuen Jahres sandten!

Ich bitte Sie, nun Ihrerseits die meinen in Empfang zu nehmen und sie Ihren Angehörigen zu übermitteln.

Sie sprechen in Ihrem Brief von meiner Realisierung in der Kunst. Ich glaube, ich komme ihr jeden Tag näher, wenngleich ein wenig mühsam. Denn wenn auch ein starkes Empfinden für die Natur – und das meine ist gewiß sehr lebhaft – die notwendige Grundlage aller künstlerischen Gestaltung ist und auf ihr die Größe und die Schönheit des künftigen Werkes beruht, so ist doch auch die Kenntnis der Mittel, unsere künstlerische Empfindung zum Ausdruck zu bringen, nicht weniger wesentlich und läßt sich nur durch sehr lange Erfahrung erwerben.

Der Beifall der anderen ist ein Ansporn, dem zu mißtrauen man manchmal gut tut. Das Gefühl der eigenen Stärke macht bescheiden.

Ich bin glücklich über die Erfolge unseres Freundes Larguier. Ich habe Gasquet, der ganz auf dem Lande lebt, seit langer Zeit nicht mehr gesehen.

Empfangen Sie, lieber Monsieur Aurenche, den Ausdruck meiner Wertschätzung.

Paul Cézanne

CXCIII

An Louis Aurenche

Aix, den 29. Januar 1904

Lieber Monsieur Aurenche!

Ihre Besorgtheit rührt mich sehr! Es geht mir zur Zeit recht gut. Wenn ich nicht eher auf Ihren ersten Brief geantwortet habe, so ist die Erklärung dafür einfach. Nach einem ganzen Tag Arbeit, um die

Schwierigkeiten der Realisierung nach der Natur zu überwinden, fühle ich, wenn es Abend ist, das Bedürfnis, etwas zu ruhen, und habe dann nicht die geistige Unbeschwertheit, deren es zum Schreiben bedarf.

Ich weiß nicht, wann ich Gelegenheit haben werde, nach Paris zu fahren. Doch wenn der Fall eintreten sollte, werde ich nicht vergessen, daß ich in Pierrelatte von Freunden erwartet werde.

Wenn Sie nach Marseille kommen, werde ich, glaube ich, sicherer das Vergnügen haben, Sie zu sehen.

Empfangen Sie, lieber Monsieur Aurenche, den Ausdruck meiner Wertschätzung.

P. Cézanne

CXCIV An Emile Bernard[286]

Aix-en-Provence, den 15. April 1904

Lieber Monsieur Bernard!

Wenn Sie dieses Schreiben erhalten, werden Sie sehr wahrscheinlich einen ich glaube aus Belgien kommenden Brief empfangen haben, der an Sie Rue Boulegon adressiert war. Ich bin glücklich über die liebenswürdige Bezeugung Ihrer Künstlersympathie, die Sie mir freundlicherweise in Ihrem Brief ausdrücken.

[286] Der junge Maler Emile Bernard (1868–1941), ein ehemaliger Freund von van Gogh und Gauguin, war ein glühender Verehrer Cézannes und hatte über diesen schon 1892, lange bevor er ihn kennenlernte, einen ersten Aufsatz veröffentlicht. 1904 suchte er ihn mit seiner Frau und seinen zwei Kindern bei der Rückkehr von einem mehrjährigen Aufenthalt in Italien und Ägypten in Aix auf, wo er einen Monat blieb. Selbst stets in philosophische und religiöse Betrachtungen versunken, hat Bernard offenbar lange theoretische Gespräche mit Cézanne geführt, die er dann in seinen Briefen an den Meister fortzusetzen suchte. Obgleich Cézanne wenig Geschmack an derartigen Spekulationen hatte und dies auch diskret in seinen Antworten andeutete, veranlaßten Bernards viele Fragen ihn doch, seine eigenen Ansichten über die Malerei auszudrücken.

Die von Bernard publizierten Erinnerungen an Cézanne sind auch in deutscher Übertragung erschienen. Der junge Maler ahnte jedoch nicht, wie kritisch Cézanne seiner Kunst gegenüberstand; dies geht aus Briefen Cézannes an seinen Sohn hervor (siehe besonders CCXXIV).

Erlauben Sie mir, Ihnen zu wiederholen, was ich Ihnen schon hier sagte: man behandle die Natur gemäß Zylinder, Kugel und Kegel und bringe das Ganze in die richtige Perspektive, so daß jede Seite eines Objektes, einer Fläche nach einem zentralen Punkt führt. Die mit dem Horizont parallel verlaufenden Linien geben die seitliche Ausdehnung, das heißt einen Ausschnitt der Natur oder, wenn Ihnen das lieber ist, des Schauspiels, das der *Pater Omnipotens Aeterne Deus* vor unseren Augen ausbreitet. Die zu diesem Horizont senkrecht stehenden Linien geben die Tiefe. Nun liegt aber die Natur für uns Menschen mehr in der Tiefe als in der Fläche, daher die Notwendigkeit, in unsere durch die roten und gelben Farbtöne wiedergegebenen Lichtvibrationen eine genügende Menge von Blau zu mischen, um die Luft fühlbar zu machen.

Gestatten Sie mir, Ihnen zu sagen, daß ich die Studie, die Sie vom unteren Stockwerk des Ateliers aus machten, nochmals angesehen habe; sie ist gut[287]. Ich glaube, Sie brauchen nur auf diesem Wege weiterzugehen. Sie besitzen das nötige Verständnis für das, was man machen muß, und werden bald so weit kommen, Gauguin und van Gogh den Rücken zu kehren!

Bitte danken Sie Madame Bernard für das gute Andenken, das sie dem Unterzeichner dieses Briefes zu bewahren die Freundlichkeit hatte; einen schönen Kuß des *Père Goriot* für die Kinder und meine besten Empfehlungen an Ihre liebe Familie.

P. Cézanne

CXCV AN EMILE BERNARD

Aix, den 12. Mai 1904

Mein lieber Bernard!

Mein unablässiges Arbeiten und mein vorgerücktes Alter werden Ihnen zur Genüge die Verspätung, mit der ich Ihnen antworte, erklären.

Sie unterhalten mich übrigens in Ihrem letzten Brief mit so verschiedenartigen Dingen – die sich zwar alle auf die Kunst beziehen – daß ich seinen Ausführungen nicht ganz zu folgen vermag.

[287] Cézanne hatte für Bernard ein Stilleben in einem kleinen Raum zusammengestellt, der sich unter seinem Atelier befand; Bernard hat von dort aus offenbar auch eine Landschaft gemalt.

Ich habe Ihnen schon gesagt, daß das Talent Redons[288] mir sehr gefällt, und ich bin von Herzen einig mit seinen Gefühlen und seiner Bewunderung für Delacroix. Ich weiß nicht, ob meine schwankende Gesundheit mir je erlauben wird, meinen Traum, eine Apotheose von Delacroix zu malen, zu verwirklichen.

Ich arbeite sehr langsam, da die Natur sich mir sehr vielgestaltig darbietet und es unablässig gilt, Fortschritte zu machen. Man muß sein Modell gut betrachten und sehr richtig empfinden und sich außerdem noch mit Kraft und Gewähltheit ausdrücken. Der Geschmack ist der beste Richter. Er ist selten. Die Kunst wendet sich nur an eine äußerst beschränkte Zahl von Individuen.

Der Künstler sollte jede Ansicht verwerfen, die nicht auf der verständnisvollen Beobachtung des Charakteristischen beruht. Er soll sich vor der literarischen Einstellung hüten, die den Maler so oft veranlaßt, sich vom wahren Weg, das heißt vom konkreten Naturstudium, zu entfernen, um sich allzulange in ungreifbaren Spekulationen zu verlieren.

Der Louvre ist ein gutes Lehrbuch, doch darf er immer nur ein Vermittler sein. Das wahre und großartige Studium, das es zu unternehmen gilt, ist das der Mannigfaltigkeit des Naturbildes.

Ich danke Ihnen vielmals für die Übersendung Ihres Buches[289]; ich warte, um es dann mit ausgeruhtem Kopf lesen zu können.

Wenn Sie es für richtig halten, können Sie Vollard senden, um was er Sie gebeten hat[290].

Bitte übermitteln Sie Madame Bernard meine respektvollen Empfehlungen, für Antoine und Irène einen Kuß vom *Père Goriot*.

Herzlichst der Ihre!

P. Cézanne

[288] Bernard war ein großer Bewunderer von Redon, den er seit etwa 1889 kannte und mit dem er korrespondierte. Als ein Journalist ihn 1891 gefragt hatte, welche Künstler er am meisten verehre, hatte Bernard erwidert: »Von den zeitgenössischen Malern bewundere ich nur Cézanne und Redon.«

[289] Es handelt sich wahrscheinlich um Bernards Buch *La Décadence du Beau*, das 1902 als eine Sammlung von Artikeln erschienen war.

[290] Es handelt sich dabei um eine Photographie von Cézanne in seinem Atelier, die Bernard in Aix gemacht hatte.

CXCVI AN EMILE BERNARD

Aix, den 26. Mai 1904

Mein lieber Bernard!

Ich stimme so ziemlich mit den Ideen, die Sie in Ihrem nächsten, für den *Occident* bestimmten Artikel entwickeln wollen, überein[291]. Doch komme ich immer wieder auf folgendes zurück: Der Maler soll sich ganz dem Studium der Natur widmen und Bilder zu schaffen suchen, die eine Belehrung sind. Plaudereien über Kunst sind fast zwecklos. Die Arbeit, die auf dem eigenen Gebiet einen Forschritt zu verwirklichen erlaubt, ist eine genügende Entschädigung für die Verständnislosigkeit der Dummköpfe.

Der Literat drückt sich durch Abstraktionen aus, während der Maler mit Hilfe der Zeichnung und der Farbe seine Empfindungen und Wahrnehmungen konkretisiert. Man ist weder zu gewissenhaft, noch zu aufrichtig, noch der Natur zu sehr unterworfen; aber man beherrscht mehr oder weniger sein Modell und vor allem seine Ausdrucksmittel. Man muß das, was man vor sich hat, durchdringen und beharrlich fortfahren, sich so logisch wie nur möglich auszudrücken.

Bitte übermitteln Sie Madame Bernard meine respektvollen Grüße; einen freundschaftlichen Händedruck für Sie und Grüße an die Kinder.

Pictor P. CÉZANNE

CXCVII AN EMILE BERNARD

Aix, den 27. Juni 1904

Mein lieber Bernard!

Ich habe Ihren geehrten Brief vom ..., den ich draußen auf dem Land ließ, richtig erhalten. Wenn ich gesäumt habe, darauf zu antworten, so geschah es, weil ich unter Gehirnstörungen leide, die mich hindern, meine Gedanken frei zu entwickeln. Ich stehe unter der starken Einwirkung von Sinneseindrücken und bin trotz meines Alters weiter an die Malerei gekettet.

Das Wetter ist schön, ich profitiere davon, um zu arbeiten. Man sollte

291 Emile Bernard bereitete einen neuen Aufsatz über Cézanne vor.

zehn gute Studien machen und sie teuer verkaufen, da die Liebhaber nun einmal darauf spekulieren.

Gestern kam hier ein an meinen Sohn adressierter Brief an, von dem Madame Brémond vermutete, daß er von Ihnen sei; ich ließ ihn nach Paris, 16, Rue Duperré, IX. Arrondissement, weitersenden.

Es scheint, daß Vollard vor ein paar Tagen einen Tanzabend veranstaltet hat, an dem kräftig geschmaust wurde. – Die ganze junge Schule war anscheinend dort, Maurice Denis, Vuillard usw.; Paul und Joachim Gasquet haben sich dort getroffen. Ich glaube, das beste ist, viel zu arbeiten. Sie sind jung, realisieren und verkaufen Sie.

Erinnern Sie sich an das schöne Pastell von Chardin, auf dem man ihn mit ein paar Augengläsern und einem schützenden Augenschirm sieht? Dieser Maler ist ein durchtriebener Kerl. Haben Sie nicht bemerkt, daß, wenn man auf seiner Nase eine schmale, querstehende Platte hin und her schiebt, sich die Farbwerte dem Auge besser darbieten[292]? Prüfen Sie diese Tatsache und sagen Sie mir, ob ich mich täusche.

Herzlichst der Ihre, und bitte empfehlen Sie mich Madame Bernard und die besten Grüße für Antoine und Irène! PAUL CÉZANNE

Mir scheint, daß Paul mir geschrieben hat, sie hätten etwas in Fontainebleau gemietet, um dort etwa zwei Monate zu verbringen.

Ich muß Ihnen noch sagen, daß ich mir angesichts der großen Hitze mein Mittagessen aufs Land hinausbringen lasse.

CXCVIII AN EMILE BERNARD

Aix, den 25. Juli 1904

Mein lieber Bernard!

Ich habe die *Revue Occidentale*[293] erhalten. Ich kann Ihnen nur danken für das, was Sie über mich geschrieben haben!

[292] Dieser Satz ist im französischen Text recht unklar. Es heißt dort: ›*N'avez-vous pas remarqué qu'en faisant chevaucher sur son nez un léger plan transversal d'arête, les valeurs s'établissent mieux à la vue?*‹

[293] Es handelt sich um die Juli-Nummer der Zeitschrift *Occident*, in der Bernards Aufsatz über Cézanne erschienen war.

Ich bedaure, daß wir nicht Seite an Seite sein können, denn ich will nicht theoretisch recht haben, sondern angesichts der Natur. Ingres ist trotz seines *estyle*[294] (Aixer Aussprache) und seiner Bewunderer nur ein sehr kleiner Maler. Die größten kennen Sie besser als ich: die Venezianer und die Spanier.

Um Fortschritte zu machen, gibt es nur eins: die Natur; im Kontakt mit ihr wird das Auge erzogen. Es wird konzentrisch infolge des vielen Schauens und Arbeitens. Ich will damit sagen, daß es in einer Orange, einem Apfel, einer Kugel, einem Kopf einen kulminierenden Punkt gibt, und dieser Punkt ist – trotz der gewaltigen Wirkung von Licht, Schatten und Farbeindrücken[295] – stets unserem Auge am nächsten. Die Ränder der Gegenstände fliehen in der Richtung eines Punktes, der auf unserem Horizont liegt. Selbst mit einem kleinen Temperament kann man in hohem Grade Maler sein. Man kann gute Sachen machen, ohne ein ausgesprochener ›Harmonist‹ oder Kolorist zu sein. Es genügt, einen künstlerischen Sinn zu besitzen – und gerade dieser Sinn ist zweifellos das Entsetzen des Spießbürgers. Deshalb können Institute, Pensionen, Ehren nur für die Kretins, die Hanswurste und Schelme geschaffen sein. Seien Sie nicht Kunstkritiker, sondern malen Sie! Dort liegt das Heil.

Ich drücke Ihnen herzlich die Hand, Ihr alter Kamerad

P. Cézanne

Meine Empfehlungen an Madame Bernard und beste Grüße an die Kinder!

CIC An Joachim Gasquet

Aix, den 27. Juli 1904

Mein lieber Gasquet!

Ich kann Ihnen gar nicht sagen, wie gerührt ich bin, daß Sie sich meiner noch erinnern. Indem ich mich bemühe, meinen Betäubungs-

294 Das Wort ›estyle‹ für ›style‹ [Stil], mit der erklärenden Bemerkung in Klammern dahinter, findet sich so in Cézannes Brief.

295 Die zwischen den Gedankenstrichen stehenden Worte sind von Cézanne nachträglich an den Rand seines Briefes geschrieben.

zustand abzuschütteln, krieche ich aus meinem Schneckenhaus hervor und werde eine wirkliche Anstrengung machen, um Ihre Einladung anzunehmen.

Ich bin zum Musikverein gegangen, um von meinem Freund, Ihrem Vater, alle Auskünfte bezüglich der zu unternehmenden Reise zu erhalten. Ich bitte Sie, ihm zu sagen, daß er mir alle Hinweise über die Abfahrtszeiten der Züge und betreffend des Ortes, an dem wir uns treffen könnten, geben soll.

Mit den besten Grüßen und Empfehlungen an Ihre Familie

P. Cézanne[296]

Ich habe den Aufsatz gelesen, den die *Provence Nouvelle* über Ihr schönes Werk veröffentlicht hat.

CC An Philippe Solari

[*Aix*,] Freitag, den 24. September [*1904*]

Mein lieber Solari!

Ich möchte Dir gerne Sonntag vormittag sitzen[297]. Würdest Du wohl gegen elf Uhr zu Madame Berne zum Mittagessen kommen wollen? Von dort aus würden wir zu Dir hinaufsteigen. – Sieh, ob diese Zusammenstellung Dir zusagt; wenn nicht, werde ich mich erkundigen und versuchen, zu Dir zu kommen. Ganz Dein

P. Cézanne

[296] Dies ist der letzte Brief, den Cézanne dem Dichter geschrieben hat. Es erscheint nicht ausgeschlossen, daß es bei dem Besuch, den der Maler im Sommer 1904 – zwei Jahre vor seinem Tod – Gasquet abstattete, zu einem peinlichen Mißverständnis gekommen ist; aus einigen seiner früheren Briefe an Aurenche geht bereits hervor, daß der Künstler dem Dichter keineswegs kritiklos gegenüberstand. In der Biographie, die Gasquet später über Cézanne schrieb, vermied er sorgfältig, von irgendeiner Trübung der Freundschaft zu sprechen, obgleich bekannt war, daß die beiden Männer sich schließlich entzweit hatten.

[297] Philippe Solari führte zu jener Zeit eine lebensgroße Bildnisbüste von Cézanne aus, für welche dieser ihm mehrfach Modell saß.

CCI AN GASTON BERNHEIM-JEUNE[298]

Aix, den 11. Oktober 1904

Monsieur!

Meine Antwort kommt mit großer Verspätung, doch ist mein schwankender Gesundheitszustand gewiß eine Entschuldigung, die Ihnen ausreichend erscheinen wird.

Ich bin sehr gerührt über die Bezeugungen der Hochachtung und die lobenden Äußerungen Ihres Briefes.

Ich bin gerne bereit, Ihren Wunsch zustimmend zu beantworten, falls sich für mich alles darauf beschränken soll, Ihnen meine Theorien auseinanderzusetzen und Ihnen das Ziel zu erklären, welches zu erreichen ich mich während meines ganzen Lebens beharrlich bemüht habe.

Ich bitte Sie, lieber Herr, den Ausdruck meiner Künstlersympathie entgegenzunehmen.

P. CÉZANNE

CCII AN CHARLES CAMOIN

Mein lieber Camoin! Aix, den 9. Dezember 1904

Ich habe Ihren freundlichen, aus Martigues datierten Brief erhalten. Kommen Sie, wann es Ihnen paßt, Sie finden mich immer bei der Arbeit; wenn es Ihnen recht ist, können Sie dann mit mir zusammen aufs Motiv gehen. Teilen Sie mir den Tag Ihrer Ankunft mit, denn wenn Sie ins Atelier an den Lauves hinaufkommen, werde ich das Mittagessen für uns beide hinbringen lassen. – Ich esse um elf Uhr und breche dann von dort zum Motiv auf, falls es nicht regnet. Ich habe ein Gepäckdepot zwanzig Minuten vom Hause entfernt.

Das Erfassen des Modells und seine Realisierung gelingen dem Künstler manchmal nur sehr langsam. – Welchem Meister Sie auch den Vorzug geben, darf es doch nur eine Orientierung für Sie sein, sonst wären

[298] Gaston Bernheim-Jeune (siehe die Fußnote zu Brief CLXXIV) hatte sich diesmal offenbar als Künstler an Cézanne gewandt, da dieser ihn ausdrücklich nur als solchen empfangen wollte, offensichtlich darauf bedacht, mit keinem andern Kunsthändler als mit Vollard zusammenzuarbeiten.

Sie ein bloßer Nachahmer. Mit einem wie auch immer beschaffenen Gefühl für die Natur und einigen glücklichen Anlagen – und solche haben Sie – muß es Ihnen gelingen, sich freizumachen. Die Ratschläge, die Methode eines andern dürfen Sie nicht veranlassen, Ihre Auffassungsweise zu ändern. Sollten Sie auch momentan dem Einfluß eines älteren als Sie ausgesetzt sein, glauben Sie mir ja: von dem Augenblick an, da Sie selbständig fühlen, wird Ihre eigene Empfindung schließlich immer hervorbrechen und sich ihren Platz an der Sonne erobern – die Oberhand gewinnen. Vertrauen! Es ist eine gute Konstruktionsmethode, die Sie zu gewinnen trachten müssen. Die Zeichnung gibt nur die äußere Gestalt dessen wieder, was Sie sehen.

Michelangelo ist ein Konstrukteur und Raffael ein Künstler, der, so groß er auch sein mag, immer ans Modell gefesselt ist. – Wenn er zum Nachdenken übergehen will, sinkt er unter seinen großen Rivalen.

Recht herzlich der Ihre

P. Cézanne

CCIII An Emile Bernard

[*Aix*,] den 23. Dezember 1904

Mein lieber Bernard!

Ich habe Ihren freundlichen, aus Neapel datierten Brief erhalten. Ich möchte mich nicht mit Ihnen in ästhetische Betrachtungen einlassen. Ja, ich billige Ihre Bewunderung für den stärksten unter den Venezianern; wir preisen Tintoretto. Ihr Bedürfnis, einen moralischen und intellektuellen Stützpunkt in Werken zu finden, die man sicher nicht übertreffen wird, veranlaßt Sie zu beständigem Aufpassen, zu unablässigem Suchen nach den von Ihnen vermuteten Interpretationsmitteln, die Sie gewiß dazu führen werden, Ihre Ausdrucksmittel vor der Natur zu erfühlen; und seien Sie überzeugt, daß Sie an dem Tage, da Sie sie besitzen werden, ohne Mühe und an Hand der Natur die von den vier oder fünf großen Venezianern angewandten Mittel wiederfinden können.

Dies jedenfalls – ich bin sehr positiv – steht unbestreitbar fest: in unserem Sehorgan bildet sich ein optischer Eindruck, mittels dessen

Cézanne auf einem Spaziergang in der Nähe von Aix.
Foto von Emile Bernard, 1905.

(oben links)
Cézanne: Porträt Ambroise Vollard, 1899.

(oben rechts)
Plakat mit einem von Pissarro gezeichneten Porträt von Cézanne für die erste Cézanne-Ausstellung be Vollard in Paris, Dezember 1895

(unten)
Cézanne: Porträt von Vallier, dem Gärtner, 1905 (Ausschnitt).

(oben)
Cézanne: Porträt von Henri Gasquet, dem Vater des Dichters, 1896.

(unten links)
Cézanne: Die Alte mit dem Rosenkranz, um 1895.

(unten rechts)
Aufnahme von Madame Paul Cézanne, der Gattin des Malers, um 1900.

(oben)
Maurice Denis: Der Besuch bei Cézanne, 1904.

(unten)
Cézanne ›auf dem Motiv‹, aufgenommen 1906 am Chemin des Lauves vom Maler K. X. Roussel.

(oben)
Cézanne nach beendeter Arbeit, aufgenommen 1906 am Chemin des Lauves von K. X. Roussel.

(unten)
Im Januar 1904 überraschte Maurice Denis, begleitet von Emile Bernard, Cézanne ›auf dem Motiv‹. Das Foto, später von Emile Bernard im Atelier am Chemin des Lauves aufgenommen, zeigt Cézanne sitzend vor seiner kleinen Version der ›Badenden‹.

Paul Cézanne in Aix, aufgenommen 1904 von J. Bernheim.

wir die durch Farbeindrücke repräsentierten Flächen in Licht, Halb- und Viertelton zu ordnen vermögen. Das Licht existiert also nicht für den Maler. Solange wir notgedrungen vom Schwarzen zum Weißen übergehen, wobei die erste dieser Abstraktionen so etwas wie ein Anhaltspunkt für das Auge sowohl als für den Verstand ist, so lange bleiben wir stecken und bringen es nicht zur eigenen Meisterschaft, besitzen wir uns nicht. Während dieser Periode (ich wiederhole mich notgedrungen ein wenig) suchen wir die bewundernswerten Werke auf, die uns die Jahrhunderte überliefert haben, und finden dort Stärkung und Stütze wie der Badende an der Planke.

Alles, was Sie mir in Ihrem Brief sagen, ist sehr wahr.

Ich bin glücklich zu erfahren, daß es Madame Bernard, Ihnen und den Kindern gut geht. Meine Frau und mein Sohn sind augenblicklich in Paris. Ich hoffe, daß wir uns bald wiedersehen werden.

Ich wünsche, so weit wie möglich auf die hauptsächlichsten Punkte Ihres freundlichen Briefes zu antworten, und bitte Sie, mich Madame Bernard respektvoll zu empfehlen; einen guten Kuß für Antoine, für Irène, und Ihnen, mein lieber Kollege, wünsche ich ein gutes neues Jahr, indem ich Ihnen herzlich die Hand drücke.

P. Cézanne

CCIV An Jean Royère[299]

[*Aix, 1904*]

[*Fragment. Cézanne dankt dem Dichter für die Zusendung seiner* Poèmes Eurythmiques.]

... Ich habe sogleich in die Schärfe dieser Visionen eindringen wollen, die ihnen so viel Zeichnung verleiht. Leider erschwert mir das vorgeschrittene Alter, das ich erreicht habe, den Zugang zu neuen Kunstformeln ... Ich war also nicht darauf vorbereitet, sofort den ganzen Reiz Ihrer farbigen Rhythmen zu genießen. Dies ist mit wenigen Worten die Erklärung für die Verzögerung meiner Antwort...

[299] Cézanne hatte den jungen Dichter durch Joachim Gasquet kennengelernt, der ihm auch mehrere andere seiner Schriftstellerfreunde zuführte.

CCV An Octave Mirbeau[300]

Entwurf ohne Datum[301]

Ich wollte den Jahreswechsel abwarten, um mich bei Ihnen in Erinnerung zu bringen, doch angesichts des neuen Sympathie-Beweises, den Sie mir in der Zeitung geben, kann ich nicht länger damit warten, mich bei Ihnen zu bedanken.

Ich rechne damit, daß ich die Ehre haben werde, Sie wiederzusehen und Ihnen in einer weniger vergänglichen Form als durch einfache Worte die Dankbarkeit ausdrücken zu können, die [*unleserliches Wort*] und sich aufzwingt.

Ich bitte Sie, mich Madame Mirbeau respektvoll zu empfehlen und mich als Ihnen herzlich ergeben zu betrachten.

P. Cézanne

CCVI An Gustave Geffroy

[*1904*]

[*Subskriptionsbrief für den ›Penseur‹ von Rodin. Cézanne hat mehrmals erklärt, sich an dieser Subskription beteiligt zu haben, weil Geffroy und Rodin sich öffentlich darüber beklagt hatten, daß es unter den Subskribenten nur Dreyfus-Anhänger gäbe. Allerdings erscheint der Name Cézannes auf keiner der von Geffroy veröffentlichten Subskribentenlisten und auch der Brief des Malers ist bisher nicht aufgefunden worden.*]

[300] Cézanne hatte den Schriftsteller Mirbeau bei Monet in Giverny kennengelernt. Mirbeau schrieb oft leidenschaftlich polemische Kunstkritiken, in denen er für die moderne Kunst eintrat. Es ist jedoch nicht bekannt, auf welchen seiner Artikel sich diese Zeilen Cézannes beziehen.

[301] Dieser Briefentwurf befindet sich in einem Skizzenbuch.

1905

CCVII AN CHARLES CAMOIN

Aix, den 5. Januar 1905

Mein lieber Camoin!

Nach Empfang Ihres letzten Briefes antworte ich Ihnen, daß Madame Brémond sich erkundigt hat und sagt, daß es in der Crèmerie d'Orléans, 16, Rue Matheron, Zimmer zu mieten gibt. Es gibt welche im ersten, im zweiten und im dritten Stock; man ißt dort auch recht gut.

Herzlichst der Ihre

P. CÉZANNE

CCVIII AN LOUIS AURENCHE

Aix, den 10. Januar 1905

Ich bedaure, daß ich nicht das Vergnügen haben werde, Sie noch in diesem Jahr zu sehen. Ich sende Ihnen deshalb auch meinerseits meine besten Wünsche.

Ich arbeite immer, und dies, ohne mich um die Kritik und die Kritiker zu kümmern, so, wie es ein wahrer Künstler tun soll. Die Arbeit soll mich rechtfertigen.

Ich habe keine Nachrichten von Gasquet, der, wie ich glaube, augenblicklich in Paris ist.

Bitte nehmen Sie, lieber Herr Aurenche, meine besten Grüße an Sie und den Ausdruck meiner Hochachtung für Madame Aurenche entgegen.

PAUL CÉZANNE

CCIX

An Louis Leydet[302]

[*Aix*,] den 17. Januar 1905

Mein lieber Kollege!

Ich erhielt Ihren freundlichen Gruß und danke Ihnen. Falls ich im Frühjahr nach Paris fahren kann, werde ich Sie besuchen.

Es so weit zu bringen, die Eindrücke, die wir im Kontakt mit dieser schönen Natur – Mann, Weib, Stilleben – empfinden, ausreichend zu formulieren, und daß Ihnen die äußeren Umstände günstig sein mögen, ist, was ich jedem mir sympathischen Künstler wünschen muß.

Ihr alter

Paul Cézanne

CCX

An Roger Marx

[*Aix*,] den 23. Januar 1905

Herr Redakteur!

Ich las mit Interesse die Zeilen, die Sie so freundlich waren, mir in Ihren beiden Artikeln der *Gazette des Beaux-Arts* zu widmen. Ich danke Ihnen für die günstige Meinung, die Sie darin über mich zum Ausdruck bringen[303]!

Mein Alter und meine Gesundheit werden mir niemals erlauben, den Kunsttraum zu verwirklichen, den ich während meines ganzen Lebens verfolgt habe. Doch werde ich immer dem Publikum verständnisvoller Kunstfreunde dankbar sein, die trotz meiner Schwankungen geahnt haben, was ich versuchen wollte, um meine Kunst zu erneuern. Meiner

[302] Der junge Maler Louis Leydet hatte Cézanne durch seinen Vater, den Aixer Senator Victor Leydet, einen Jugendgefährten des Künstlers, im Jahre 1892 kennengelernt. Der Senator versuchte 1895 vergeblich, für Cézanne das Kreuz der Ehrenlegion zu erhalten; er hielt 1906 bei dessen Begräbnis eine Rede über Cézanne.

[303] Es handelte sich um zwei Aufsätze, die dem neuen, von Redon, Marx und Huysmans mitbegründeten *Salon d'Automne* gewidmet waren und in denen sogar eine Landschaft Cézannes abgebildet worden war. Cézanne war nicht nur aufgefordert worden, an diesem Herbst-Salon teilzunehmen, sondern sah sich sogar auf der ersten Ausstellung von 1904 einen eigenen Saal zugewiesen. Der Künstler war anläßlich des Herbst-Salons nach Paris gefahren und hatte während einiger Wochen in Fontainebleau gearbeitet.

Ansicht nach setzt man sich nicht an die Stelle der Vergangenheit, sondern fügt ihr nur ein neues Glied an. Mit einem Malertemperament und einem Kunstideal, das heißt einer Konzeption der Natur, hätte es ausreichender Ausdrucksmittel bedurft, um dem Durchschnittspublikum verständlich zu sein und einen gebührenden Platz in der Kunstgeschichte einzunehmen.

Bitte nehmen Sie, Herr Redakteur, den Ausdruck meiner lebhaften Künstlersympathie entgegen.

P. Cézanne

CCXI An einen Farbenhändler

Aix, den 23. März 1905

[*Cézanne ist ein wenig leidend und kann sich nicht um die Rücksendung des Zinnobergrüns, das man ihm gesandt hat, kümmern. Er bittet gleichzeitig um die Zusendung von fünf Tuben Preußischblau und einer Flasche Haarlemer Fixativs, deren er dringend bedarf.*]

CCXII An einen Farbenhändler

Fontainebleau[304], den 6. Juli 1905

Ich hatte gestern das Vergnügen, die Sendung von Leinwänden und Farben zu erhalten, die ich bei Ihnen bestellt hatte, doch warte ich noch mit Ungeduld auf den Kasten, um dessen Ausbesserung ich Sie gebeten hatte und dem Sie eine Palette mit einem Loch – groß genug, um den Daumen durchzustecken – beilegen sollten ...

[*Cézanne bittet dann noch um die Übersendung von gebranntem Lack, von Kobalt und von Chromgelb.*]

304 Dies war Cézannes letzter Aufenthalt in Paris und seiner Umgebung. Obgleich er auch 1905 (mit zehn Werken) im Herbst-Salon vertreten war, scheint er der Eröffnung nicht selbst beigewohnt zu haben. Diesmal veröffentlichte Geffroy anläßlich der Ausstellung einen neuen Artikel über Cézanne, in dem er erklärte: ›Ich glaube, daß diese Malerei die Zeit überdauern wird.‹

An Emile Bernard

[*Aix, 1905*] Freitag

Mein lieber Bernard!

Ich antworte kurz auf einige der Abschnitte Ihres letzten Briefes. Wie Sie mir schreiben, glaube ich tatsächlich, in den letzten Studien, die Sie bei mir sahen[305], noch einige, wenn auch sehr langsame Fortschritte gemacht zu haben. Es ist jedoch schmerzlich, konstatieren zu müssen, daß der Fortschritt, der sich im Verständnis der Natur hinsichtlich der Gestaltung eines Bildes und der Entwicklung der Ausdrucksmittel vollzieht, vom Alter und von der Abnahme der Körperkräfte begleitet ist.

Der Grund dafür, daß die offiziellen Salons auf so niedriger Stufe bleiben, liegt darin, daß sie nur mehr oder weniger verbreitete Verfahrensarten akzeptieren. Es wäre besser, mehr persönliche Empfindung, mehr Beobachtung und mehr Charakter anzuwenden.

Der Louvre ist das Buch, in dem wir lesen lernen. Doch dürfen wir uns nicht damit begnügen, die schönen Formeln unserer berühmten Vorgänger beizubehalten. Suchen wir, uns von ihnen zu entfernen, um die schöne Natur zu studieren; trachten wir danach, ihren Geist zu erfassen, und bemühen wir uns, uns unserem persönlichen Temperament entsprechend auszudrücken. Die Zeit und die Überlegung ändern übrigens nach und nach die Art zu sehen, und schließlich kommt uns das Verständnis.

Bei dem jetzigen regnerischen Wetter ist es unmöglich, diese doch so richtigen Theorien im Freien anzuwenden. Doch führt uns die Beharrlichkeit dazu, Interieurmotive wie alles übrige zu erfassen. Nur die alten Überbleibsel hemmen unsere Intelligenz, die nötig hat, aufgepeitscht zu werden.

Recht herzlich der Ihre, und meine Empfehlungen an Madame Bernard, freundliche Grüße an die Kinder.

P. Cézanne

[305] Bernard hatte Cézanne Ende März 1905 abermals kurz in Aix besucht.

Sie werden mich besser verstehen, wenn wir uns wiedersehen werden; das Studium verändert unser Sehen in solchem Maße, daß der bescheidene und riesengroße Pissarro hinsichtlich seiner anarchistischen Theorien gerechtfertigt ist.

Zeichnen Sie, doch ist es der Reflex, der umhüllt; das Licht ist, infolge des allgemeinen Reflexes, die Hülle.

P. C.

CCXIV AN EMILE BERNARD

Aix, den 23. Oktober 1905

Mein lieber Bernard!

Ihre Briefe sind mir in doppelter Hinsicht teuer; die erste ist rein egoistischer Art: ihr Eintreffen entreißt mich jener Monotonie, welche die unablässige Verfolgung des einen und einzigen Zieles mit sich bringt, was in den Momenten körperlicher Ermattung eine Art geistiger Erschöpfung herbeiführt; und zweitens: sie gestatten mir, Ihnen wieder, und gewiß ein wenig zu oft, von der Hartnäckigkeit zu sprechen, mit der ich die Realisierung jenes Teiles der Natur verfolge, der vor unsern Augen liegend das Bild ergibt. Nun aber ist die zu lösende Aufgabe – welches auch immer unser Temperament oder unsere Kraft angesichts der Natur sei – das Abbild dessen zu geben, was wir sehen, und dabei alles zu vergessen, was vor uns dagewesen ist. Das, glaube ich, muß dem Künstler ermöglichen, seine ganze Persönlichkeit auszudrücken, sei sie nun groß oder klein.

Doch da ich nun alt bin – fast siebzig Jahre – sind die Farbeindrücke, die das Licht geben, bei mir die Ursache von Abstraktionen, die mir weder erlauben, meine Leinwand ganz zu bedecken, noch die Abgrenzung der Objekte zu verfolgen, wenn die Berührungsstellen fein und zart sind; daraus ergibt sich, daß mein Abbild oder Gemälde unvollständig ist. Andererseits fallen die Flächen übereinander, woraus der Neoimpressionismus entstanden ist, der die Konturen mit einem schwarzen Strich umzieht, ein Fehler, der mit aller Kraft bekämpft werden muß[306]. Doch gibt uns die Natur, wenn wir sie zu Rate ziehen, die Mittel, dieses Ziel zu erreichen.

Ich habe mich wohl daran erinnert, daß Sie in Tonnerre waren, aber die Schwierigkeiten, mich zu Hause einzurichten, nötigen mich, mich ganz meiner Familie zur Verfügung zu stellen, was diese dazu benutzt, ihre eigene Bequemlichkeit zu suchen und mich dabei ein wenig zu vergessen. So ist das Leben. In meinem Alter sollte ich mehr Erfahrung haben und sie für das Gemeinwohl verwenden. Ich schulde Ihnen die Wahrheit über die Malerei und werde sie Ihnen sagen.

Bitte empfehlen Sie mich Madame Bernard; ich sollte die Kinder lieben, da St-Vincent de Paul derjenige ist, dem ich mich am meisten empfehlen muß.

Ihr alter

PAUL CÉZANNE

Ein fester Händedruck und guten Mut.

Die Optik, die sich bei uns durch das Studium entwickelt, lehrt uns sehen.

[306] Tatsächlich hatte die Umrandung der Konturen einförmiger Flächen nichts mit dem Neoimpressionismus von Seurat zu tun, sondern war zuerst von Bernard selbst angewandt worden, als er mit Anquetin den ›Cloisonnismus‹ erfand. Später hat Gauguin dieses Stilelement übernommen.

CCXV

An seinen Sohn

[*Aix*,] Freitag [*den 18.*] Juli 1906

Mein lieber Paul!

Da mein Kopf heute morgen etwas freier ist, antworte ich auf Deine beiden Briefe, die mir wie immer die größte Freude bereiten. Es ist halb fünf Uhr morgens – um acht Uhr wird die Hitze unerträglich sein – ich fahre mit meinen Studien fort. Man müßte jung sein und viele machen. Die Atmosphäre ist zuweilen voll Staub und von einer elenden Färbung – es ist nur in gewissen Momenten schön.

Ich danke Dir für die Nachrichten, die Du mir gibst; ich verfolge auch weiterhin meinen Weg.

Grüße Mama und alle Leute, die sich meiner noch erinnern. Grüße Madame Pissarro[307] – wie ist doch das alles schon weit entfernt und doch so nahe!

Dein Vater, der Euch beide umarmt.

Paul Cézanne

Ich habe Deine Tante noch nicht gesehen, ich sandte ihr Deinen ersten Brief.

Weißt Du, wo die kleine Skizze der Badenden ist?

CCXVI

An seinen Sohn

Aix, den 24. Juli 1906

Gestern hat der schmutzige Abbé Gustave Roux einen Wagen genommen und hat mich bei Jourdan aufgestöbert; es ist ein schmieriger Kerl. – Ich habe ihm versprochen, ihn im katholischen Collège zu besuchen. Ich werde nicht hingehen; Du hast Zeit, mir zu antworten und mir Ratschläge zu geben.

Ich umarme Dich und Mama. Es ist sehr heiß.

Dein alter Vater

Paul Cézanne

[307] Camille Pissarro war gegen Ende des Jahres 1903 gestorben. Sein Tod scheint Cézanne besonders berührt zu haben, denn seither kehrt der Name des alten Freundes oft in seinen Briefen und Gesprächen wieder.

CCXVII An seinen Sohn

Aix, den 25. Juli 1906

Mein lieber Paul!

Gestern erhielt ich Deinen lieben Brief, der mir Nachrichten von Euch gibt. Ich kann den Zustand nur bedauern, in dem sich Deine Mutter befindet; laß ihr so viel Pflege angedeihen wie nur möglich, sucht Wohlbehagen, Kühle und den Umständen angemessene Zerstreuungen! – Gestern, Donnerstag, hätte ich den Pfaffen Roux besuchen sollen. Ich bin nicht hingegangen, und dabei wird es bis zum Ende bleiben; das ist noch das Beste, was man tun kann. Es ist ein schmieriger Kerl. – Was Marthe anbetrifft, habe ich Tante Marie gesehen. – Das ist auch noch ein Hindernis; in meinem Alter ziemt es sich, isoliert zu leben und zu malen.

Vallier[308] massiert mich; mit den Nieren geht es etwas besser. Madame Brémond sagt, daß der Fuß sich gebessert hat. – Ich befolge die Behandlung von Boissy, sie ist fürchterlich. Es ist sehr heiß. – Ab acht Uhr morgens ist das Wetter unerträglich. Die zwei Bilder, von denen Du mir die Photographie gesandt hast, sind nicht von mir.

Ich umarme Euch beide von ganzem Herzen.

Dein alter Vater

Paul Cézanne

Grüße Monsieur und Madame Legoupil, deren freundliches Gedenken mich rührt und die so nett zu Deiner armen Mutter sind.

CCXVIII An seinen Sohn

Aix, den 3. August 1906

Mein lieber Paul!

Ich habe Deine lieben Briefe von verschiedenen, nahe beieinanderliegenden Daten erhalten. Wenn ich nicht sogleich darauf geantwortet habe, so ist die erdrückende Hitze, die hier herrscht, daran schuld. Sie beeinträchtigt das Gehirn beträchtlich und hindert mich am Nach-

[308] Cézannes Gärtner, der ihm auch als Modell für verschiedene Gemälde und Aquarelle diente.

denken. Ich stehe sehr früh morgens auf, und ich kann höchstens zwischen fünf und acht Uhr mein eigenes Leben leben. Zu dieser Stunde wird die Hitze so betäubend und übt eine derartige geistige Depression aus, daß ich sogar nicht einmal mehr an Malerei denke. Ich war gezwungen, den Doktor Guillaumont zu rufen, da ich von einer Bronchitis befallen wurde, und ich habe die Homöopathie aufgegeben, um kombinierte Sirups der alten Schule zu nehmen. – Ich habe nicht wenig gehustet, die *Mère Brémond* hat mir jodgetränkte Watte aufgelegt, die mir Erleichterung verschafft hat. Mit Hinsicht auf meine Farbempfindungen bedaure ich mein vorgerücktes Alter. – Ich freue mich, daß Du Monsieur und Madame Legoupil siehst, die mit beiden Füßen auf dem Boden stehen und gewiß eine fühlbare Entspannung in Deine Existenz bringen. Ich bin glücklich zu erfahren, daß Du so gute Beziehungen unterhältst zu denen, die zwischen dem Künstler und dem Publikum vermitteln, und ich wünsche, daß dieselben mir auch weiterhin so gewogen bleiben mögen[309].

Es ist ein Unglück, daß ich nicht viele Belege meiner Ideen und Empfindungen schaffen kann. Hoch die Goncourt, Pissarro und alle jene, die den Drang zur Farbe haben, welche das Licht und die Luft repräsentiert. – Ich begreife, daß Mama und Du bei der schrecklichen Hitze, die herrscht, nicht ganz auf dem Posten seid; es ist also noch gut für Euch, daß Ihr rechtzeitig nach Paris habt fahren können, um Euch in einer weniger glühenden Atmosphäre zu befinden. Meinem Fuß geht es zur Zeit nicht zu schlecht. – Ich bin sehr gerührt über das gute Andenken, das Forain und Léon Dierx mir bewahrt haben, deren Bekanntschaft für mich recht weit zurückreicht; für Forain bis 1875, im Louvre, und für Léon Dierx bis 1877, bei Nina de Villard[310], in der Rue des Moines.

[309] Zweifellos eine Anspielung auf die Beziehungen des Sohnes zu verschiedenen Kunsthändlern.

[310] Nina de Villard, oder Nina de Callias, deren Bildnis Manet malte, war eine Freundin von Verlaine und Mallarmé und versammelte viele Künstler um sich. Cézanne mag durch Paul Alexis oder durch den Musiker Jean de Cabannes, genannt Cabaner, bei ihr eingeführt worden sein. Cézannes Sohn hatte Forain und Dierx zweifellos bei Vollard kennengelernt.

Ich habe Dir gewiß erzählt, daß, als ich in der Rue des Moines dinierte, Paul Alexis, Frank Lamy, Marast, Ernest d'Hervilly, L'Isle Adam, der verstorbene Cabaner und viele Eßlustige rund um den Tisch versammelt waren. Ach, was sind das doch alles für Erinnerungen, die im Abgrund der Jahre verschwunden sind! – Ich glaube, ungefähr auf Deine Fragen geantwortet zu haben. – Jetzt möchte ich Dich daran erinnern, doch bitte an meine Pantoffeln zu denken, denn die, die ich habe, fallen mir fast völlig von den Füßen.

Ich umarme Dich und Mama von ganzem Herzen.

Dein alter Vater

Paul Cézanne

CCXIX An seinen Sohn

Aix, den 12. August 1906

Mein lieber Paul!

Wir hatten hier Tage von abscheulicher Hitze; heute, besonders in der Frühe, war es erträglich von fünf Uhr morgens an, um welche Zeit ich aufstehe, bis ungefähr acht Uhr. Die schmerzhaften Empfindungen bringen mich derart zur Verzweiflung, daß ich sie nicht überwinden kann und sie mich veranlassen, in der Zurückgezogenheit zu leben, was das beste für mich ist. In der Kathedrale von St-Sauveur ist dem alten Chorleiter Poncet ein Trottel von Abbé gefolgt, der die Orgel bedient und falsch spielt. Infolgedessen kann ich die Messe nicht mehr anhören, denn seine Art Musik zu machen tut mir richtig weh.

Ich glaube, um Katholik zu sein, muß man allen Gefühls für Richtigkeit entbehren, aber die Augen für die Interessen offenhalten.

Vor zwei Tagen hat mich der Sieur Rolland besucht und mich zum Sprechen über Malerei gebracht. Er hat mir angeboten, mir am Ufer des Arc für die Figur eines Badenden Modell zu stehen[311] – das wäre mir schon ganz recht, aber ich befürchte, daß der Herr sich einfach meiner Studie bemächtigen möchte; dennoch habe ich fast Lust, etwas mit ihm

311 Es war seit jeher Cézannes Traum gewesen, Akte in freier Natur nach dem Modell zu malen, und besonders Szenen von Badenden an den Ufern des Arc.

zu versuchen. Ich habe ihm Gasquet und seinen Mardrus heruntergeputzt; er hat mir gesagt, daß er die *Tausendundeine Nacht* in der Übersetzung von Galland lesen werde[312]. Er scheint zu verstehen, daß Beziehungen wohl dazu dienen können, uns voranzuschmuggeln, daß das Publikum aber auf die Dauer doch bemerkt, daß man es angeführt hat. Ich hoffe, daß diese Hitze so schnell wie möglich vorübergeht, und vor allem, daß Du und die Mutter nicht zu sehr darunter zu leiden habt. – Du hast gewiß den Brief von Deiner Tante Marie erhalten.

Grüße bei Gelegenheit alle unsere Freunde dort oben! Ich habe nichts mehr von Emile Bernard gehört; ich fürchte, daß die Aufträge nicht gerade auf ihn niederhageln. – Ein braver Landstreicher, gebürtig aus Lyon, hat mich um ein paar Sous angepumpt; er schien mir scheußlich in der Klemme zu sein[313].

Ich umarme Dich und die Mutter von ganzem Herzen.

Dein alter Vater

PAUL CÉZANNE

Die Hitze wird wieder ganz betäubend.

Ich erinnere Dich an die Pantoffeln!

CCXX An seinen Sohn

Aix, den 14. August 1906

Mein lieber Paul!

Es ist zwei Uhr nachmittags, ich bin in meinem Zimmer; die Hitze hat wieder begonnen, sie ist schauderhaft. – Ich warte bis vier Uhr, dann kommt der Wagen mich abholen und fährt mich zum Fluß, an den *Pont*

312 Die neue Übersetzung von *Tausendundeiner Nacht* von Dr. Mardrus war 1900 erschienen und hatte ein gewisses Aufsehen erregt. Die alte Übersetzung von Galland stammte aus dem Jahre 1704. Es ist bemerkenswert, daß Renoir ebenfalls die Übertragung aus dem 18. Jahrhundert der neuen vorzog.

313 Es handelt sich vielleicht um den Dichter und Vagabunden Germain Nouveau *(Humilis)*, der am Tor der Aixer Kathedrale von St-Sauveur zu betteln pflegte und dem der Maler oft beträchtliche Almosen gab.

des Trois Sautets[314]. Dort ist es ein wenig kühl. Gestern fand ich es sehr angenehm dort und begann ein Aquarell in der Art von denen, die ich in Fontainebleau gemacht habe; es scheint mir harmonischer zu sein; die Hauptsache ist, einen möglichst reichen Zusammenklang zu schaffen. – Abends bin ich zu Deiner Tante Marie gegangen, um ihr zum Namenstag zu gratulieren; ich traf dort Marthe. Du weißt besser als ich, was ich von der Situation denken soll; es ist also immer an Dir, unsere Angelegenheiten zu regeln. Der rechte Fuß bessert sich. Aber wie stark ist doch die Hitze; der Geruch der Atmosphäre ist geradezu ekelerregend!

Ich habe die Pantoffeln erhalten, ich zog sie an, sie passen mir sehr gut, es ist eine Glanzleistung.

Am Fluß hat mich ein armes kleines, abgerissenes, sehr aufgewecktes Kind, das sich mir genähert hatte, gefragt, ob ich reich sei; ein anderes, älteres, hat ihm gesagt, daß man so etwas nicht frage. Als ich meinen Wagen wieder bestieg, um zurück in die Stadt zu fahren, ist es mir nachgelaufen, und an der Brücke habe ich ihm zwei Sous zugeworfen – wenn Du gesehen hättest, wie es sich bedankt hat!

Mein lieber Paul, ich habe nichts anderes zu tun, als zu malen; ich umarme Dich von ganzem Herzen, Dich und die Mama, Dein alter Vater

Paul Cézanne

CCXXI An seinen Sohn

Aix, Sonntag [*den 26.*] August 1906

Mein lieber Paul!

Wenn ich Dir zu schreiben vergesse, so liegt das daran, daß ich ein wenig das Zeitbewußtsein verliere. Es ist hier schrecklich heiß gewesen, und andererseits muß das Nervensystem bei mir sehr geschwächt sein. Ich lebe ein wenig wie in einem leeren Raum. Die Malerei ist noch das Beste für mich. Ich bin sehr erbost ob der Frechheit, mit der meine

[314] Eine kleine Brücke über den Arc bei der Ortschaft Palette, wo Cézanne während jenes Sommers gearbeitet hat. Er machte dort besonders Aquarelle nach einer heute abgebrannten Mühle (siehe Venturi, *op. cit.* Nrn. 978, 979 und 1076).

Landsleute sich mir als Künstler zu assimilieren trachten und mit der sie versuchen, meiner Studien habhaft zu werden. – Man muß die Gemeinheiten, die sie machen, gesehen haben! Ich fahre jeden Tag mit dem Wagen an den Fluß. Es ist dort recht angenehm, doch schadet mir mein geschwächter Zustand sehr. Gestern begegnete ich dem Pfaffen Roux; er widert mich an.

Ich will zum Atelier hinaufgehen; ich bin spät aufgestanden, erst nach fünf Uhr. Ich studiere noch immer mit Vergnügen, und doch gibt es manchmal ein so übles Licht, daß die Natur mir häßlich erscheint. Man muß also wählen. Meine Feder schreibt kaum mehr. Ich umarme Euch beide von ganzem Herzen und grüße alle Freunde, die über die Zeit und den Raum hinweg noch an mich denken. Ich umarme Dich und Mama. Grüße Monsieur und Madame Legoupil. Dein alter Vater

PAUL CÉZANNE

CCXXII AN SEINEN SOHN

Aix, den 2. September [*1906*]

Mein lieber Paul!

Es ist fast vier Uhr; nicht der geringste Luftzug. Das Wetter ist noch immer erstickend, ich warte auf den Augenblick, da der Wagen mich an den Fluß fahren wird. Dort verbringe ich einige angenehme Stunden. Es gibt dort große Bäume, die ein Gewölbe über dem Wasser bilden. Ich gehe an den Ort, der *Gour de Martellyes* genannt wird; er liegt auf dem kleinen Weg von Milles, der nach ›Montbriant‹[315] führt. Dorthin kommen gegen Abend Kühe, die man auf die Weide führt. Es gibt dort genug Anregungen, um zu studieren und endlos viele Bilder zu machen. Auch Schafe sind dorthin zur Tränke gekommen, doch verschwindet das ziemlich schnell wieder. Einige Anstreicher haben sich

[315] ›Montbriant‹ ist eine Besitzung bei Aix, die früher Cézannes Schwager, M. Conil, gehört hatte und von der aus Cézanne zahlreiche Ansichten des Arc-Tales mit dem Eisenbahnviadukt und dem Ste-Victoire im Hintergrund gemalt hat (siehe u. a. Venturi, *op. cit.*, Nrn. 452, 453, 454, 455 und 457).

mir genähert und mir gesagt, daß sie gerne Bilder in derselben Art machen möchten, aber daß man ihnen das in der Zeichenschule nicht beibringt; ich habe gesagt, Pontier[316] sei ein dreckiger Flegel. Man möchte fast meinen, daß sie dem zustimmten. Du siehst also, daß es nichts besonders Neues gibt. Es ist weiter heiß und regnet nicht, und es scheint, als würde es auch so bald nicht regnen. – Ich weiß nicht recht, was ich Dir sagen soll, es sei denn, daß ich Demolins vor drei oder vier Tagen getroffen habe und daß er mir hübsch gekünstelt erschien. Unsere Werturteile dürften stark mit unserm Seelenzustand zusammenhängen.

Ich umarme Dich und die Mama von ganzem Herzen, Dein Vater

Paul Cézanne

CCXXIII An seinen Sohn

Aix, den 8. September 1906

Mein lieber Paul!

Heute (es ist fast elf Uhr) erstaunliches Wiederanheben der Hitze. Die Luft ist überhitzt, nicht der geringste Luftzug. Diese Temperatur ist sicher nur für die Ausdehnung der Metalle gut, begünstigt die Schankstuben, erfüllt die Bierfabrikanten mit Freude – eine Industrie, die in Aix ansehnliche Ausmaße anzunehmen scheint – und bläht die Überheblichkeit der Intellektuellen meiner Heimat auf, dieses Haufens von Unwissenden, von Kretins und von Schelmen.

Es mögen wohl Ausnahmen vorhanden sein, doch geben sie sich nicht zu erkennen. Die Bescheidenheit kennt sich selbst niemals. – Schließlich will ich Dir sagen, daß ich als Maler vor der Natur hellsichtiger werde, doch daß bei mir die Realisierung meiner Empfindungen immer sehr mühselig ist. Ich kann nicht die Intensität erreichen, die sich vor meinen Sinnen entwickelt, ich besitze nicht jenen wundervollen Farbenreichtum, der die Natur belebt. Hier, am Ufer des Flusses, ver-

[316] Der Bildhauer A. H. Pontier war seit 1892 Direktor des Aixer Museums und der Zeichenschule. Cézanne sehr feindlich gesinnt, soll er geschworen haben, daß zu seinen Lebzeiten kein Bild des Malers im Aixer Museum Aufnahme finden würde. Er starb 1925 und hat sein Versprechen gehalten.

vielfachen sich die Motive; dasselbe Sujet, unter einem anderen Blickwinkel gesehen, bietet ein Studienobjekt von äußerstem Interesse und von solcher Mannigfaltigkeit, daß ich glaube, ich könnte mich während einiger Monate beschäftigen, ohne den Platz zu wechseln, indem ich mich bald mehr nach rechts, bald mehr nach links wende.

Mein lieber Paul, um zu schließen, sage ich Dir, daß ich das allergrößte Vertrauen in Deine Empfindungen habe, die Deinem Verstand die für die Verwaltung unserer Interessen notwendigen Richtlinien diktieren, das heißt also, daß ich das größte Vertrauen in die Art habe, mit der Du Dich unseren Angelegenheiten widmest.

Ich erfahre mit einer ganz patriotischen Genugtuung, daß der ehrwürdige Staatsmann, der den politischen Geschicken Frankreichs vorsteht[317], in absehbarer Zeit unsere Gegend mit seinem Besuch beehren wird, worüber unsere meridionale Bevölkerung in freudige Erregung geraten wird. Jo[318], wo wirst du sein? Ist es auf der Erde und im Laufe des Lebens das Gekünstelte und das Konventionelle, das am sichersten erfolgreich ist, oder aber ist es eine Reihe von glücklichen Zufällen, die unsere Bemühungen gelingen läßt?

Dein Vater, der Euch umarmt, Dich und Mama.

PAUL CÉZANNE

CCXXIV AN SEINEN SOHN

Aix, den 13. September 1906

Mein lieber Paul!

Ich sende Dir einen Brief, den ich soeben von Emilio Bernardinos erhielt, dem distinguierten Ästheten, den ich, leider, nicht unter meiner Fuchtel habe, um ihm die so gesunde, so kräftigende und einzig richtige Idee von der Entwicklung der Kunst im Kontakt mit der Natur beizubringen. Ich kann seinen Brief kaum lesen, halte ihn aber dennoch für richtig, nur dreht dieser brave Mensch allem dem, was er in seinen Schriften behauptet, vollkommen den Rücken zu. Seine Zeichnungen

317 Es handelte sich um den neugewählten Staatspräsidenten Armand Fallières.
318 *Jo* ist Joachim Gasquet.

sind nichts als altertümlicher Kram, dem man seine Kunstträume nachfühlt, die ihm nicht von der Empfindung der Natur eingegeben sind, sondern von dem, was er in den Museen hat sehen können, und mehr noch von einer philosophischen Geisteshaltung, die von seiner zu großen Kenntnis der von ihm bewunderten Meister herrührt. Du kannst mir sagen, ob ich mich irre. – Andererseits kann ich den ärgerlichen Unfall nur bedauern, der ihm zugestoßen ist. – Du wirst verstehen, daß ich dieses Jahr nicht nach Paris kommen kann. – Ich schrieb Dir, daß ich jeden Tag mit dem Wagen ans Ufer des Flusses fahre.

Infolge von Ermüdung und Verstopfung habe ich darauf verzichten müssen, zum Atelier hinaufzusteigen. Heute morgen habe ich zu Fuß einen kleinen Spaziergang gemacht; ich bin gegen zehn oder elf Uhr zurückgekommen, habe gefrühstückt und bin um halb vier, wie ich Dir oben sagte, an die Ufer des Arc gefahren.

Meine Malversuche interessieren mich sehr. Vielleicht hätte ich aus Bernard einen überzeugten Anhänger machen können. Man muß natürlich dazu gelangen, selbständig zu empfinden und sich genügend auszudrücken. Doch ich kaue immer dieselbe Sache wieder, aber mein so eingeteiltes Leben gestattet mir, mich von der niederen Provinz zu isolieren.

Ich umarme Euch, Dich und Deine Mutter, von ganzem Herzen.

Dein alter Vater

Paul Cézanne

Einer, der stark ist, ist Baudelaire; sein Buch *Art romantique* ist erstaunlich, und er täuscht sich nicht über die Künstler, die er schätzt.

Wenn Du eine Antwort auf seinen Brief aufsetzen willst, so sende sie mir bitte, und ich werde sie abschreiben[319]. – Verliere nicht den besagten Brief!

[319] Aus späteren Briefen an den Sohn geht hervor, daß Cézanne offenbar vergaß, das Schreiben Bernards beizufügen. Jedenfalls wurde seine Antwort an Bernard, Brief CCXXV, zweifellos von Cézanne selbst verfaßt.

CCXXV AN EMILE BERNARD

Aix, den 21. September 1906

Mein lieber Bernard!

Ich befinde mich in einem solchen Zustand von Gehirnstörungen, in einer so großen Verstörtheit, daß ich in einem Augenblick meinen schwachen Verstand zu verlieren fürchtete. Nach der entsetzlichen Hitze, die wir auszuhalten hatten, hat eine mildere Temperatur unsere Geister wieder ein wenig beruhigt, es war auch höchste Zeit. Jetzt scheint es mir, daß ich besser sehe und daß ich hinsichtlich der Orientierung meiner Studien richtiger denke. Werde ich das so sehr gesuchte und so lange verfolgte Ziel erreichen? Ich wünsche es, aber solange es nicht erreicht ist, bleibt ein gewisser Zustand von Unbehagen bestehen, der erst verschwinden wird, wenn ich den Hafen erreicht haben werde, das heißt, wenn ich etwas realisiert haben werde, das sich besser als bisher entwickelt und eben dadurch die Theorien beweisen kann, die als solche ja immer leicht sind. Was ernsthafte Schwierigkeiten bereitet, ist nur, den Beweis für das, was man denkt, zu erbringen. Ich setze also meine Studien fort.

Doch ich habe eben Ihren Brief wieder durchgelesen und sehe, daß meine Antworten stets danebengehen. Bitte entschuldigen Sie dies; der Grund dafür ist, wie ich Ihnen schon sagte, die ständige Beschäftigung mit dem zu erreichenden Ziel. Ich arbeite weiter nach der Natur, und es scheint mir, als machte ich langsame Fortschritte. Ich hätte Sie gern bei mir gehabt, denn die Einsamkeit bedrückt einen immer ein wenig. Doch ich bin alt und krank und habe mir geschworen, lieber beim Malen zu sterben, als dem entwürdigenden Siechtum zu verfallen, welches den Greisen droht, die sich von sinnenverrohenden Leidenschaften beherrschen lassen.

Falls ich das Vergnügen habe, eines Tages mit Ihnen zusammen zu sein, werden wir uns mündlich besser aussprechen können. Sie müssen entschuldigen, daß ich unablässig auf denselben Punkt zurückkomme, aber ich glaube an die logische Entwicklung dessen, was wir beim Studium der Natur sehen und empfinden, und beschäftige mich erst später mit den technischen Verfahren; denn die technischen Verfahren sind für uns nichts als einfache Mittel, um dem Publikum zu veranschaulichen, was wir selbst empfinden, und um uns verständlich zu machen. Die Großen, die wir bewundern, dürften nichts anderes getan haben.

Einen freundlichen Gruß von Ihrem eigensinnigen Makrobius, der Ihnen herzlich die Hand drückt.

Paul Cézanne

CCXXVI An seinen Sohn

Aix, den 22. September 1906

Mein lieber Paul!

Ich habe Emile Bernard in einem langen Brief geantwortet, einem Brief, dem man anmerkt, was mich innerlich beschäftigt. Ich habe es ihm gesagt, doch da ich ein wenig weiter sehe als er und da die Art, ihm meine Gedanken mitzuteilen, ihn in keiner Weise verletzen kann, obwohl ich nicht dasselbe Temperament noch seine Art zu empfinden besitze, glaube ich schließlich doch, daß man den andern nicht nützen kann. Es ist wahr, daß man mit Bernard bis ins Endlose Theorien entwickeln kann, denn er hat ein Vernünftler-Temperament. Ich gehe täglich in die Landschaft, die Motive sind schön, und ich verbringe auf diese Art meine Tage viel angenehmer als anderswo.

Ich umarme Euch, Dich und Mama, von ganzem Herzen, Euer ergebener Vater

Paul Cézanne

Mein lieber Paul, ich sagte Dir schon, daß ich Gehirnstörungen ausgesetzt bin; das spürt man meinem Brief an. Übrigens sehe ich alles recht schwarz, ich fühle mich also mehr und mehr genötigt, mich auf Dich zu stützen und in Dir meinen Leitstern zu finden.

Paul Cézannes Atelier am Chemin des Lauves, in der Nähe von Aix.

(oben)
Eine Ecke im Atelier am Chemin des Lauves.

(unten links)
Cézannes Rucksack und Farbkasten im Atelier des Lauves.

(unten rechts)
Bisher unveröffentlichte Aufnahme von Cézanne aus dem Jahre 1905.

(oben)
Das Atelier am Chemin des Lauves, das Cézanne 1902 für sich erbauen ließ.

(unten)
Tisch im Atelier des Lauves. Die Gegenstände dienten Cézanne für seine Stilleben.

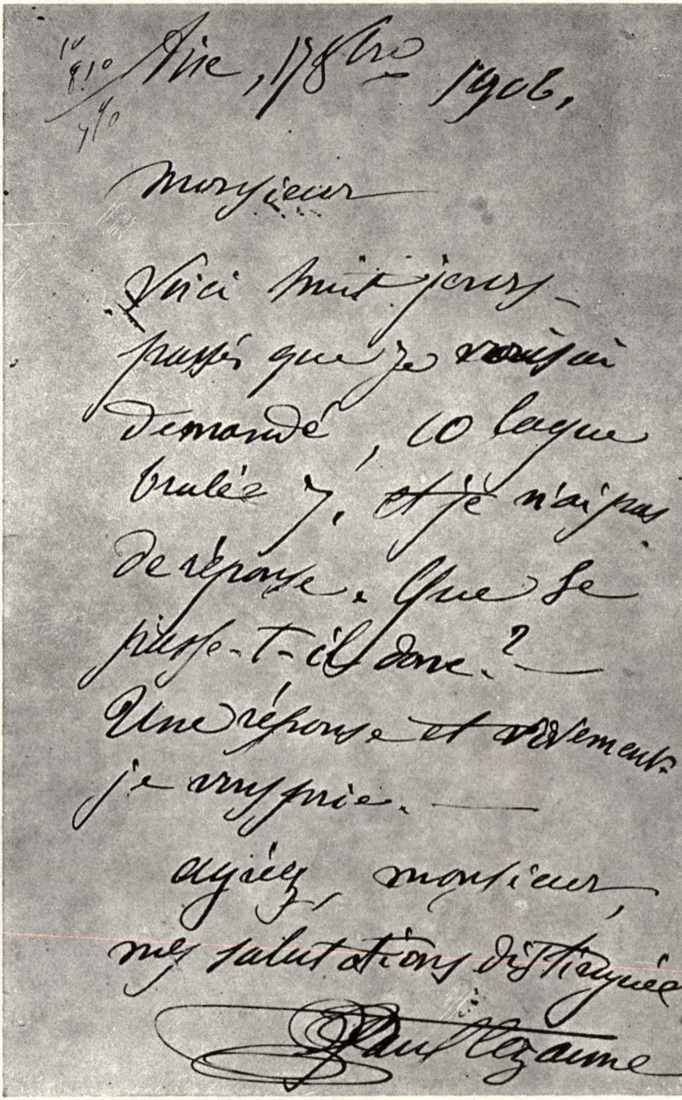
Aix, 17 8bre 1906.

Monsieur

Voici huit jours passés que je vous ai demandé, 10 laques brulées 7, et je n'ai pas de réponse. Que se passe-t-il donc? — Une réponse et rapidement, je vous prie. —

Agréez, monsieur, mes salutations distinguées

Paul Cézanne

Cézannes letzter Brief, in welchem er von seinem Farbenhändler die bestellten Tuben reklamiert. Aix, 17. Oktober 1906.

An seinen Sohn

Aix, den 26. September 1906

Mein lieber Paul!

Ich erhielt ein Schreiben vom *Salon d'Automne*, gezeichnet Lapigie, zweifellos einer der großen Organisatoren und ...... der Ausstellung. Ich erfahre daraus, daß ich dort mit acht Bildern vertreten bin[320]. Gestern habe ich den wackeren Marseiller Carlos Camoin wiedergesehen, der gekommen ist, um mir ein Paket Bilder zu zeigen und mich um meine Ansicht zu fragen; das, was er macht, ist gut, und er scheint eher Fortschritte zu machen. Er will einige Tage in Aix verbringen und wird am Weg nach Tholonet arbeiten. Er hat mir die Photographie eines Figurenbildes des unglückseligen Emile Bernard gezeigt; wir sind uns darüber einig, daß er ein mit Museumserinnerungen verstopfter Intellektueller ist, der aber die Natur nicht genügend beobachtet, und das ist der große Punkt, nämlich, sich von der Schule und von allen Schulen frei zu machen. – Pissarro täuschte sich also nicht, doch ging er ein wenig weit, als er sagte, daß man die Kunstnekropolen verbrennen müßte. – Man könnte wirklich eine seltsame Menagerie zusammenstellen mit all den Kunstprofessionellen und ihren Genossen. – Der Generalsekretär ist selber Künstler. In diesem Fall und in Anbetracht seiner Stellung wäre er, selbstverständlich im Bezug zum *Salon d'Automne*, das gleiche wie ein Mitglied des Instituts. Es ist also ein Haus, das sich stolz, wenn nicht sogar siegreich, gegenüber der Baracke des Quai de Conti erhebt, dessen Bibliothek jenen zum Gründer hat, den Sainte-Beuve als ›gerissenen Italiener‹ bezeichnete[321]. Ich gehe immer vor die Natur, ans Ufer des Arc, und stelle meine Sachen bei einem Mann namens Bossy unter, der mir für mein Gepäck Gastfreundschaft anbot.

Ich umarme Dich und Mama von ganzem Herzen, Dein Vater

Paul Cézanne

[320] In Wirklichkeit waren es zehn.

[321] Anspielung auf den Kardinal Mazarin.

CCXXVIII **An seinen Sohn**

Aix, den 28. September 1906

Mein lieber Paul!

Ich möchte Dich bitten, mir die Rekonstitutionspillen Nr. 4 senden zu lassen, ich habe nur noch zwei oder drei Reihen davon in meiner letzten Schachtel. Ich habe Dir schon mitgeteilt, daß ich Vignol drei von den fünf Tuben feinen Lacks zurücksenden mußte, die beiden anderen habe ich verloren, als ich sie vom Atelier in die Rue Boulegon oder in die Landschaft trug. Ich glaube nicht, daß der Kerl fähig ist, sein Geschäft zu führen. Das Wetter ist großartig, die Landschaft wundervoll. Carlos Camoin ist hier, er besucht mich von Zeit zu Zeit. – Ich lese die Würdigungen, die Baudelaire über das Werk von Delacroix geschrieben hat. Was mich selbst anbetrifft, muß ich allein bleiben, die Durchtriebenheit der Leute ist derart, daß ich ihr niemals entgehen könnte; es ist Diebstahl, Dünkel, Selbsteingenommenheit, Vergewaltigung, das Handlegen auf eure Produktion, und dennoch ist die Natur sehr schön. Ich sehe immer noch Vallier, aber meine Realisierung vollzieht sich so langsam, daß ich darüber sehr traurig bin. Nur Du kannst mich in meiner traurigen Lage trösten. – Ich empfehle mich Dir deshalb an. Ich umarme Dich und Mama von ganzem Herzen.

Dein alter Vater

PAUL CÉZANNE

CCXXIX **An seinen Sohn**

Aix, den 8. Oktober 1906

Mein lieber Paul!

Ich sende Dir die erbetene Karte[322]. Ich bedaure unendlich den Nervositätszustand, in dem ich mich befinde und der mich daran hindert, Dir ausführlicher schreiben zu können. Das Wetter ist schön, ich gehe nachmittags aufs Motiv. Emery hat den Preis für den Wagen um drei Francs hin und zurück gesteigert, obwohl ich seinerzeit für fünf Francs

[322] Es handelt sich wohl um die Freikarte des Künstlers für den Herbst-Salon.

bis zum Château Noir gefahren bin. Ich habe ihn fallen lassen. Ich habe Monsieur Roublard kennengelernt, der eine hübsche Mitgift in Gestalt von Mademoiselle Fabry geheiratet hat. – Wenn Du hier sein wirst, wirst Du sehen, was es da zu tun gibt. Es ist ein junger und in der Stadt wohlangesehener Mann; er organisiert geistliche und sehr künstlerische Konzerte.

Für heute sage ich Dir nicht mehr darüber. Gestern abend habe ich die Zeit vor dem Abendbrot, von vier bis ungefähr sieben Uhr, mit Capdeville, Niollon ,Fernand Bouteille usw. im *Café des Deux Garçons* verbracht.

Dein Vater, der Dich und Mama herzlich umarmt

P. CÉZANNE

CCXXX

AN SEINEN SOHN

Aix, den 13. Oktober 1906

Mein lieber Paul!

Heute bin ich nach einem nächtlichen Gewitterregen und weil es auch heute früh noch regnete, daheim geblieben. Ich habe tatsächlich vergessen, woran Du mich erinnerst: Dir vom Wein zu sprechen. Madame Brémond sagt mir, daß man welchen kommen lassen muß. Du solltest bei der gleichen Gelegenheit, wenn Du Bergot siehst, bei ihm Weißwein für Dich und Deine Mutter bestellen. Es hat tüchtig geregnet, und ich denke, daß die Hitze für diesmal vorbei ist. Da die Ufer des Flusses ein wenig kühl geworden sind, habe ich sie verlassen und bin in die Gegend von Beauregard hinaufgestiegen, wo der Weg hügelig und sehr pittoresk, aber sehr dem Mistral ausgesetzt ist. Zur Zeit gehe ich zu Fuß und nur mit dem Aquarellsack dorthin und verschiebe die Ölmalerei auf später, wenn ich einen Platz zum Unterstellen meines Gepäcks gefunden haben werde. Früher hatte man so etwas für dreißig Francs im Jahr. Ich merke überall die Ausbeutung. – Ich erwarte Dich, um einen Entschluß zu fassen. Das Wetter ist gewittrig und sehr veränderlich. Mein Nervensystem ist sehr geschwächt, nur die Ölmalerei kann mich aufrechterhalten. Man muß weitermachen. Ich muß also nach der Natur realisieren. – Die Skizzen, die Bilder, wenn ich welche machen würde, wären nur Konstruktionen nach der Natur, ausgehend von den Mitteln, den Empfindungen und Entwicklungen, die das Modell suggeriert, doch ich sage immer dasselbe. – Könntest Du mir Marzipan in kleinen Mengen besorgen?

Ich umarme Dich und die Mutter von ganzem Herzen! Dein Vater

PAUL CÉZANNE

Mein lieber Paul, ich finde gerade den Brief von Emile Bernard wieder. – Ich wünsche ihm, daß er sich noch zurechtfinden kann, doch fürchte ich das Gegenteil. – Herzlich Dein und Deiner Mutter

PAUL CÉZANNE

CCXXXI AN SEINEN SOHN

Aix, den 15. Oktober 1906

Mein lieber Paul!

Es hat Samstag und Sonntag geregnet und gewittert, das Wetter hat sich sehr abgekühlt. Es ist sogar überhaupt nicht mehr warm. Du hast ganz recht, zu sagen, daß hier tiefste Provinz sei. Ich fahre fort zu arbeiten, zwar mit Schwierigkeiten, aber schließlich ist doch etwas daran. Das ist die Hauptsache, glaube ich. Da Sinneseindrücke die Grundlage meiner Sache sind, glaube ich undurchdringlich zu sein. Ich werde übrigens den Unglückseligen, den Du kennst, mich nach Herzenslust nachahmen lassen, das ist kaum gefährlich.

Grüße bei Gelegenheit Monsieur und Madame Legoupil von mir, die so freundlich sind, sich meiner zu erinnern! Vergiß ebensowenig Louis und seine Familie und meinen *Père* Guillaume. Alles vergeht mit einer erschreckenden Schnelligkeit. Mir geht es nicht zu schlecht, ich pflege mich, ich esse gut.

Ich möchte Dich bitten, mir zwei Dutzend Marderhaarpinsel zu bestellen, wie die, welche wir voriges Jahr bestellt hatten.

Mein lieber Paul, um Dir so zufriedenstellende Nachrichten zu geben, wie Du sie wünschest, müßte man zwanzig Jahre jünger sein. – Ich wiederhole Dir, ich esse gut, und ein wenig moralische Genugtuung – doch die kann mir nur die Arbeit geben – würde viel für mich bedeuten.

– Alle meine Landsleute sind Arschlöcher neben mir. – Ich habe Dir wohl schon geschrieben, daß ich den Kakao erhalten habe.

Ich umarme Dich und Mama, Dein alter Vater

PAUL CÉZANNE

Ich glaube, die jungen Maler sind viel intelligenter als die anderen; die alten können in mir nur einen verhängnisvollen Rivalen sehen. Ganz der Deine, Dein Vater

PAUL CÉZANNE

Ich sage es noch einmal: Emile Bernard scheint mir sehr viel Teilnahme zu verdienen, weil er Familienlasten hat.

CCXXXII AN EINEN FARBENHÄNDLER

Aix, den 17. Oktober 1906

Monsieur!

Es sind nun schon acht Tage vergangen, seit ich Sie um zehn Tuben Gebrannten Lack 7 gebeten habe, und ich erhielt noch keine Antwort. Was geht denn da vor?

Eine Antwort bitte, und zwar schleunigst!

Hochachtungsvoll

PAUL CÉZANNE

[*Drei Tage später, am 20. Oktober, schrieb die Schwester des Malers, Marie Cézanne, an dessen Sohn: ›Dein Vater ist seit Montag krank... Er ist während mehrerer Stunden dem Regen ausgesetzt geblieben, man hat ihn auf einem Wäschereikarren nach Hause gebracht, und zwei Männer mußten ihn in sein Bett hinauftragen. Am nächsten Tag ist er schon am frühen Morgen in den Garten gegangen, um unter der Linde an einem Porträt von Vallier zu arbeiten; er ist sterbend heimgekommen.‹*

Paul Cézanne ist am 22. Oktober 1906 in Aix gestorben.]

Namen- und Ortsverzeichnis

Gespräche mit Cézanne

Herausgegeben von Michael Doran
Aus dem Französischen
von Jürg Bischoff

Gespräche mit Cézanne enthält alle wichtigen Äußerungen von Cézanne über seine eigene Malerei, über Freunde und Künstler wie Holbein, Veronese, Poussin, Chardin, Delacroix, Courbet sowie über seine Begleiter im Impressionismus wie Monet, Renoir, Pissarro, Redon und Gauguin. Diese Äußerungen hat er vor Besuchern aus Frankreich und aus dem Ausland gemacht, vor Malern, Dichtern, Kritikern.

»Ich schulde Ihnen die Wahrheit über die Malerei, und ich werde sie Ihnen sagen. (...) Ich habe die Natur abschreiben wollen, es ist mir nicht gelungen. Ich mochte suchen, mich drehen und wenden, sie von allen Seiten fassen. Unauflösbar. Von allen Seiten. Aber ich war mit mir zufrieden, als ich entdeckt hatte, daß die Sonne zum Beispiel nicht wiedergegeben werden kann, sondern daß man sie durch etwas anderes darstellen muß... durch die Farbe. (...) Es gibt nur einen Weg, um alles wiederzugeben, alles zu übertragen: die Farbe. Die Farbe ist biologisch, wenn ich so sagen darf. Die Farbe ist lebendig, macht allein die Dinge lebendig.« *Paul Cézanne*

»Ich werde ihn immer vor mir sehen, wie er unter seinem grauen Schnurrbart hervorbrummt, wie er wieder, wie bei Monet, lacht und weint und wie er unendlich geistreiche Dinge über die Malerei sagt.«
Gustave Geffroy über Cézanne

Henri Matisse im Diogenes Verlag

Über Kunst

Herausgegeben von Jack D. Flam
Deutsch von Elisabeth Hammer-Kraft
Mit 52 Reproduktionen von
Bildern, Zeichnungen und Photos

Jack D. Flam vereint in dieser Sammlung die bedeutenden Texte von Henri Matisse (mit Ausnahme der Briefe) und gibt die wichtigen Gespräche mit ihm wieder. Er vermittelt einen umfassenden Überblick über die ästhetischen Vorstellungen einer der wichtigsten Persönlichkeiten der Kunst des 20. Jahrhunderts. Mit Biographie, Einleitung, ausführlichem Anmerkungsapparat, Bibliographie und 52 Reproduktionen von Bildern, Zeichnungen und Photos.

Der Zeichner

Hundert Zeichnungen und Graphiken 1898–1952
Herausgegeben von Jean Jouvet
Mit einem Essay von Hans Hildebrandt

Die hundert Zeichnungen in diesem Buch zeugen von Matisse' Meisterschaft auch als Zeichner. Neben einem Vorwort von Hans Hildebrandt enthält der Band eine Lebens-Chronik und eine Bibliographie.

»Bei Matisse verschmelzen sich Feinfühligkeit des Sinnhaften, Instinkt, geleitet von untrüglichem Geschmack, ›Raison‹ des klarbewußten Denkens und meisterliche Beherrschung der handwerklichen Mittel.«
Hans Hildebrandt im Essay ›Matisse, der Zeichner‹

»In allen seinen Tätigkeitsbereichen hat er einige der originellsten und repräsentativsten Werke hervorgebracht, und dies in einer der revolutionärsten Epochen europäischer Kunst.« *Jack D. Flam*

Ambroise Vollard
Erinnerungen eines Kunsthändlers

Aus dem Französischen
von Margaretha Freifrau von
Reischach-Scheffel
Mit der vollständigen Bibliographie
der Editions Ambroise Vollard
Mit Reproduktionen von 29 Bildern,
22 Zeichnungen, 10 Fotos
und 15 Dokumenten

Ambroise Vollard (1865–1939), Kunsthändler und Verleger, erzählt von seiner Arbeit und seinen Begegnungen mit Rops, Renoir, Degas, Bonnard, Cézanne, Manet, Van Gogh, Apollinaire, Jarry, Picasso, Mallarmé, Zola und vielen anderen. Vollard gilt als eine der wichtigsten Persönlichkeiten der Kunst des 20. Jahrhunderts: 1901 fand bei ihm die erste Picasso-Ausstellung statt, 1904 die erste Matisse-Ausstellung; als Verleger gewann er die besten Maler seiner Zeit als Buchillustratoren, die bei ihm verlegten Werke gehören zu den bedeutendsten Leistungen auf dem Gebiet der bibliophilen Buchgestaltung.

»Vollards berühmte *Erinnerungen eines Kunsthändlers* sind nicht nur amüsant, sondern als Quellenliteratur auch kunstgeschichtlich bedeutungsvoll.«
Knaurs Lexikon moderner Kunst

»Amüsant und lehrreich sind seine mit Anekdoten gespickten Erinnerungen, die viel von der künstlerisch unglaublich dichten Atmosphäre im Paris der Jahrhundertwende vermitteln.«
Frankfurter Allgemeine Zeitung

Jean Renoir
Mein Vater Auguste Renoir

Aus dem Französischen von Sigrid Stahlmann
Mit 50 Reproduktionen von Bildern, Zeichnungen, Fotos und mit einem Namensregister

Der Bericht des Sohnes geht aus von den Gesprächen mit dem Vater. Wir begegnen dem jungen Auguste Renoir mit seiner frühen Leidenschaft für das Zeichnen und Malen, erleben das Wachsen seines künstlerischen Selbstbewußtseins, seine Auseinandersetzung mit der Macht der Konvention, schließlich den Durchbruch der neuen, originalen Malerei, die Licht und Schönheit zu unerhörten neuen Gebilden von Farbe und Form befreit. Das Lebensbild ist in einen vielgestaltigen Hintergrund gebettet – die geistig pulsierende Zeit, Frankreich, Paris, die große Oper Gounods, Montmartre in seiner Blütezeit; vor allem aber die Malerfreunde – Sisley, Monet, Degas und andere – und die großen Förderer unter den Kunsthändlern – Vollard, Durand-Ruel, Bernheim – in lebensvollen, oft amüsanten Porträts; wir begegnen Toulouse-Lautrec und Misia Sert, Literaten und Gesellschaftslöwen, aber auch Bauern und Fischern in Cagnes an der Côte d'Azur. Jean Renoir erzählt von der Arbeit im Atelier, er überliefert Renoirs Gedanken und Äußerungen über Komposition und Farbe, über große Kollegen der Vergangenheit.